Politics of
Deportation and
Resistance

追放と抵抗のポリティクス

●戦後日本の境界と非正規移民

高谷 幸 Sachi Takaya

ナカニシヤ出版

追放と抵抗のポリティクス——戦後日本の境界と非正規移民　＊　目次

追放と抵抗のポリティクス——戦後日本の境界と非正規移民

序章

非正規移民の追放と抵抗

ヨーロッパや北米で、非正規移民や難民申請者への対応が、ますます主要な政治的課題として認識されるようになっている。その背景の一つには、内戦や政情不安から逃れ、中東やアフリカから欧米にわたる移民・難民が増加していることがあるだろう。同時に、彼・彼女らの受け入れと排除をめぐる攻防は、社会のメンバーの境界が問い直されていることを示している。つまり非正規移民や難民申請者のうち誰を「われわれ」のメンバーとして認め、誰を排除するのか、その線引きが可視化され、政治化されているのである。

こうした線引きは、人の移動の管理とも結びつき、移動する人びとに不平等な形で影響を及ぼしている。その一端を私も実感したことがある。それは、二〇〇三年三月、イラク戦争が数週間後に始まろうとしていたときだった。私はモロッコの旅を終えてスペインに船で渡ったところだった。船の乗客は、入国審査を少しでも早く切り抜けようと出口に集まり、あたりはごった返していた。私もパスポートを抱えて順番を待った。何も起こるはずはないと思いながらも、入国審査はいつも少し緊張する。次は私の番だ。そう思って入管職員の前におどりでた。すると彼は、私の顔を見るなり、差し出したパスポートに眼をくれようともせず、私の背中を押して通過させたのだった。一瞬の出来事で、そのときは何が起こったのかつかめなかった。ようやく事態がのみこめ「こんなに遠く離れたところでも「日本人」というのが通用するのか……」と何ともいえない思いで、パスポートを鞄に戻した。そのときふと横に目をやると、隅のほうに北アフリカ出身と思われる女性が目に入った。足下には彼女のものと思しきスーツケースが開けられ、その横で入管職員が横柄な態度で一つ一つその中身をチェックしていた。もちろん詳しいことはわからない。しかし鞄をチェックする機械などなかったのだから、入管職員は、その外見で彼女のスーツケースのチェックや態度を決めたに違いなかった。自分と彼女の前に立ちはだかる国境の差を目の当たりにして、私は何か体の内側から熱くなるのを感じていた。

もちろん国境が、誰にとっても同じように引かれているわけではないことを頭では理解していたつもりだった。そもそも私がモロッコに行ってみたいと思ったのは、二〇〇一年にアメリカで起きた「9・11」後のイスラーム敵視、アフガン空爆、イラク戦争の予感という状況への疑問もあって、まずは、自分自身にとって縁遠いイスラーム社会を一目でも見たいと思ったからだった。だからそのとき私は、そうした世界情勢に異を唱える立場に共感していた。しかしそんな自分も結局、行きたいところに旅行できることを「当たり前」のことと考え行動していた特権ある一人の日本人にすぎなかった。そのことを突きつけられ動揺したのだった。

その後、人の移動と社会の境界について考えたいと思うようになったが、一方で当時、「移民」という存在はどこか遠い人びとのように感じてもいた。だからこそムスリムの状況を知るために、北アフリカまで行かないといけないと思ったのである。実際には、「9・11」直後、日本に暮らすアフガン人難民申請者らが収容されたり、モスクが公安の監視を受けるようになったりしていた。しかし当時の私は、そうした「身近な」社会の出来事はみえていなかった。

ただ、自らの認識不足を棚上げするわけではないが、こうした「移民」を遠い存在とみなす感覚は、日本社会において珍しくないのではないだろうか。むしろ、冒頭に示したような欧米の現状にたいする日本社会の反応も、概して「対岸の火事」的な見方が多いようにみえる。これらの国・地域で厳格化される移民・難民への対応を批判的に捉える議論も、日本における彼・彼女らの処遇には無関心なことも少なくない。確かに、主要な欧米諸国と比較すると、日本に暮らす外国籍者の割合は低い。しかし同時に、後述するように、戦後日本の「島国」イメージのなかで、「身近」にいる移住者についての認識や関心は閉ざされてきたのではないだろうか。本書が着目するのは、こうした「身近」な移住者と彼・彼女らをめぐる追放と抵抗のポリティクスである。

＊

さて前述のように、私は、人の移動に関心をもつようになったが、その後も「調査」のために「現場」に行くことに躊躇していた。数年たってようやく飛び込んだのが、移住者支援活動のネットワーク組織として省庁との交渉や政策提言などアドボカシーを中心に活動する移住連（移住労働者と連帯する全国ネットワーク（現「ＮＰＯ法人移住者と連帯する全国ネットワーク」））である。この団体は、名称通り、移住者支援に携わる支援者の集まりであり、日本人が多い。移住連でインターンとしてかかわれば、自らの位置を反省的に踏まえた実践や調査ができるような気がした。しかし同時に、相談活動など移住者に直接接して支援を行う団体ではなくアドボカシー団体を選んだこの時点においても、移住者の生活の「現場」に入ることへの躊躇があったことも確かだった。

そういうわけで、私は、ずっと「現場」というものにたいして、憧れ、反発、引け目などがないまぜになった感情をもってきた。そんなとき、知り合いの団体から、非正規滞在者から在留特別許可取得のために入管局（法務省入国管理局）に出頭したいという相談があったが、人手が足りないから担当してもらえないかという話が持ちかけられた。在留特別許可とは、後述するように、法務大臣の裁量によって非正規滞在者に在留資格が特別に付与される手続きのことであり、日常的にはその資格を指すこともある。[1] 私はここぞとばかりに二つ返事で引き受けた。相談者は、バングラデシュ出身の単身男性でもう二〇年以上日本に暮らしているということだった。彼は、ずっと日本で働いていたが、相談に訪れた半年前にそれまで一〇年以上勤めていた会社を解雇され、同じく日本で暮らす親類に頼っていた。在留資格がないと解雇されやすいし、隠れて暮らすことにも疲れたという。一方、バングラデシュについては、もう言葉も忘れがちで生活することは想像できないとも話した。彼を訪ねたとき、暗くて目立たない家屋のなかでじっとしていた姿が今も脳裏に焼きついている。

この少し前に、入管局は「在留特別許可に係るガイドライン」を改正したところだった。その改正後の「ガイドライン」において、在留特別許可を認めるかどうかを判断する際の「積極要素」として「当該外国人が、本邦での滞在期間が長期間に及び、本邦への定着性が認められること」が示された。それまで単身者に在留特別許可が認められることは非常に困難とされていたが、この改正では「概ね二〇年以上」日本に暮らしていることが「定着性」の要素として表記されてもいたため、支援現場では、単身者でも在留特別許可が認められる可能性ができたと理解されるようになっていたのである。私は、この改正「ガイドライン」のことを男性にも伝え、出頭を後押しした。そして知り合いの弁護士とともに書類を作成し、男性の入管局への出頭に付き合った。

しかし、そこで起こったことは、予想もしていなかったことだった。入管局は男性だけを呼び出したうえ、その場で収容してしまったのである。入管職員が、私などそこにいないかのように、男性を部屋の中に入れ分厚いドアを閉めたとき、一瞬何が起こったのかわからなかった。そして自分の不明を恥じた。ケースワーカーであるならば、当然、こうした事態を予想し、もっと慎重な準備をしていく必要があった。結局、男性は在留特別許可も認められず、ほどなくして送還されることになった。こうして私は自分の「現場」にたいする引け目から出た安易な行動によって、一人の人間の人生を壊してしまったのだった。しかしそれ以上にショックだったことは、品川の収容所に男性を訪ねた私に対して、男性は怒るどころかお礼の言葉を言ってくれたことだった。日本人で今まで自分とこのような形で付き合ってくれた人はいなかった、と。自分の人生を壊した人間に「感謝」の気持ちを抱かせてしまうものとは何なのだろうか。

非正規滞在者の支援「現場」とは、その当事者の人生にかかわるということである。それに取り組むには、専門的な知識と慎重な手続き、時間と手間、情熱が必要である。ＮＧＯのなかにはそれを手弁当でしている人も少なくない。自分自身の浅はかな行動と比べても、支援者がかけるエネルギーに敬意を抱かずにはいられない。一方で、そうした支援者が、インフォーマルな会話の席で「○○の場合、（在留特別許可が）認められないのも仕方がないと思う」や、逆に「××はすごくいい子なの（だから在留特別許可は認められるべき）」という話を耳にすることがあり、その語り口に、違和感を覚えることもあった。

ある人が「ここ」で暮らしているという事実がある。それは、誰によって、どのような論理で認められるのか。というよりも、そもそもその事実は、誰かに認めてもらわなければいけないようなものなのか。なぜ支援者（多くは日本人）は、他者が「ここ」にいることの是非について、自分が語れると思ってしまうのだろうか。そんな思いが沸き起こっていた。しかし複数の支援者からそのような語りを聞くうちに、これは、支援者の思想の表れというよりも、支援者をしてこのような語りに方向づける構造があるのではないかと考えるようになった。

本書の目的

本書は、戦後日本における非正規移民の追放と抵抗の「現場」、すなわち移住者の越境、その越境者を線引き、追放しようとする主権権力、そうした権力への抵抗運動によるポリティクスを考察することを目的とする。またそれをとおして、日本の境界が、それぞれの時代においてどのような文脈や論理にもとづいて引かれ、いかなる効果をもたらしてきたのかを明らかにすることをもめざしている。

この境界は、日本という空間を他の国家から差異化する境界として捉えれば、国家の境界である。しかしそれは、社会のメンバーシップを国家のメンバーシップに合致させるべく社会を枠づけようとするとともに、その内部で区分をもたらす境界でもある。これまで国民国家の範囲で成立していると自明視されてきた社会は、グローバル化のなかでトランスナショナルな広がりをもつようになっていることが指摘されるようになった。またこのとき、移住者が生きるトランスナショナルな社会空間は、しばしばその代表例として取り上げられてきた。しかし非正規の移動には大きなリスクをともなうことからわかるように、トランスナショナルな移動へのアクセスもまた、ある国家によってパスポートが発行されたり、滞在が認められることと結びついている。ジグムント・バウマンは、移動できる人と移動できない人という格差をグローバル社会に生じる格差の一つとして描いたが(Bauman 1998 = 2010)、それは、主権によって人びとを合法/不法に区分し、場合によっては追放するという国家の境界作用によっても生み出されているのである。

同時に、これは、国家の境界が社会内部において人びとを区分させる境界としても機能していることを意味している。合法/不法という区分は、移動できる人/できない人として、社会のなかで人びとを区分し序列化する社会の境界としても作用するのである。一方、国家の境界も社会から影響を受けている。というのも、本書で詳しくみるように、この国家の境界作用は、絶対的なものでも中立的なものでもないからである。むしろ常に、ある社会的・歴史的文脈において線引きがなされる。本書が着目する非正規移民の追放と抵抗のポリティクスは、こうした国家の境界作用が現れる「現場」である。非正規移民の多くは、この地で生活を営んでいるという意味では社会に属しているが、国家によっては正式なメンバーとは認められていない。つまり彼・彼女らは、社会のメンバーである一方で、国家の境界作用によって追放されうる存在でもある。しかし同時に、彼・彼女らは、この追放されうる存在であることによって、社会でも周縁化されがちである。

にもかかわらず、非正規移民は、追放されうるだけの存在ではない。彼・彼女らはその線引きと追放に抵抗する存在でもあるからだ。事実、本書でみるように、戦後のどの時代においても非正規移民と支援団体や運動による抵抗が繰り広げられてきた。

以上のように、国家の境界は、移住者の越境、そうした移住者を線引きし追放しようとする主権権力、その権力にたいする抵抗運動のポリティクスにおいて、互いに関係しながら編成されてきた。しかし、この境界がどのような社会的・歴史的文脈で作用しているのかは、これまで十分考察されてこなかった。とりわけ日本の場合、少なくともある時期まで、日本社会は、「島国」として確固とした境界によって囲われていると想定されてきた。一方、グローバル化が語られるようになった頃から、こうした外側の境界はすでに越境されているものとして捉えられることも珍しくなくなった。どちらにしても、そこで生じている国家の境界は十分対象化されてこなかったといえよう。しかし実際には、この社会を枠づける境界は、戦後一貫して争われ、問い直され、再編成されてきた。こうした認識にもとづき本書は、それぞれの時代における、非正規移民の追放と抵抗をめぐる境界のポリティクスを考察する。またこのとき、国家の境界が作用する社会的・歴史的文脈と論理、その境界作用がもたらす効果を明らかにする。さらに、それを通して、戦後日本の動態的で重層的な境界とその時代的変容を浮き彫りにすることをめざしている。

戦後日本における非正規移民の追放と正規化

前述のように、本書は戦後日本における非正規移民の追放と抵抗のポリティクスを対象にする。このとき非正規移民とは、国家による公式な承認がなく有効な滞在資格をもっていない移住者のことを意味している[2]。こうした移住者は、しばしば「不法移民」や「不法滞在者」とよばれる。しかし本書では、「犯罪者」を連想させる「不法」という用語は、引用部分などをのぞき原則用いない。というのも彼・彼女らの移動と居住を規定する出入国管理は、第一義的には行政に関する事象だからである（Carens 2013）。したがってそれらの違反を犯罪といわないのは、同じく行政法違反の交通違反を犯罪といわないのと同様である。非正規移民には、大きく分けて「密航」や虚偽のパスポート使用などにより正式な入国審査を経ずに入国した「不法入国者」[3]、正式な入国審査を経て入国したものの後有効な在留資格を失った「超過滞在者」（オーバーステイ）がいる。

日本では戦後のある時期までは、船による「密航者」が多かったため、この時期の非正規移民はそのまま「密航者」と呼ばれることがほとんどである。一方で、現在では航空機による入国が多く、なかでも「超過滞在者」が約八割を占めているといわれている[4]。そうしたこともあって八〇年代以降の文脈では「不法入国者」「超過滞在者」をあわせて「非正規滞在者」と呼ばれることが多い。このように、字義通りの定義だと「非正規滞在者」は本来「密航者」も含むのだが、他方でこの用語は、八〇年代以降の文脈に限定された表現のようにも読めてしまう。そこで本書は、それぞれの文脈では「密航者」「非正規滞在者」を使用する一方で、それらを包含して表現するときは「非正規移民」と表記することにする。

では、戦後のそれぞれの時代において、どのくらいの非正規移民がいたのだろうか。残念ながらある程度の数がわかるのは、九〇年以降入管局が公表してきた「超過滞在者」（入管局の用語では「不法残留者」）の数だけである（図序－1参照）。それ以前の時代については、約五万人や一〇万人という表現が見られるが、正確なことはわからない[5]。その後、増加していった「超過滞在者」は、九三年に約三〇万人とピークに達した後、減少を始めた。とはいえ九〇年代の減少幅はゆるやかであり、九〇年代末に一旦大きく減少した後も再び減少幅は小さくなった。しかし二〇〇〇年代半ば以降急激に減少した。この減少の背景には、新しく非正規移民になる者が減少した一方

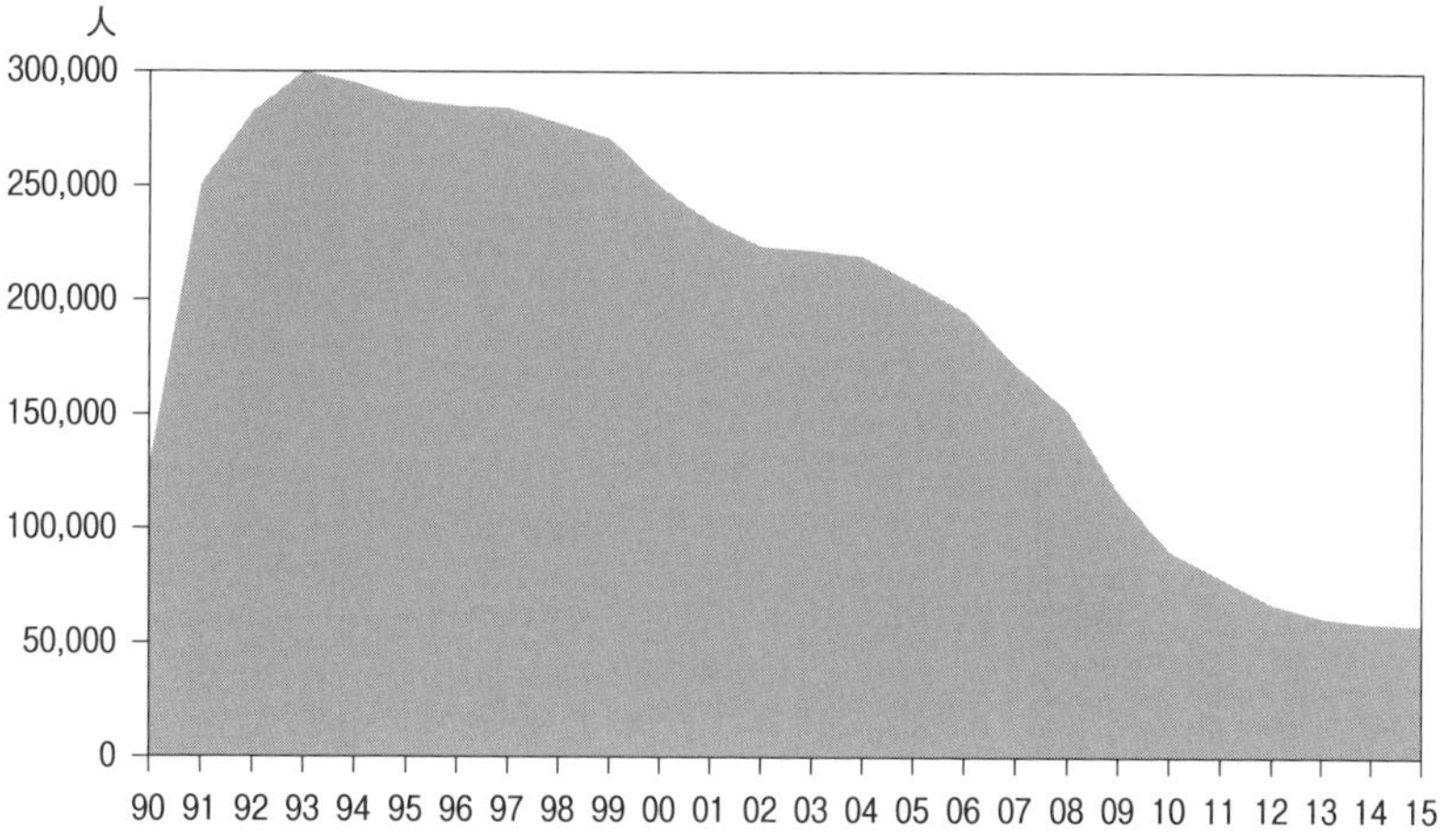

図序-1　超過滞在者数の推移

出所：法務省入国管理局。

で、摘発の強化と正規化の増加が生じたことがある。ただし二〇一五年以降、「超過滞在者」数は再び少し増加している。国籍別では、年ごとに入れ替わりがあるが、近年は韓国、中国、フィリピン、タイなどが多い。一方、九〇年代初頭は、パキスタン、バングラデシュ、イラン、マレーシアなども多かった。なお前述のように、「超過滞在者」は非正規移民全体の約八割なので、その年における非正規移民の数は、グラフに表れている数より二～三割程度多いと考えられる。

一方、追放の数を示す被送還者数は、戦後直後からのデータが存在する(6)（図序－２）。のちにふれるが、戦後のある時期までは、送還先はほとんど韓国であり、収容所に留め置かれた後、集団送還されることが多かった。しかしその後は、非正規移民の国籍も多様化した。なお近年は「強制送還」といっても自費で帰国する場合がほとんどである。

図序－２のグラフをみると、被送還者数には一九五〇年頃まで と一九八〇年代半ばから二〇〇〇年代前半にかけて大きな山があることがわかる。初期の五年間は朝鮮人の数しかわからないが(7)、実際にも朝鮮人の送還が最も多かったと推測される。四〇年代が圧倒的に多く、五〇年代から六〇年代前半にかけて小

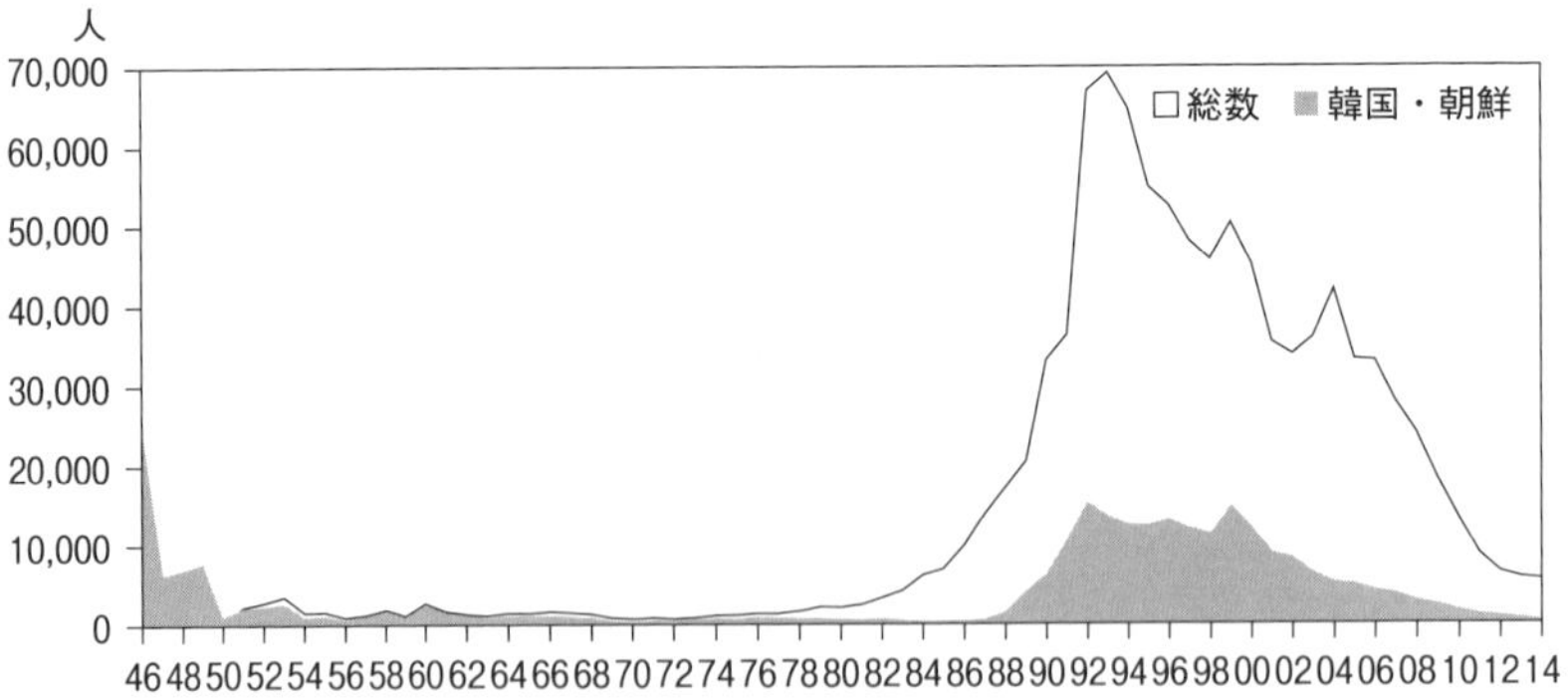

図序-2　被送還者数の推移

出所：法務省入国管理局。
1946-50 年のみ森田（[1955] 1975: 87）の「朝鮮人の送還」による。

刻みな増減を繰り返した後、一九六六年の一六三九人を境に減少し、一九七〇年には七一〇人と戦後最少となった。その後、少しずつ増加を始め一九八〇年には二一四七人と一〇年前の約三倍になった後、八〇年代半ば以降急増し八七年には一万三七七一人と初めて一万人を超えた。七〇年代後半以降、被送還者の国籍も韓国以外が増えている。超過滞在者と同じく九〇年代初めまで急激な増加を続け、九三年の六万九一三六人をピークに減少するようになった。その後、「不法滞在者」半減政策が始まった翌年の〇四年に再び四万人を超えたが、近年は急減し二〇一四年には五五四二人と八〇年代半ばの水準に戻った。二〇〇二年以降は中国が最も多く、他は、年によって違いはあるもののフィリピンや韓国、タイが多く、近年はベトナムも増加している。

とはいえ退去強制手続をとった非正規移民は全員送還されるわけではない。その過程のなかに、前述の在留特別許可という正規化（合法化）の手続きも定められている。[8] 在留特別許可については、一九五二年以降の数字が公表されているため、その推移を表した図序-3をみてみよう。一見すると被送還者数のグラフと同じく、戦後の早い時期と比較的最近に大きな山があり、その間が谷のように低くなっている。しかし凹凸の年代は、被送還者数のグラフと若干違いがあり、前半の山が五〇年代の後半から六〇年代前半にかけてである。本書の第

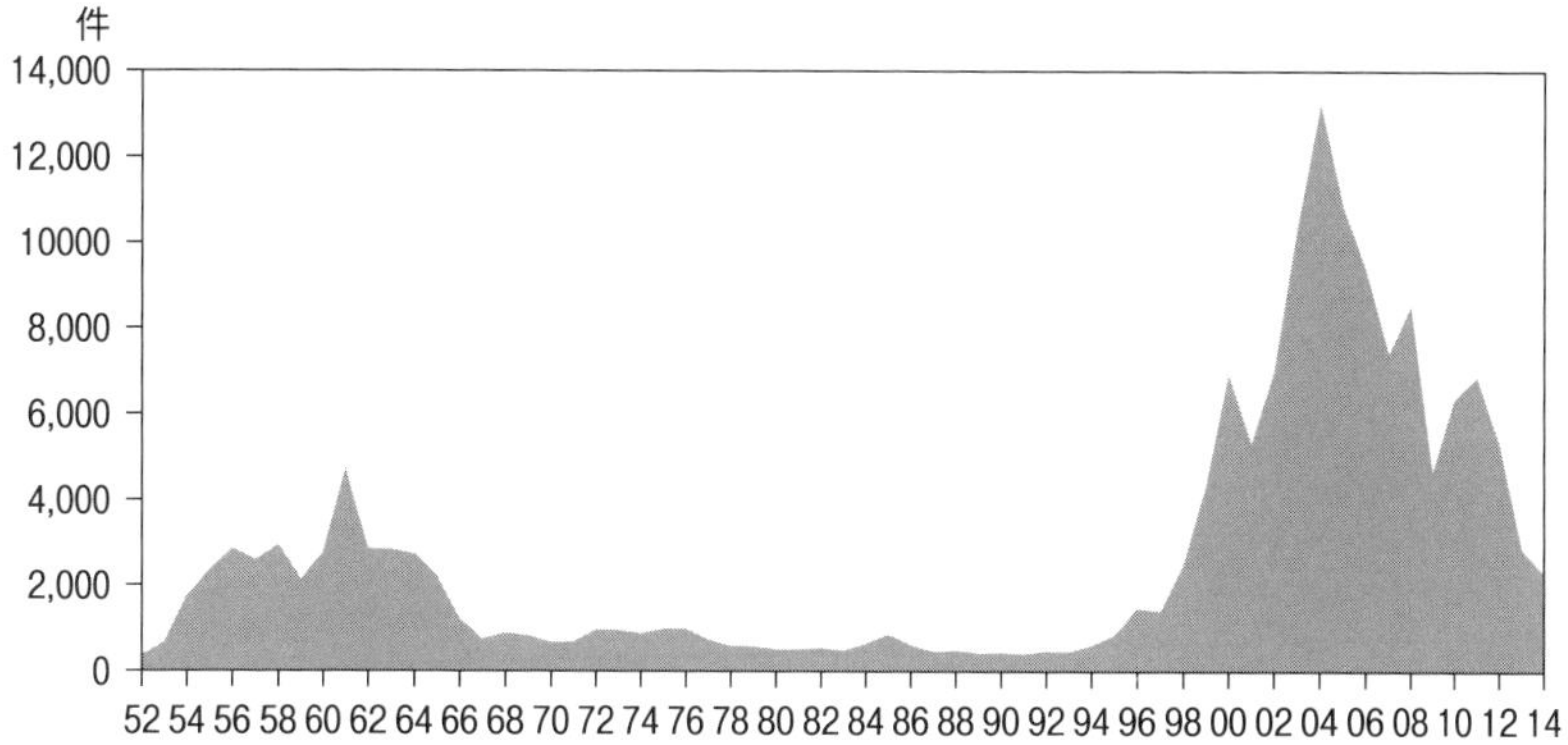

図序-3　在留特別許可件数

出所：法務省入国管理局。

二章でこの時期を扱うが、当時、韓国への送還が難しかったことを背景に、在留特別許可を求める声が強まり、結果としてその件数が増加した。そのことがグラフにも表れている。その後、一九六七年から九五年までの三〇年弱は毎年一〇〇〇件以下、特に八八年から九三年は四〇〇件台と非常に少ない時期が続いた。前述のように、この時期は超過滞在者が急増している時代だったが、在留特別許可による正規化はほとんど行われなかったのである。しかし九〇年代末から急増し、二〇〇三〜〇五年には毎年一万件を超え、特に〇四年には一万三二三九件に達した。しかしその後は急減と若干の増加を繰り返し、近年は減少し続けている。二〇一四年には二二九一件と一〇年前の五分の一以下にまで落ち込んだ。

最後に、被送還者数と在留特別許可件数を重ねたグラフ（図序－４）をみておこう。先ほど後者が増加したと指摘した一九五四年から六五年は、七二〜七三年とともに、その件数が被送還者数を上回っている珍しい時代だったことがわかる。しかしその後、八〇年代末から九〇年代にかけては被送還者が圧倒的に多くなった。在留特別許可が再度、多くなるのは、九〇年代末以降である。この時期については、第六章と第七章で取り上げる。

以上のように、非正規移民の追放と正規化は時代によって大きく変

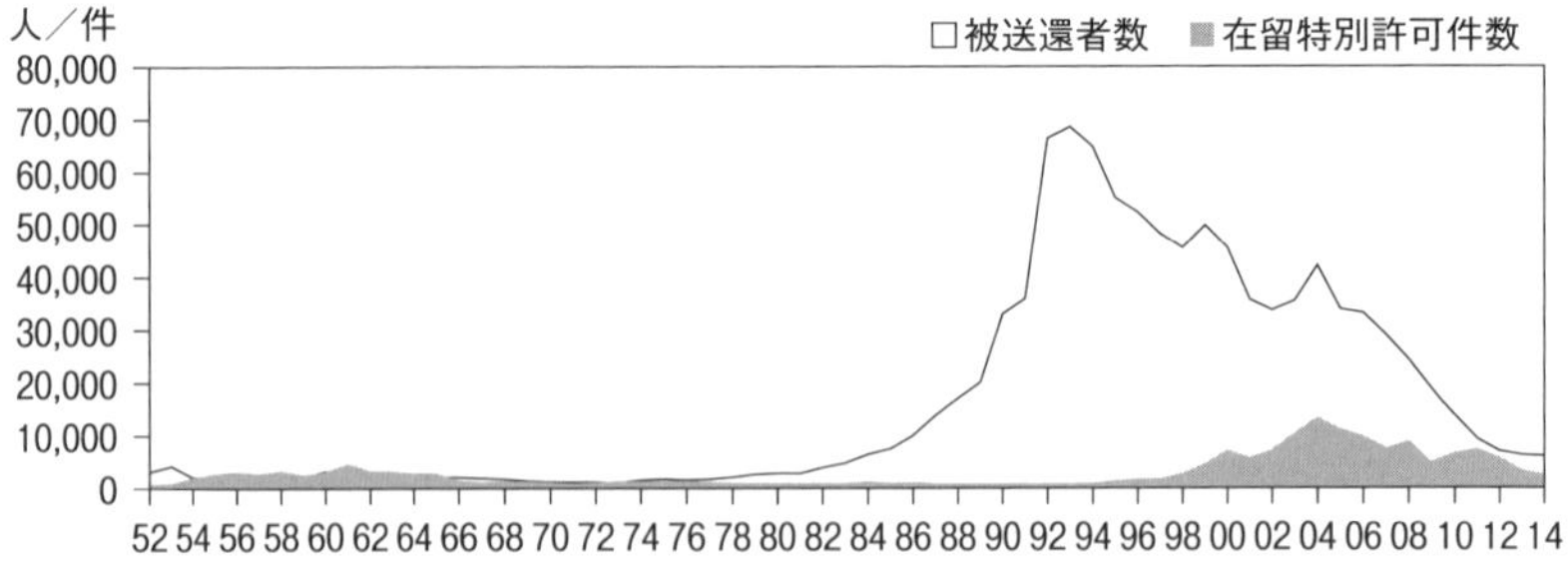

図序-4　被送還者数と在留特別許可件数の交錯

出所：法務省入管局。

動してきた。もちろん両者の潜在的な対象になる非正規移民の数が正確にはわからないので、追放と正規化の数だけに頼る分析には限界がある。しかし「超過滞在者」の数がわかる九〇年以降に限っても、その数と追放や正規化の数は連動していない（詳しくは第四章参照）。つまり非正規移民の数が増加したからといって、必然的に追放あるいは正規化が増加するわけではない。ここから示唆されることは、追放と正規化（それは合法／不法を区分する線引きでもある）という主権権力は、実質的には超越的に発動されるわけではないということである。むしろこの権力は、物理的な可能性、国際関係、政策、入管局の運用や注力、抵抗運動、世論などさまざまな要因に影響されている。

本書の構成

まず第一章では、先行研究の検討により本書の位置づけを示すとともに、理論的枠組みを考察し、後続する章で追放と抵抗のポリティクスを具体的に考察するための視座を示す。非正規移民の追放と抵抗のポリティクス、そこで浮き彫りにされる境界の具体的な様相に関心がある方は第一章を読みとばしていただいてかまわない。

第二章からが時代ごとの考察に入る。第二章は、敗戦後から一九五〇年代にかけての朝鮮人の追放について取り上げる。当時の非正規移民は、朝鮮人の「密航者」や在日朝鮮人で法令違反になった者が大半を占めていた。しかし当時はまだ日韓条約の締結前であり、韓国との国交は正常化していなかった。こうしたなかで、韓国は被送還者の（一部）引き取りを拒否し、それを受けて正規化が増加することになった。つまり追放の権力は物理的な限界に直面したのである。このとき正規化をめぐる審議が国会でなされたが、もとより裁量にもとづき明確な基準がないため、判断には道徳的価値が持ち込まれることになった。

第三章は、六〇年代から七〇年代にかけて市民運動が取り組むようになった非正規移民支援を取り上げる。ここで非正規移民から突きつけられたのは、〈戦後日本〉は、単に物理的空間として存立しているのではなく、平和と民主主義という価値空間としても存在していること、しかしそれは植民地支配を忘却し、朝鮮人を排除したうえで成り立っているということだった。ここでは非正規移民支援をつうじて、戦後日本が依拠してきた価値自体が問われることになった。

その後、七〇年代末から、韓国以外の国からの移動が増加するようになった。第四章では、こうした移住者の来日を対象にした追放と抵抗のポリティクスにおける、それ以前の時代のポリティクスとの連続性と断絶を検討する。

第五章では、非正規移民を対象にした新しい運動のうち労働組合による運動を取り上げる。この運動は正規化をめざす運動ではなく、在留資格にかかわらず「労働者」として認められることを要求する運動だった。本書では、その運動を中心に、入管法を主権としてではなく一つの法としての機能に限定させ、それをもって主権を実質的に無効化する空間をつくる運動があったことを明らかにする。

とはいえ、前述のように、九〇年代末以降、正規化を求める取り組みが支援運動のなかでも大きくなっていった。第六章と第七章ではそうした運動を対象にする。まず第六章では、日本人の実子を養育するケースを取り上げる。この場合、入管局からも明確に正規化可能とされている。しかし非正規移民の主観に着目すると、正規化は大きな壁として立ちはだかっている。非正規移民にとっての正規化の意味について検討する。

つづいて第七章では、正規化を求める運動のなかで大きくクローズアップされてきた非正規滞在家族のケースについて取り上げる。ここでは「子ども」の境遇に同情が集まり、日本にいるべき存在として道徳的に価値づけられてきた。しかしそうした価値づけは、大人との対比を生み出し、結果として親子の分断を正当化することにもつながっていることを指摘する。

以上の考察をつうじて、線引きと追放という主権にもとづく国家の境界にたいし、非正規移民の社会性や歴史性にもとづいた抵抗が実践されてきたことを明らかにする。終章では、これまでの議論を簡単に振り返り、社会性や歴史性にもとづく抵抗の主要な二つの戦略についてまとめる。そのうえで、それぞれの戦略の意味について論じる。

調査概要

本書の第二章から第七章のもとになっている調査を最初に開始したのは、二〇〇五年六月と、すでに一〇年以上の月日がたっており、章ごとに調査の時期が大きく異なっている。調査の方法は、章によって比重が異なるが、移住者支援団体における参与観察、関係者インタビュー、文献や資料（マスメディア、法律や施策にかかわる政府文書や国会審議録、世論調査報告書、支援団体の機関紙や支援者の記録など）にもとづく調査を組み合わせている。ただし第二章は文献や国会審議記録、支援者の記録など文書資料にのみもとづいている。

調査期間のうち二〇〇五年六月から二〇〇六年六月までは移住連インターン、二〇〇七年七月から二〇〇九年三月までは移住連の専従スタッフの立場にあった。インターンのあいだは週三～四回、専従スタッフのあいだは週五回程度業務に携わっていた。その後は現在まで、ボランティアとしてかかわってきたが、そのかかわり方は時期によって違いがある。こうした支援団体のスタッフを兼ねつつ調査を行うことにたいしては、ともすると調査の客観性にたいする疑念が示されるかもしれない。しかし非正規移民の追放と抵抗のポリティクスを明らかにするという本書の目的にとっては、支援団体のスタッフとしてかかわることは、通常ではアクセスの難しいポリティクスが生じる場において参与観察できる方法だった。また、主に抵抗を行ってきた支援団体の論理を、それが生み出される過程も含めて内側から明らかにするという点でも有効だった。

くわえて第五章は、「全統一労働組合」（東京都）で、二〇〇五年六月～二〇〇六年六月、二〇〇七年七月～二〇〇九年六月、週一～二回程度で行った調査にもとづいている。また、第六章はＮＧＯ「ＲＩＮＫ・すべての外国人労働者とその家族の人権を守る関西ネットワーク」（大阪市）（二〇〇六年八月～二〇〇七年六月に週一回程度参与観察、その後二〇一〇年七月まで断続的ケースの同行による参与観察やインタビューを行った）、第七章はＮＧＯ「山梨外国人人権ネットワーク・オアシス」（甲府市）（二〇一六年七月～八月）の協力を得た。これら以外にも支援団体関係者や弁護士、研究者、当事者にインタビューを行ったが、それらの日時は、本書で引用・言及している箇所に随時示している。

本書では、ご自身で著作や論文等を発表されている方やメディアで名前を公表している方については本名で記載した一方、それ以外の方のお名前はアルファベットで記載している。また非正規移民当事者のプライバシーに配慮して、一部事実関係を変更している部分がある。

第一章　追放と抵抗のポリティクスからみる戦後日本の境界

はじめに

前述のように、非正規移民の調査がしたいと思ってＮＧＯにかかわり始めた私は、そこで出会った支援者たちに「ビザがない」人を紹介してもらえないか尋ねるようになった。そうすると、ある支援者は、オーバーステイの男性移住労働者、別の支援者はパートナーの日本籍男性にビザの手続きをしてもらえず非正規滞在になっている女性と子ども、また別の支援者は難民申請者がいると話してくれた。こうして何人かの、多様な「ビザがない」人に会ってはじめて私は、「非正規移民」や「ビザがない人」あるいは「不法滞在者」というのは法的カテゴリーであって、社会的存在としての「非正規移民」などどこにもいないことに気がついたのである。つまり個々の非正規移民は、「非正規移民」として日常生活を送っているわけではない。「非正規移民」とはあくまでも、入管法という国家の法によって規定された概念にすぎない。

このように非正規移民には多様な社会的カテゴリーの人びとが含まれるということ自体が、国家の境界と社会のメンバーとのずれを体現する存在としての非正規移民の姿を表している。本章では、この点を念頭におきつつ、非正規移民の追放と抵抗のポリティクスの考察をとおして戦後日本の境界の論理とその効果を明らかにするという本書の目的を達成するための視座を示したい。

さて本書では、戦後日本の境界とは、法的な境界であると同時に、社会を枠づけようとする線引きとしても捉えている。こうした作用を前提に、戦後日本とは、主として日本という国家の範囲を土台にして存立してきた社会として捉えられてきた。[1] しかしこれからみるように、これまで国家の境界と社会との関係性については十分な考察がなされてこなかった。その背景には、戦後日本が確固とした境界をもつ「島国」としてイメージされてきたことと関係しているのではないだろうか。つまり戦後日本の外側の境界＝国家の境界は、静的で中立的なものとして前提されてきたように思われるのである。しかし本書で示したいことは、この境界の線引きが、主権権力だけでなく、移住者や支援運動などさまざまなアクターの交渉を通してなされてきたということである。戦後日本のある時期は、国境を越えた移動が少なかったが、[2] その時期も含めて移住者や外国籍者の追放をめぐって、境界は常に争われ問い直しをされ、さらに再編成されてきた。つまり境界は動態的なものだった。またその線引きには、人種やジェンダー規範、道徳など、[3] 社会で望ましいとされている規範的価値が反映されてきた。その意味で、戦後日本の境界は、国家の境界であると同時に、社会の境界としても機能してきた。早速、これらの点を詳しくみていこう。

一、戦後日本の境界と非正規移民

戦後日本の転換と境界

戦後の日本は、少なくともある時期までは、戦前の多民族帝国と比較して「島国」の国民国家として想定されてきた。小熊英二は、戦前の日本が植民地の拡大にあわせて多民族帝国を称揚していた一方で、戦後、その矛盾が問われることなく「島国」としての「単一民族国家」という神話に転換したことを論じた（小熊 1995）。この論に典型的なように、戦後日本を象徴する表現として「島国」が持ち出されるとき、それは単に島からなる国家という意味ではない。むしろそれは、海というイメージに投影された強固な境界によって周囲から隔てられた閉鎖的な社会を意味しており、またしばしばエスニックな構成としても同質的な社会ということを含意していた。

また近年では、多民族帝国から「国民国家」への転換のプロセスを具体的に問う研究がなされるようになっている（蘭編 2013; 加藤 2013）。そこでは、特に占領期における引き揚げや朝鮮半島からの「密航者」の移動に焦点があてられ、帝国の記憶の忘却や人の移動の統制、国内における朝鮮人や台湾人の「外国人化」によって、戦前の「内地」が「国民国家」として転換していく過程が論じられる。このなかで特に「密航者」の移動は本書に直接かかわるテーマであり、第二章でもこれらの研究を取り上げている。しかしその後の五〇年代末から七〇年代頃の移動を扱う研究は、後述するモーリス＝スズキの研究をのぞけば、非常に限られている。こうして少なくとも高度成長期の日本は、確固とした境界をもつ「島国」の国民国家だったという認識が根強く残っているように思われる。

しかし同時に、こうした国民国家と一致する閉じられた空間としての社会は、八〇年代以降転換したと指摘されてきた。吉見俊哉は、ポスト戦後社会を分析するなかで、「一九八〇年代までは、「日本」が国民国家として統一的な歴史的主体である、少なくともそのようなものとして機能していること」が立場にかかわらず前提とされてきたのに対し、一九九〇年代以降、グローバル化の影響で、日本社会の存立自体が問い直されるようになったと論じている（吉見 2009: 220–221）。すなわち九〇年代以降、経済的には企業の海外進出にともない国内の産業は空洞化した。また円高などの影響で海外旅行に行く人びとも増加した。こうした現象は「「日本」のグローバル化」をすすめた。一方で、海外で日本のポピュラーカルチャーの消費がすすんだり、日本に暮らす移住者が増加したことは、「「日本」の多国籍化」を象徴している。このようなグローバル化にともなう諸現象を念頭に、吉見は今や「「日本」やその「国民」は問いの前提ではなく」、むしろそれ自体が「問いの対象となっ」ていると指摘する。それは、言い換えれば、「「日本」という歴史的主体が、すでに分裂・崩壊しつつある」ことを示しているのではないかというのである（吉見 2009: 220）。

このようなグローバル化の影響により、これまで自明と考えられてきた「社会」の枠そのものが揺るがされているという認識は、吉見に限られたものではない（Beck 1997: 2005; 伊豫谷 2001; 宮島ほか編 2013）。ウルリヒ・ベックは、「「近代」社会は、あたかもひとつのコンテナに保管されるように国民国家の権力空間のなかに保存され」（Beck 1997 = 2005: 51、傍点原文）てきたと指摘する。そのうえで、吉見と同じく、こうした社会が国民国家の境界と一致するという前提は、グローバル化によって受け入れられなくなっていること、つまり「これまで社会や国家が一定の領域をもち相互に境界で分けられた統一体として考えられ、組織され、存続してきた根本的前提となる枠組み」は、グローバル化によって揺らいでいると述べる（Beck 1997 = 2005: 47–48、傍点原文）。

このように、それまで国民国家の範囲と一致するものとして前提されてきた社会という認識への批判を日本の社会学において早い時期に明示的に打ち出し、一九八〇年代以降の移住者の増加も背景にしつつ制度化されたのが「国際社会学」である。つまり「国際社会学」は、社会学の下位領域の一つとしてだけでなく、「方法としての移民」（伊豫谷 2007）という視点を手がかりに、社会（科）学が前提としてきた「全体社会」=「国民国家」という認識自体を問い直す領域として立ち上げられた（樋口 2006）。こうした研究視角は、移民らによる越境的なネットワークに注目するトランスナショナリズムの視角からの移民研究とも連動するものだった。

前述のように、吉見もまた、八〇年代以降の日本の変容を示す一つの要因として、移住者の流入に着目している（吉見 2009: 214）。吉見は田嶋淳子（田嶋 1998）の議論を参照しつつ、エスニック・ビジネスが「移住者たちの生活世界を、移住先と母国を同時に跨ぐような仕方で絶えず新たに組織し直している」とし、「日本社会」という枠を超えたトランスナショナルな社会の出現を肯定的に捉えている（吉見 2009: 216）。こうした移住者のながれは、確かに一九八〇年代に大きな潮流となり、現在までほぼ継続してきた。二〇一五年末の外国人登録者数は、二二三万人を超え人口に占める割合は約一・八パーセントといずれも過去最高となった[4]。総人口に占める割合は、欧米諸国やアジアの一部の国と比較すれば低率であるが、吉見が指摘するように、移住者の存在は、社会の「異種混淆化」や国民国家をまたいだトランスナショナルな社会の形成をすすめ、日本社会の自己認識の変更を迫ってきたといえるだろう。

しかしこうしたグローバル化による「社会」の転換と新しさを強調することによって、それ以前の社会との連続性が不問に付されてきた。つまり「島国」から「グローバル社会」への転換の強調は、「島国」の時代をより一層閉鎖的なものとして際立たせ、当時の移動やマイノリティの動態を不可視化にすることにつながってきたのではないだろうか。たとえば、八〇年代以降の移住者を指して「ニューカマー」という言葉がつくられたが、そのとき対比的な用語として規定された「オールドカマー」という言葉は、在日コリアンなど戦前に来日した旧植民地出身者とその子孫を指している。つまりこの二分法は、来日時期でみると、一九八〇年代以降か戦前しか想定しておらず、戦後から一九八〇年代以前に来日した移住者は想定されていない。しかし実際には、七〇年代半ばには、ベトナム難民の受け入れが決定され[5]、「中国残留日本人」の帰還も始まった[6]（田中 2013; 蘭 2013）。また本書で取り上げるように、戦後、韓国からは「密航者」が継続的に来日しており[7]、さらに一九七〇年代末以降、東および東南アジアからの女性移住者の非正規な移動が目立つようになった。それゆえ、こうした一九七〇年代頃までの移住者たちは、「オールドカマー」「ニューカマー」という二分法では十分捉えられない。つまり、グローバル化にもとづく「ニューカマー」の来日という図式は、日本への移動が、戦後初めてこの時期に始まったかのような想定にもとづいており、それ以前の戦後の移動を等閑視しているといえよう。

さらに、本書の関心からいえば、「島国」から「グローバル社会」への転換という図式によって、戦後日本の境界は、一貫して問われないままになってしまうことも問題である。というのも「島国」という認識においては、境界は確固とした閉鎖性をもつものとして前提にされ、問いの対象にはされない一方で、「グローバル社会」という認識においては、境界はすでに乗り越えられたものとして捉えられているからである。つまりどちらの認識においても、境界そのものは対象化されないことになる。しかし現実には、国家の境界作用は一貫して存在しており、グローバル化もそうした作用を取り除くわけではない。とりわけ「9・11」以降、多くの国で国境の規制が強化され、国家によって認められた方法以外で移動・生活している非正規移民は「テロ」や「犯罪」と結びつけられるようになった。この国境管理の強化は、境界自体の政治性を明るみにだすことになった（杉田 2015）。

マイノリティからみる日本の境界

以上のような「島国」から「グローバル社会」への転換、戦前から暮らす移住者とその子孫の「オールドカマー」と八〇年代以降来日した「ニューカマー」という認識に問いを付すのがモーリス＝スズキの研究である

（Morris-Suzuki 2010）。彼女は、一九四五年から七〇年代の日本の国境と移動の管理にかかわる場や出来事、具体的には朝鮮半島からの「密航」（難民とよべる場合も少なくなかった）、「密航者」らを管理する収容所、朝鮮民主主義人民共和国への「帰還」、米軍基地と占領、「密航者」の正規化などに着目し、それらが、当時の東アジアにおける冷戦体制に大きな影響を受けていたことを明らかにする。このように、モーリス＝スズキは、さまざまな場面で生じていた国境のポリティクスを取り上げることで、確固とした閉鎖的な境界として自明視されてきた戦後日本の境界認識を問い直した。

このとき彼女が着目するのが国境のポリティクスに与える冷戦という国際関係の影響である。確かに、主権国家の権限であるはずの国境管理は、実際には国際関係によっても影響されている（Ngai 2004）。その点は本書でも第二章で考察するが、同時に、戦後日本の境界のポリティクスに与えてきた影響は冷戦に限らない。とりわけこの国境が社会を枠づける境界でもあるという本書の認識からすると、この線引きがより広い社会的・歴史的文脈でいかに作用してきたか、またそのさい、社会の規範的価値が境界作用の論理としていかに導入されるのかに着目することが必要となる。つまり社会との関係に焦点を当てて国家の境界作用を捉えようとする（Nagi 2004）。

こうした社会の規範的価値にもとづく境界は、社会内部において人びとを区分・序列化するものとして、主に歴史的な観点からの研究がなされてきた。これらの研究は、マイノリティを生み出し、彼・彼女らの差別や排除につながる境界の論理や、それにもとづく社会のあり方を論じてきた。いわば境界や周縁から社会を考察することれらの研究は、以前は、帝国主義化をともなった国民国家の形成期に照準を定めることが多かった（ひろた 1990; モーリス＝鈴木 1998; 小熊 1998; 杉原 1998; 冨山 1990）。これらの研究をつうじて、近代における「国民」統合の過程で、序列をともなう同化、周縁化、排除などさまざまな機制によって「他者」が生み出されていったことが明らかにされてきた。

くわえて近年では、戦後日本という、帝国解体後のポストコロニアルな状況における境界にも焦点が当てられるようになっている（安田編 2013）。たとえば、本書と同じく、マイノリティの経験から「戦後日本社会」という歴史的空間を捉え直そうとする論集において、編者の安田常雄は、「「戦争」と「国民国家」によって引かれた分断線の「周縁」ないし「外部」から「戦後日本社会」を逆照射し、その特質を考えることを通して「戦後日本社会」を相対化することを意図している」とその目的を説明している（安田 2013: 1–2）。実際、そこに収められた各論考は、引揚者や在日朝鮮人、被差別部落、子どもなどを取り上げ、「戦後日本社会」の内部に引かれる境界を多角的に明らかにしている。こうして多様な境界を内に含んだ「戦後日本社会」の姿が浮き彫りにされているといえよう。

一方で、この論集では、上記の安田の説明にもあるように、「戦後日本社会」が日本という国家の範囲で成立してきたことは自明視されている。それゆえこの社会が、不可視で不動の境界によって区切られたものとして存立してきたようにみえてしまう。もちろん、そうした範囲で成立してきた社会のリアリティを無視することはできないものの、社会を枠づけようとする国家の境界は外縁としてのみならず、社会内部の亀裂としても作用してきた。たとえば在日コリアンのなかでも「密航者」かそうでないかによって異なる経験をしており、その違いによってエスニシティ内部における分断が生み出されることもあった（高 1998; 原尻 1997; 福本 2013）。それゆえこの外縁としての境界についても社会との関係から対象化する必要がある。

二、非正規移民と境界

非正規移民をめぐる研究

上記のように、エスニシティ内部における差異化の形式として、居住国の滞在資格にもとづく「合法／不法」という区別は近年より重視されるようになっている。その背景には、非正規移民がますます「テロ」や「犯罪」などセキュリティの観点から認識され、彼・彼女らを対象にした追放や排除の政策が強化されるようになっている状況がある（De Genova and Peutz eds. 2010; Gibney 2008; Kanstroom 2012; 小井土 2014; Menjívar & Kanstroom eds. 2014; 森・ルバイ 2014）。こうした状況を背景に、非正規移民を対象にした研究も増加しているが、これらの研究は、構築主義的な観点から非正規移民の経験および彼・彼女らが社会から排除、周縁化される機制を考察している。(8) スーザン・バーバラ・クーティンは、アメリカのエルサルバドル出身の非正規移民が生きる空間を「非存在の空間（space of nonexistence）」とよぶ（Coutin 2003: 29）。彼女によると、多くの非正規移民は、見つかって逮捕されるのを避けるために、日常生活のさまざまな領域において記録が残らないよう注意しながら暮らしている。たとえば、親戚や同僚などと同居して居住証明が残らないようにしたり、インフォーマルエコノミーや現金払いで働いたり、移動を制限して家にとどまったりする。つまり彼・彼女らは社会的・法的には存在しないかのように暮らしている。言い換えれば、非正規移民は、物理的にはアメリカにいるが、法的にはアメリカの「外」、非存在の領域に位置づけられているのである。このような状態をクーティンは「彼・彼女らは物理的にアメリカにいるからこそ法的にはアメリカの外にいるしかな」く、「それゆえ法的な非存在の空間は社会的・物理的な存在の空間の隠れた次元」だと指摘する（Coutin 2003: 34）。

またデ・ジェノヴァは、非正規移民が生きる「違法性」を「追放可能性（deportability）」すなわち国民国家の空間から強制退去される可能性として捉える（De Gnova 2002）。彼・彼女らは、常に追放される危険にさらされつつ生きているため、労働をはじめとする日常生活の領域においても脆弱な位置におかれる。つまり国家の追放権力は、移住者の追放を実際に行使するかどうかだけではなく、その社会で暮らす非正規移民を「追放可能性」の状態に追いやり、脆弱化させる効果ももつという（De Genova 2002; De Genova & Peutz 2010）。これらの研究は、国家の境界が、非正規移民を実際に追放させるにはいたっていない場合でさえも、彼・彼女らの社会的な生活に浸透し、彼・彼女らが社会関係を構築したり維持したりすることを困難にさせ、結果として周縁化や排除へと押しやっていることを示している。つまり国家の境界は、非正規移民の社会的な生にも影響を与える、いわば社会の境界としても機能しているのである（Fassin 2011）。

一方、日本では現代の非正規移民については、主に国際社会学の領域で研究されてきたが、構築主義的な視点は弱い。むしろこれらの研究では、ホスト社会の規範や構造は、所与のものとして設定される傾向が強いように思われる。たとえば、鈴木江理子による研究（鈴木 2009）は、八〇年代以降来日した男性非正規滞在者を対象に、滞在二〇年以上におよぶ日本での就労経験の変化を捉え、「本格的な実態調査」（駒井 2015: 192）とされる浩瀚な研究である。一方で、この研究は、出入国管理における国家の広範な裁量を認め、「国民の安全と国家の秩序を維持するために、「好ましい外国人」と「好ましくない外国人」の線引きが行われることは当然のこと」という前提に立つ（鈴木 2009: 28）。そのうえで、非正規滞在者の一部が、職場や労働市場への貢献という点で既存の線引きにそぐわない「好ましい」存在であることを示そうとする。つまりこの研究は、ホスト社会において非正規滞在者を「不法化」「逸脱化」する機制を追認し、それを前提としたうえで「好ましい」とされる非正規滞在者だけを掬い出そうとするものといえる。しかし出入国管理における国家の裁量が、現代において「当然」といえるかは疑問である（阿部 2014; Carens 2013）。またこうした主張は、その基準をもって「好ましい」とされなかった非正規滞在者をより周縁化させる効果をもっている。鈴木自身、法務省による在留特別許可の正規化の範囲を示すことが「残余の非正規滞在者が「好ましくない外国人」であることを際立たせていく」ことにつながっていると指摘するが、それは、鈴木の研究にも当てはまる（鈴木 2009: 37）。もちろん個別のケースで正規化をめざすさいに、当該の非正規滞在者が「望ましい」存在や「正規化すべき」存在であることを主張せねばならない場合はあるだろう。しかし非正規滞在者の排除を問題化する研究が、別の排除を追認し正当化することは、原理的な矛盾を抱えているのではないだろうか。

シティズンシップ論における非正規移民

一方、よりマクロな観点から非正規移民の社会における位置づけを論じるのがシティズンシップ論である。よく知られているように、T・H・マーシャルは、イギリスの歴史を参照しながら二〇世紀における社会的権利の確立に、「ある共同社会の完全な成員であり人びとに与えられた地位身分」であるシティズンシップの完成を見いだした（Marshall［1950］1992＝1993: 37）。マーシャルがこの権利に着目したのは、この権利が国民のなかの階級的不平等を実際に解消する効果をもち、福祉国家の連帯を体現するものであると考えたからである。このときマーシャルにとって「共同社会」とは国民を成員とする福祉国家と範域を同じくする空間だった。つまり彼にとっては、社会と国民国家のメンバーは一致していた。

しかしその後の西欧諸国では、社会の範囲と国家の範囲の一致を暗黙の前提にすることはできない状況が生じていった。というのも戦後、これらの国では外国人労働者を導入し、その後、彼らは家族を呼び寄せて定住するようになったからである（Hammar 1990＝1999）。彼・彼女らの多くは、居住国の国籍を取得しないままだったが、居住にもとづいて社会的権利や政治的権利の一部が保障されるようになった。こうした状況をふまえて、トマス・ハンマーは、シティズンシップは国民と外国人という二分法では区分できなくなっており、そのあいだに長期にわたり定住するデニズン（永住者）という三つ目のカテゴリーを設定する必要があることを指摘した。そのうえで、国民とともにデニズンは、「住民」として社会的権利および政治的権利の一部が認められていること、逆にいえば、これらの権利は「住民」の権利であると論じた。つまり福祉国家の成員資格である社会的シティズンシップが認められるのは、国民と永住者をあわせた「住民」である。このように、今やある国家のシティズンシップやそれに付随する権利や義務はさまざまな基準によって差異化され、段階的なものとなっている。

さらに冷戦終結以降、非正規移民や庇護希望者が急増するようになった状況をふまえて、小井土彰宏らは、国家の領土内にいるものの国家の正統なメンバーとしては認められていない彼・彼女らを段階的シティズンシプの最も外側に位置づける[9]（小井土 2003; 近藤 2001; 樽本 2007, 2012）。つまり非正規移民は、国民を中心として差異化されるメンバーのなかで最も周縁的な存在なのである。ここからわかるように、シティズンシップ論は、当該社会に暮らす移民をその地位に応じて区分する境界に自覚的である[10]。しかしそこでは、これらの境界は静的なものとして捉えられ、それが作用する論理や文脈は注目されていない。たとえば、非正規滞在者の正規化についてもその根拠は「人権」や「居住」という指摘にとどまっており（樽本 2012）、同じ居住歴をもつ非正規滞在者のなかでも、正規化されやすいものとそうでないものがいることには注意が払われていない（Nicholls 2013）。ここでは、境界は対象化されているものの、それぞれの境界はどのように引かれ、各カテゴリーが生み出されるのかという境界作用の文脈や論理の考察にまでは深められていないといえる。

三、国家の境界が作用する文脈と論理

主権による線引きと追放

メンバーシップの多様な境界のなかでも、正規移民と非正規移民を区分する境界は、国家の正統なメンバーかどうかを区分するという点で、主権国家の境界といえる。こうした境界の線引きに主権権力の特徴を見いだすのが、イタリアの政治哲学者ジョルジョ・アガンベンである。周知のようにミシェル・フーコーは、「種としての人間」あるいは生物学的な生を対象とし、その集合的な水準である人口を管理する政治を生政治とよんだ（Foucault 1976＝1986）。そのうえで、こうした生政治で働く権力を「人びとを生きさせるもしくは死へと廃棄する」権力として定式化し[11]、「殺すための権力」である主権権力とは区別した。これにたいし、アガンベンは、主権権力を生政治の範疇に位置づけようとする。彼は、「主権者とは例外状態において決定を下すものである」というカール・シュミットの定式に言及しつつ、規範の適用が停止される例外状態とは、規範の外部であるからといって規範と無関係なわけではないと指摘する（Agamben 1995＝2003: 29）。むしろそこでは、規範は自らの適用から除外するというかたちで「自らを適用する」のであり、その意味で規範に捉われてもいる[12]。それゆえ主権者による例外状態の決定とは、法が適用される空間と、法が適用されないというかたちで法に囚われつつ法外の空間を線引きによってつくりだすことである。つまり主権の作用とは線引きである。

主権的な決定はそのつど、外部と内部、排除と包含、ノモスとピュシス[13]のあいだの不分明の境界を引き、更新するのであり、そこにおいて生は原初的なしかたで法権利の内で例外とされる。（Agamben 1995＝2003: 43）

このときアガンベンは、法の適用外に放擲された生を「剝き出しの生」とよぶが、それは、法の外部にあるがゆえに、法の暴力にさらされる存在でもある。また彼は、非正規移民や難民を「剝き出しの生」の現代的な形象の一つとみなしている[14]（Agamben 1996 = 2000; 1995 = 2003）。

一方、ジュディス・バトラーは、「9・11」以降キューバのグアンタナモ収容所に無期限に収容された人びとへのアメリカ政府の対応に現代の主権の表れをみる。バトラーもまたアガンベン同様、フーコーの生政治と主権権力の明確な区別に疑念を表するが、そのうえで、今日の主権が、人口を管理するという統治性の領域において行政によって担われていることに着目する。というのもグアンタナモ収容所にはアフガニスタンやイラクで「危険」として拘束された人びとが収容されているが、このとき「誰が収容され、誰が収容されないかを決め、誰が監獄の外に生きながらえ、誰が監獄にとどまるのかを決定」しているのは、人びとの代表として正統性をもっているわけでもなく、説明責任ももたない役人だからである（Butler 2004: 62 = 2007: 113）。つまり、自らにしか根拠をもたない循環的で法外な権力としての主権は、今や収容所という人口を管理する統治性の場において説明責任をもたない役人や行政によって担われているのである。

統治性が主権の新たな洗練された場となったというだけではなく、あるいは新しい法廷がまったく無法なものとなっているということだけでもなく、国家主権が既存の法を踏みにじり、説明責任を持たない主体が裁量によって法を捏造する仕事を任されている。（Butler 2004: 93 = 2007: 155）

このように、行政に担われた主権権力は、法を停止したり捏造したりと、いかようにも利用する。法は、いわば主権の戦術として恣意的に使われる。バトラーによると、こうして人口を管理する統治性の場において、「生死にかかわる無法な主権」が作動する。つまり、どちらも法に還元されない統治性と主権とが結びつき、法を無視してあるいは法を捏造して「危険」な者を認定し、無期限に収容しているという。

このような主権の物理的な暴力としての収容は、後述するように、日本の出入国管理にも導入されてきた。同時に、出入国管理には追放という暴力もある。そしてこれらの物理的な暴力によって担保されていることが、主権によって引かれる国家の境界を社会内部の境界と分かつ点である。この国家の境界は、法の境界として現象するが、近代法の基礎的な理解では、法を他の社会規範から区別するのは、「国家権力の物理的サンクションをともなう」という「サンクションの特殊性」にある（渡辺 1998: 37）。出入国管理の局面でいえば、収容と追放がサンクションにあたる。このとき収容は、それ自体、ときには無期限に及ぶ身体を拘束するという暴力である。しかし同時にそれは、出入国管理の局面ではしばしば非正規移民を追放に追い込むものとしても機能する。[15] そこで本書では、収容を追放権力の一つの要素として位置づけ、その要素も含めたものとして追放と表現する。

実際、近代国家は、その領土内に暮らす自らが正式に認めたメンバー以外の者や、一旦メンバーとして認めた場合であっても「危険」とされた非市民をいつでも追放する権限をもってきた（Kanstroom 2007）。よく知られているように、ジョン・トーピーは、パスポートの発展に着目し、近代国家の特徴を「合法的な移動手段の独占」に見いだした（Torpey 2000＝2008）。彼によると、近代国家は、過去数世紀のあいだに「国民を「掌握」し、国民と非‐国民の区別をおこない、その境界を維持する」ために、人の移動を追跡、管理、規制するようになったという（Torpey 2000: 2＝2008: 3）。このとき国家が、こうした「合法的な移動手段」を独占できたのは、人びとを合法／不法に区分し、「不法」とされた者にたいして追放という物理的暴力によって制裁を課せたからだろう。

同時に、この国家の境界は、物理的な国境の場において特定の人びとを領土内から排除するのみならず、前述のように「追放可能性」をつくりだす効果ももっている。国境とは「誰かがそれを通過しようとするとき、あるいは通過する権利を拒否される瞬間に、政治的に存在しはじめる」ものだからである（Butler & Spivak 2007: 34 = 2008: 24）。これは、入管や警察による職務質問などでも起こるのであり、そこで「危険」あるいは法に適合していないと判断された者あるいは判断される可能性のある者は、たとえ合法的な資格をもっていたとしても、いつでも追放される危険がある。こうして国外追放のシステムは、出入国管理だけではなく入国後の社会的なコントロールとしても機能する（Kanstroom 2007）。とりわけ今日、非正規移民をリスク視する傾向が強まるなかで、「追放可能性」は、非正規移民の日常生活や存在自体に大きな影響を及ぼすレジームとして機能している（De Genova & Peutz 2010; De Genova 2010）。言い換えれば、国家の境界はますます社会内部の境界としても作用するようになっているのである。

日本における国家の境界としての出入国管理及び難民認定法

前節では、国家の境界は主権権力によって線引きされ、追放というサンクションをともなう法によって裏打ちされていることをみてきた。日本でこの線引きと追放を具体的に定めているのが、「出入国管理及び難民認定法」（以下、入管法）である。具体的には、その第二四条に、「不法入国」、「超過滞在」のほか付与された在留資格に認められた活動以外の活動をした場合（たとえば就労が認められていない在留資格での就労）など、広範な「退去強制事由」が定められている。国家は、そこに含まれた条項に該当するものを追放する権限をもっているのである。このなかで実際には、認められた在留期間を超えて滞在している「超過滞在」が最も多い退去強制事由となっている。

この条項で、問題とされてきたのは、条文が「次の各号のいずれかに該当する外国人については〔……〕本邦からの退去を強制することができる」（傍点引用者）とされており、主権権力による広範な裁量が認められていることである。また実際、この決定権は、入国管理局の主任審査官という一介の行政職員に与えられている（児玉・関・難波編 2012: 262）。さらに、こうした退去強制事由に該当した場合、手続きは、違反調査、違反審査、口頭審理→法務大臣への異議申出および法務大臣の裁決という順にすすむ。このとき違反調査で容疑ありとされた場合、収容令書が発付され収容される。この収容は「全件収容主義」として原則収容されるが、その期間は、三〇日（延長された場合は六〇日）と定められている。また、退去強制令書が発付された場合も収容対象となる。この場合は、送還可能になるまで入国者収容所に収容できるため、事実上、無期限収容が許容されている（児玉・関・難波編 2012: 362）。したがって何らかの理由によって送還できない場合は、収容期間が数年にのぼることもある。

一方、この退去強制手続の最後の段階では、法務大臣の裁決の特例として在留特別許可が定められており、それが唯一、非正規移民が正規化されるルートとなっている。つまり正規化は、法によって一連の退去強制手続に組み込まれ、その特例という位置づけなのである。この在留特別許可の条項には、それが認められる場合として「永住許可を受けているとき」「かつて日本国民として本邦に本籍を有したことがあるとき」などのほか、「その他法務大臣が特別に在留を許可すべき事情があるとき」と定められており、実際にはこれに当てはまることが最も多い。「はじめに」でもみたように、入管局はこの在留特別許可にかんして「ガイドライン」を二〇〇六年に公表し、二〇〇九年にはその改正も行った。にもかかわらず、この「ガイドライン」は、法務大臣の裁量を限定するものではないという立場を崩していない。つまり正規化は、非正規移民の権利ではなく恩恵的措置と位置づけられている。

以上のように、この退去強制手続こそが、誰を追放し、また誰を正規化するかという線引きとしての主権権力を実行するものといえる。しかしそのすべては、行政によって担われ、大幅な裁量が認められている。また入管事件に携わってきた弁護士からは、いずれの手続きも非公開であり、口頭審理以外は本人以外の立会いが認められていないことなどから「外国人に十分な反論・反証の機会が与えられていない」と批判されてきた（入管実務研究会 2007: 155）。もちろんここでなされた処分を不服として裁判で争うことはできるものの、裁判によっても、ケースごとの差異はあるものの国家の裁量は大幅に認められているのが現状である（児玉 2010）。というのも一九七八年に最高裁によって示された「外国人に対する憲法の基本的人権の保障は〔……〕外国人在留制度のわく内で与えられているにすぎない」という判断が確定したマクリーン判決が今日もなお、出入国管理にかかわる判決の論拠として用いられているからである(16)（阿部 2014: 307; cf. 渡辺 2010）。

国際人権法学者の阿部浩己は、マクリーン判決後、日本が、自由権規約や子どもの権利条約、人種差別撤廃条約等の人権諸条約および難民条約を締結したことに言及し、「出入国管理制度といえども人権条約の規制を免れることはできず、人権規範を損なう国境管理権限の行使は違法（条約違反）」と指摘する（阿部 2014: 309）。またここからマクリーン判決が、今なお司法の判断を規定していることを批判する。このように、日本が自ら認めた人権規範のなかには出入国管理にかかわる国の裁量を限定する項目が含まれているにもかかわらず、その効力は国内ではほとんど認められてこなかった。周知のように、これら人権条約および難民条約の締結をきっかけに、定住外国人の社会的権利が一定程度拡大されたことと比較しても（田中 2013）、出入国管理の局面における人権規範の影響力の欠如は際立っている。

以上をふまえると、バトラーがグアンタナモ収容所を念頭におきながら指摘したのと同様、日本における非正規移民の正規化や追放を行う主権権力もまた、説明責任をもたない行政によって担われ、しかもそれは、司法によって正統化されているのである。

このような、入管局に大幅な裁量が認められているという特徴をもつ退去強制手続は、第二章でも述べるように占領期にアメリカの影響下で立案され施行された「出入国管理令」（入管令）に起因する（Morris-Suzuki 2010）。

モーリス＝スズキは、行政に多大な裁量権力を付与した「不法入国者」の退去強制手続に冷戦の影響を見いだし、それが今日まで継続していることに日本の入管体制の特徴を見いだしている（モーリス＝スズキ 2005; 2010）。彼女は、冷戦期につくられたことと大幅な裁量権がどのように関係しているのかについてはくわしく論じていないが、ここではカール・シュミットの議論を思い起こすことができる。よく知られているように、シュミットは、政治的なものの概念の基礎、すなわち「政治的な行動や動機の基因と考えられる特殊政治的な区別」を友・敵の区別に求めた（Schmitt 1932＝1970: 15）。彼は、国民を政治的存在、国家を主権をもつ政治的単位として捉え、トマス・ホッブズ同様、国家の機能をその内部に平和をもたらし、「平静・安全・秩序」を確立するものと論じる（Schmitt 1932＝1970: 49, cf. Hobbes 1651＝1964; 市野川 1996, 1997）。また国家が、こうした内部の安全を保障するという機能をもつ結果として、危機的状況においては、その安全を脅かしている存在として「内敵」がつくりだされ、追放や権利剝奪の対象となったり、抗争の相手として措定されるという。ここからわかるように、シュミットによると、特定の人びとや国民をある国家から「追放」することは、彼・彼女らが当該国家の安全を脅かす「敵」として認識していることを前提としている（Schmitt 1932＝1970: 57）。そのうえで彼は、戦争のような例外状態に、このような友・敵という政治的結束の究極的帰結が露呈すると説いた[17]。この議論をふまえると、冷戦（朝鮮半島では熱戦）という戦争状態においてつくられた入管令は、外国人を「敵」と捉える思考に根ざしているといえるのではないだろうか。つまり、そうした「敵」への対応を念頭におき、大幅な裁量にもとづいた追放と正規化の手続きが定められたと思われる。

国家の境界作用と支援運動

上述のように、バトラーによる行政が担う主権という指摘は、日本における非正規移民の追放の局面にも当てはまる一方で、超越的な権力としての主権という見方には留保が必要である。というのも非正規移民は、ただ追放されるのを待つだけの存在ではなく、彼・彼女らの線引きと追放は、常に争われてきたからである。つまり非正規移民の線引きと追放は、最終的には主権による決定ではあるものの、その過程に着目するとさまざまな諸力によって争われ、それが主権の決定に影響を与えてきた[18]。本書は、こうした追放と抵抗のポリティクスに関与する主体として、移住者、国家のほか主に抵抗運動を担ってきた支援運動に着目する。また取り上げるケースによっては、メディアや専門家、国会議員や裁判所、国際機関の動きにもふれる。このように、非正規移民の線引きと追放にたいして抵抗を組織してきた支援運動は、彼・彼女らをこの社会に暮らす存在として捉え、その承認を求めてきた[19]。それは、ときには法的な承認すなわち正規化を求めるという場合もあったし、別の場合には、ある社会的領域での関係や役割の承認を求める場合もあった。これらの主張は、非正規移民のバックグラウンド、時代状況、争いの場の特性などによって変化してきた。

こうした支援運動が採用するさまざまな戦略のうち、非正規移民の正規化を求める場合は、支援運動の主張も合法／不法、言い換えればシティズンシップへの包摂／排除という二分法を前提にしたものとなる。つまり支援運動も、非正規移民の正規化要求をとおして、「違法なもの」と「違法ではないもの」、排除されるものと包摂されるものの境界の線引きに関与することになる。前述のクーティンは、非正規移民が体現する「違法性」の境界は、法によって定められている一方で、「違法性」自体が法を生み出している、と指摘する。というのも、非正規移民が正規化を求めるたびに、その移民がいかに正規化可能であるかを主張することになるが、それは、「違法性」の定義や限界を精緻化したり再定義したりすることと結びついているからである。つまり移民やその権利の擁護者は、正規化を求めるにあたって、「違法性」との差異を際立たせる主張をする必要があり、その過程において「違法なもの」と「違法ではないもの」が明確化され、再定義されていく。それゆえクーティンは、「移民の抵抗が別の法の生産であるとしたら、移民法の法的闘争において権力と抵抗を厳密に定義することは難しい」と主張する（Coutin 2003: 12）。このように、支援運動による抵抗は、正規化を求める運動という文脈において「違法なもの」と「違法ではないもの」という線引きに関与することになる。これが線引きである以上、正規化される（べき）者とそうでない者を区別しなければならず、それゆえ区別の基準が問題となる。

こうした基準についてディディエ・ファッサンは、フランスの庇護希望者や非正規移民の対応の考察をとおして、「苦しんでいる身体」が、「政治的な正統性の最終的な場」となっていると主張する（Fassin 2001: 4; 2012）。彼によると、一九八〇年代末以降、フランスでは政治的庇護の認定が厳格化される一方で、庇護希望者のうち病気を患った者が「人道的理由」あるいは「医療ケア」の必要性によって法的な滞在許可証を受け取るようになったという。また非正規移民についても重い病気にかかっている場合は滞在許可が認められるようになった（Fassin 2012: ch. 3）。これらは、「生きる権利がますます、政治的な領域から人道的な領域に置き換えられている」ことを意味しているが（Fassin 2001: 4; cf. Fassin 2012）、ＮＧＯもそこで「重い病気に苦しむ非正規移民を正統化する新しい基準」をつくりだすよう、国家にプレッシャーをかけるという（Fassin 2009: 51）。このように、今や「人道にもとづく統治」が、政府だけでなく、ＮＧＯなどによっても実践されており、そこで用いられるのは「同情の論理」である。そしてこの論理は「〔政治的庇護など〕保護の権利に優先している」という（Fassin 2012: 145、〔　〕内は引用者）。

このように、ファッサンは、非正規移民の支援において法権利より人道や道徳の論理が優先するようになった点を欧米諸国における現代的状況として捉えている。これにたいし、アイファ・オングは、東南アジアの家事労働者にたいするＮＧＯの支援を取り上げながら、道徳の強調をこの地における文化的な特徴として描き出す（Ong 2006＝2013）。つまり東南アジアでは、移住者の権利が、当該国民の権利と対等でないことは前提とされている。そうした環境においてＮＧＯは、不安定な地位におかれた移住者の「剥き出しの生に道徳的な価値を与え」

ることによって、受け入れ社会の国民の関心を引き起こし、移住者の保護につなげているという（Ong 2006: 210＝2013: 311）。

同様に、日本でも法権利よりも人道の言説が優先しているが、本書では、これをオングのように文化的な特徴として理解するよりも、その言説が機能する構造、すなわち非正規移民の正規化と追放のポリティクスが争われる構造の影響として理解する。すなわち前述のように、もともと追放や正規化の決定は入管局に大幅な裁量を認める法制度として占領期に構築され、独立後現在までその枠組みが維持されてきた。またその法制度において正規化は法務大臣の恩恵的措置として位置づけられている。こうした構造こそが、正規化を求める運動の主張に権利の言説を導入しにくくさせ、人道の論理へと方向づけている。こうして正規化要求は、「どのような越境者が正規化されるべきか、あるいはされるべきではないか」という価値をめぐって争われる。つまり主権権力を担う入管局の裁量を認める構造は、正規化のポリティクスを「包摂される（べき）者」と「排除される（べき）者」を区分する価値をめぐる争いに限定させるのである。そしてこのとき、正規化されるべきものとして評価される基準は、支援運動が提起するものも含めて日本社会の規範的価値にもとづいている。このように、非正規移民を線引きする基準には、しばしば当該社会の規範的価値が体現されるのであり（Anderson *et al.* 2011; Ngai 2004; Nicholls 2013）、それゆえ国家の境界は、社会あるいは「われわれ」を規定する境界でもある。

おわりに

本章では、先行研究の検討によって、非正規移民の追放と抵抗のポリティクスの考察をとおして戦後日本の境界を浮き彫りにするという本書の目的を達成するための視座を考察してきた。

戦後日本は、高度成長期を中心に確固とした境界をもつ「島国」として想定される一方で、八〇年代以降はグローバル化する日本というイメージが強調されてきた。どちらにおいても戦後の人の移動と境界作用は十分対象化されてこなかった。近年は、そうした認識を問い直す研究がなされるようになっているが、そこでは国家の境界を社会との関係から考察する視点は不十分である。

これにたいし、本書では、国家の境界と社会のメンバーであることの矛盾を体現する非正規移民に着目する。このとき国家の境界は、追放というサンクションをもつ法を道具として利用する主権権力によって引かれるが、同時にその境界は社会を枠づけようとし、かつその内部で人びとを分断するものとしても機能する。しかしこの境界は、抵抗運動をはじめとするさまざまなアクターの交渉をとおして争われるものでもある。そしてこの非正規移民の追放と抵抗をめぐるポリティクスにおいて、「正規化される（べき）もの」と「追放される（べき）もの」という区分が争われ、社会の規範的価値が導入される。このように、国家の境界は非正規移民の追放と抵抗のポリティクスが実践される場であり、そこは、その境界が枠づける社会の価値や規範と無縁ではない。次章からそのポリティクスを具体的に検証し、国家の境界と社会の関係を考察してみよう。

第二章　帝国と島国のはざまで

はじめに

本章では、一九四五年から一九五〇年代にかけての日本における朝鮮人の退去強制と在留特別許可を対象に、主権権力による追放と正規化のポリティクスを考察する。一九四五年の日本の敗戦によって日本帝国は崩壊したが、それは、東アジアにおける秩序と国境の再編を生み出し、また帝国内に暮らしていた多くの人びとの移動の契機となった（蘭編 2013）。一方、日本にとって占領は、国の境界の線引きと追放の権限の喪失を意味していた。これからみるように、占領中、またその後の日韓会談において日本は、この権限を取り戻そうと幾度も試みるが、それは、主権権力にとってこの権限を確保することがいかに重要かを物語っている。

とはいえ実際の追放は、追放の権限を掌握しただけでは可能にはならなかった。周知のように、日本は、一九五二年にサンフランシスコ平和条約によって独立し、「主権」を回復したとされる。しかし追放の場に着目すると、この「主権の回復」という物語は別の様相をみせる。というのも日本は独立後も、韓国をはじめとする周辺諸国との国交正常化を果たせず、韓国は、日本から退去強制された者の一部の受け取りを拒否したからである。これは、主権が国家間の承認によってはじめて機能するという事実を如実に表していた。そして、この韓国の対応は、日本における収容所の収容能力の限界をもたらした。こうした事態を受けて国会でも正規化をめぐる審議がなされ、結果として被収容者の一部に在留特別許可が付与された。このときの国会審議は「誰が正規化されるべきか」、言い換えれば、誰が日本社会のメンバーとして認められるべきか、というメンバーシップの境界をめぐる争いを示していた。本章では、このポリティクスに着目するが、その前に占領期における「密航」の取り締まりと出入国管理体制の整備について検討しておこう。

一、占領期における出入国管理体制の整備と日本の「独立」

法的地位と外国人登録

日本が朝鮮半島を植民地にして以降、朝鮮半島から日本へ移動する人びとが増加するようになった。日本政府は一九一九年以降、そうした移動を管理するようになった。一九二〇年代半ばから一九三〇年代にかけては、日本内地での朝鮮人の増加が社会問題化する懸念から移動を抑制していたが、戦争末期に労働力が不足し、戦時動員によって朝鮮半島から内地に大規模な労働力を移動させた（外村 2012）。こうしたこともあって、敗戦時、内地には約二〇〇万人の朝鮮人が暮らしていた。彼・彼女らにとって、日本の敗戦は、朝鮮半島の「解放」を意味しており、八月一五日以降、博多、舞鶴、仙崎などの港には、半島に引き揚げようとする朝鮮人が殺到した。こうして一九四六年三月までに約一三四万人の朝鮮人が帰国した（森田［1955］1975: 57）。一方で、すでに日本に長く暮らし生活基盤を築いていた者ほど日本に残ったという。

こうした日本在住の朝鮮人や台湾人にたいして、ＧＨＱは、一九四五年一一月に出した初期の基本指令において「軍事上の安全が許すかぎり「解放人民」Liberated peoplesとして処遇すべき」だが、「必要な場合には「敵国人」Enemy nationalsとして処遇されてよい」とした（森田［1955］1975: 74）。

同時に、ＧＨＱは、朝鮮人はできる限り帰還させようとする方針をとっていた。四六年二月には、朝鮮人、中国人、琉球人、台湾人について、帰還希望の有無について登録を求め、帰還を希望しなかったり、登録を怠る、もしくは登録しても日本政府の指示にしたがって帰還をしない場合は、日本政府の費用による帰還の特権を失うと発表した（大沼 1993: 37）。このとき登録された朝鮮人は、六五万人弱だったが、そのうち「帰還希望者」は五一万人以上と約八割にのぼった。しかし、この登録にしたがってＧＨＱが「計画送還」を始めたときには、実際に帰還に応じる者は少なくなっていった。その背景には、朝鮮半島の情勢が大きく影響していた。具体的には、食糧不足やインフレなど経済状況が悪化していたことにくわえ、南の信託統治の是非をめぐる不安定な政治情勢も帰国をためらわせた（森田［1955］1975; 金 1997: 186）。同時に、ＧＨＱと日本政府は、帰還にあたって財産の持ち出しを制限したため、帰国後の生活の目途がたたず、日本に留まった場合も多かった。また日本の同化政策の影響により朝鮮語を十分に話せなかった若者にとって、朝鮮への適応は容易ではなかった（金 1997: 186）。こうして結局、四六年四月から同年末にかけて帰還した者は約八万三〇〇〇人にすぎなかったという。

一方、日本も当時食糧危機に直面しており、人びとは各地にできた闇市を利用して生活をしのいでいた。この闇市で商売をする者のなかには、朝鮮人や台湾人もいたが、政治家は、そうした朝鮮人らによる闇商売を秩序破壊行為として国会審議でたびたび取り上げ、取り締まりの強化を求めた。また新聞報道もこのような政治家の発言を大きく掲載し、朝鮮人や台湾人の否定的なイメージを広めた。(1) 実際には、闇市で商売をしているのは日本人のほうが多かったが（尹 2015: 104）、朝鮮人や台湾人の活動は、日本人の優位を前提とする既存の秩序の転換を象徴する行為として受け止められ、批判や取り締まりの対象となったのである。

また、当時の警察や内務省も「旧体制の下で法的にも社会的にも差別構造のなかに組み込まれていた在日朝鮮人、台湾人が解放民族としてさまざまな権利を主張し、行動することは、戦後の混乱をいっそう助長するもの」として捉えていた（大沼 1993: 40–41）。こうした認識にもとづき内務省は、外国人登録令の立案を決めた。ただしこのとき、「解放民族」の全面的な取り締まりを行う立法はＧＨＱに認められないことを予測して、「ＧＨＱが発した入国抑制、登録に関する覚書を根拠として、在日外国人一般の登録法として」（傍点原文）立案し、承認を得ようとしたという（大沼 1993: 42）。そのうえで、よく知られているように、法のなかに、朝鮮人や台湾人を「外国人とみなす」という規定をもうけ、彼・彼女らを登録令の対象にした。こうして、日本国籍を有しているはずの朝鮮人や台湾人の退去強制を可能にしたのである（大沼 1993）。日本政府は、すでに四六年二月に、在日朝鮮人らの問題にたいする「抜本的解決」を図るために、各省庁の関係者で打ち合わせ対策項目を決定していたが、そのなかには「不良分子ハ強制送還ヲ為スコト」という項目が含まれていた（金 1997: 221–2）。つまり政府は、平和条約の締結までは旧植民地出身者は日本国籍をもつとしていたにもかかわらず、彼・彼女らを「追放可能」と考えており、その規定を外国人登録令に盛り込んだのである。

さらに、この立法過程において、内務省は、朝鮮人や台湾人を追放可能にするだけではなく、日本側がその権限をもつことにもこだわっていた。大沼保昭によると、ＧＨＱと内務省の「最大の論争点」は「退去強制条項に関するもの」だったが、その一つは、ＧＨＱが退去強制の最終権限を占領軍当局とすることを求めたのにたいし、内務省は、地方長官にその権限を与えるよう抵抗したことだったという（大沼 1993: 44–45）。日本政府は、このときに限らず「不法入国者」や、前述のように朝鮮人を退去強制し、送還する権限を自らのものとしようとたびたび試みたが、[(2)] ＧＨＱから認められなかった（金 1997: 264–285）。鄭栄桓は、こうした日本政府の思惑を「政府は朝鮮人の送還だけを望んだわけではない。正確にいえば、送還に関する権限を自らの手中に収めたかったのである」と端的に述べている[3]（鄭 2013: 59）。

「密航」の取り締まりと収容所

外国人登録令は、新憲法公布直前、旧憲法下最後の勅令として一九四七年五月二日に公布、施行された。内容は、登録にかんする規定だけではなく、外国人の原則的入国禁止を定めており、違反者には刑罰と退去命令や退去強制の処分も規定していた。また登録についても登録証の常時携帯などを義務づけることによって、合法的滞在者と、そうした登録証をもてない「不法入国者」を区分できるようにした。つまりこの法令の目的は、すでに日本に暮らしている「「外国人」の管理」にくわえて「密航者」を取り締まるための国内法規定の創設にもあった[4]（大沼 1993: 47）。

前述のように、朝鮮半島への帰還者は低調になっていた一方で、四六年春頃からは、朝鮮半島から日本に移動してくる者が目立つようになっていた[5]。その多くは、以前日本で暮らしていたり、家族や親せきが日本にいる者などだったが[6]、ＧＨＱは同年三月一六日に「本国に引き揚げた非日本人は、連合軍最高司令官の許可のないかぎり、商業交通の可能となるまで日本に帰還することは許されない」という指令を発表した（森田［1955］1975: 84–85; 金 1997）。また六月には「日本への不法入国の抑制に関する総司令部覚書」（SCAPIN 1015）を出し、日本政府にも捜索や取り締まり、ＧＨＱへの引き渡しなどの対応を求めた。それを受けて内務省は、強化対策として九州や中国地方に監視哨を配置したり、沿岸での巡査船を編成したりした。なお四六年四月から内務省に「不法入国者」の統計が集められ、その年の一二月までに検挙された者は約一万七〇〇〇人だった。ただし実数はそれよりはるかに多かったという（森田［1955］1975: 85）。こうしたなかで、佐世保引揚援護局内に「密航者」用の収容所が設けられ、そこから送還が行われるようになった（森田［1955］1975: 86; 福本 2013）。その後、「密航者」を留め置く収容所は、五〇年一〇月に出入国管理庁設置令の公布により針尾入国者収容所として改組され、さらに長崎県大村へと移された。つまり佐世保の収容所は、戦後初めて「密航者」を収容する場として設けられ、のちに在日朝鮮人の処遇の象徴となる大村収容所（大村入国者収容所（現「大村入国管理センター」））の前身として機能したのである。この佐世保の収容所には、一般の帰還者も収容されていたが、「密航者」の収容所はそれとは区分され、逃亡防止のために警察の監視下におかれた（福本 2013: 489）。

出入国管理庁の発足と入管令の制定

一九四九年頃から、占領終結にむけて日本政府への権限の委譲がなされるようになった。こうしたなかで、「密航」防止の責任も同年一一月以降、日本政府に移されることになった。また当時から「密航者」でもＧＨＱに嘆願書を出して在留が許可される場合があったが、こちらも五〇年初頭から本人の身柄の釈放は日本側が行うようになった（森田［1955］1975: 88）。さらに五〇年に入り、アメリカは、日本政府に出入国管理令（以下、入管令と略）の策定を促すようになった。しかし政府にその準備ができていなかったこともあって、同令は、アメリカの強い影響のもとで策定されることになった。第一章でみたように、モーリス＝スズキによると、当時アメリカは、朝鮮人と共産主義の結びつきを警戒しており、(7) そうした冷戦下における警戒感が入管令に体現されたという。具体的には、今日にいたるまで継続している「入国者に対する厳格な管理」と、法務大臣の裁量によって決定される在留特別許可に典型的な「官僚の自由裁量権との組み合わせ」という特徴は、冷戦体制の産物だと指摘する（モーリス＝スズキ 2005a）。

一方、この改革は、当時の当局の視点からみれば、日本の出入国管理を「一般的国際慣行に合致した」ものにすることを要求するものでもあった（篠崎 1955: 178–179）。まず日本政府は、「出入国の管理に関する政令」を公布し、外務省管理局内に「出入国管理部」を設置し、各々の業務を各省庁が分担するようにした。しかしそれは、「一般的国際慣行」に十分合致したものではなかった。具体的には、GHQは、「出入国管理行政が戦前のように警察の手で行われないよう」「より民主化したあり方」を求め、警察が入管業務から手をひくこと、および当該業務を担う独立の機構の設立を強く求めた（川上 1965: 25; cf. 大沼 2004）。この指示を受け、組織改変および法改正を繰り返し、最終的に法務省入国管理局という組織が整備されるとともに、五一年に入管令が制定公布された。こうしてやっと「連合軍総司令部の覚書に応え、且つ国際慣行に一致した法令と機構の整備を実現することになった」という（篠崎 1955: 179）。

この警察と入管の切り離しというGHQの要求はまた、退去強制の対象となった外国人を犯罪者のように扱ってはならないということも意味していた。出入国管理庁の初代長官を務めた鈴木一は、後年、当時の認識を次のように回想している。

> 第一に私の始めたことは、外国人を取扱う役所として部下一同に対して「〔……〕入管の職員は第一線の外交官であるべきである。」と訓示することであった。私は、日本が敗戦国の汚名を返上して国際社会に復帰出来る条件の一つは、人道主義に徹することであると確信したからである。（鈴木 1967: 31）

このようにGHQの指示のもと「国際慣行」にしたがい出入国管理体制を整備することもまた、人道主義に立脚した「国際社会」への「復帰」という、戦前の体制との決別を意味するものでもあった。

しかし同時に日本政府は、GHQの思惑を越えた規定を、入管令に盛り込もうとしていた。すなわち外国人登録令同様、入管令においても、日本ですでに暮らしている朝鮮人や台湾人を「外国人とみなす」という規定を入れて、この法の対象にしようとしたのである。しかし、入管令は、アメリカの移民法を参照して策定され、「純粋に出入国とそれに伴う在留を前提」としたものだった。つまり「戦前から日本に在住する者やその子孫等、その生活の本拠を日本にもつ者の社会関係を規律することを全く予想しない体裁をとっていた」（傍点原文）（大沼 2004: 232）。それゆえＧＨＱも、日本生まれの在日朝鮮人らが退去強制されることになる規定の導入に強く反対し、入管令は当初の予定より一ヶ月遅れて公布されることになった（飛田［1980］2016）。前述のように、当時、ＧＨＱは、朝鮮人と共産主義の結びつきを警戒し、治安的な観点から朝鮮人の移動と在留を管理しようとする場合も少なくなかったものの、「日本社会に生活基盤を有している朝鮮人の生活それ自体を破壊する可能性を含む問題に関しては、日本政府の施策に一定の制限をくわえた」のである（大沼 2004: 231）。こうして結局、日本政府もこの時点で、敗戦前から日本に暮らす朝鮮人らへの入管令の適用を断念した。しかしアメリカは、独立後の日本の方針にまでは関知しないとした（大沼 2004）。そしてその半年後、日本政府は実際に、サンフランシスコ平和条約にともない、朝鮮人や台湾人の日本国籍離脱を宣言することによって、彼・彼女らを入管令の適用対象にした。このとき入管局は、運用上は、敗戦前から引き続き日本に暮らす朝鮮人らに入管令を適用することはないとしたが[8]（大沼 2004: 234）、上記の経緯は、彼・彼女らを「追放可能」な状態におくことに日本政府がいかにこだわっていたかを示している。

サンフランシスコ平和条約の発効と出入国管理

以上のような占領期を経て、一九五二年サンフランシスコ平和条約により、日本は独立を果たし主権を回復した。しかしながら、韓国、朝鮮民主主義人民共和国、中国、台湾など、日本がかつて植民地、あるいは占領して

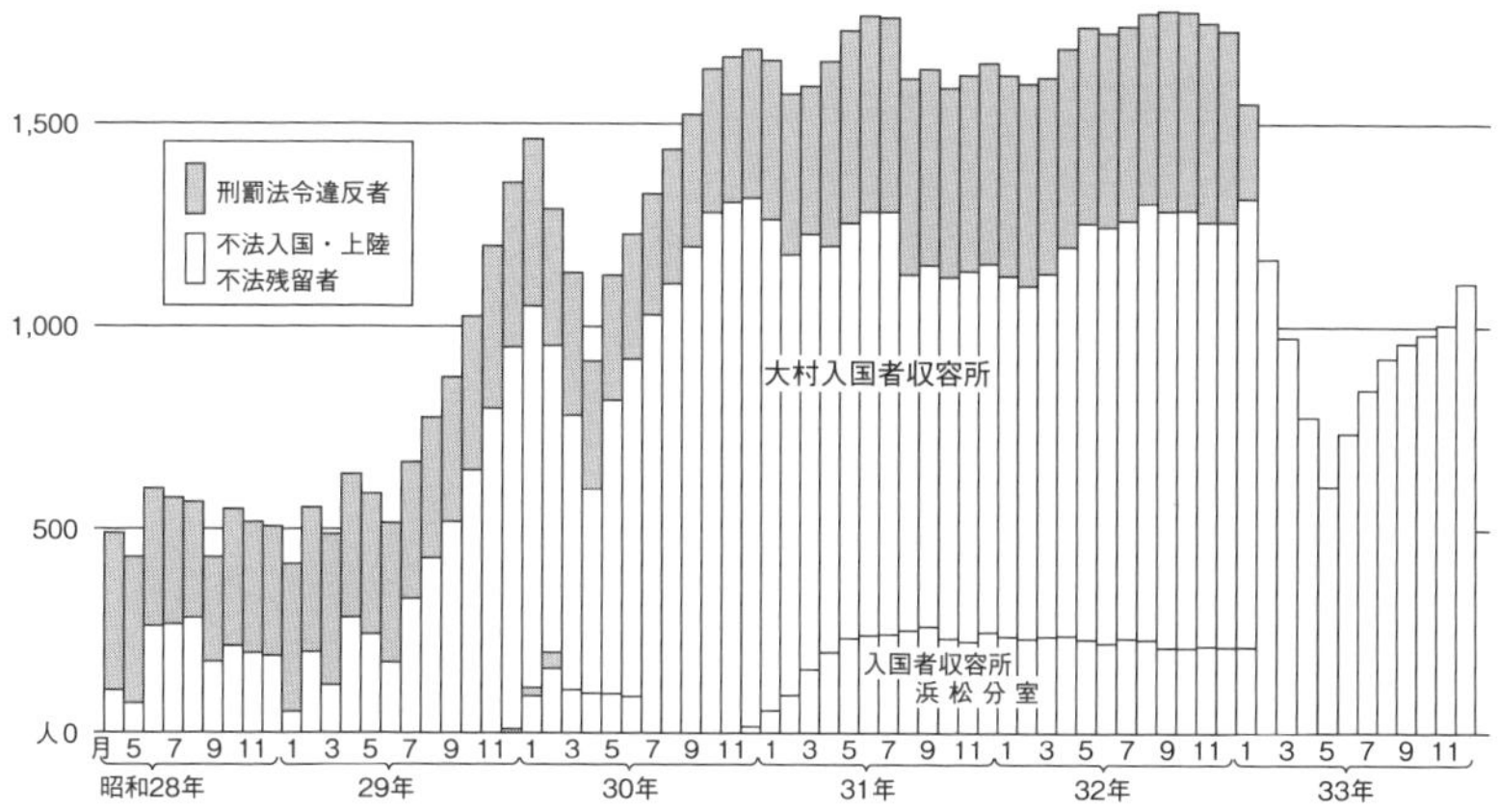

図 2-1　大村入国者収容所および当時収容者数の増加にあわせて開設された浜松分室の朝鮮人収容者数の推移

出所：法務省入国管理局（1959: 96）より抜粋。

大 村 入 国 者 収 容 所 の 学 習 室

図 2-2　収容所の中には学習室が設けられ、小学・中学・高校の三つに分け、収容者の中から選ばれた教師のもと、学習していたという

出所：法務省（1959: 100）より抜粋。

いた国、そして本土に居住していた多くの在日外国人の故郷の国はいずれも、この条約の締結の相手国ではなかった。日本政府は、在日韓国人の法的地位について、平和条約までに決定することをもくろみ、五一年末に日韓予備会談に臨んだが果たせなかった。そのため平和条約発効の直前に、通達によって在日朝鮮人らの国籍喪失を宣言した(9)（飛田 1980）。あわせて条約発効の同日に、法律一二六号を制定し、「昭和二〇年九月二日以前から、引き続いて我が国に在留している朝鮮人及び台湾人に対しては、〔……〕別に法律で定めるまで当分の間は、在留資格を有することなく、在留することができる」とした（法務省入国管理局 1981: 82-83）。

こうして在日朝鮮人の法的地位が未確定のまま平和条約が発効したことは、出入国管理にも思わぬ影響をもたらした。というのもこれを機に、韓国が、敗戦前から日本に居住していた在日朝鮮人の法令違反による退去強制者の受け取りを拒否するようになったからである。独立以前から、GHQと日本政府は、外国人登録令の規定にもとづき「有罪判決一年以上」の刑法令違反者を退去強制し、「密航者」とともに定期的に韓国に送還していた。しかし平和条約発効後の一九五二年五月の第八次送還において、在日朝鮮人の法的地位が未確定であることを理由に、韓国政府は、被送還者のうち一二五名の在日朝鮮人刑法令違反者の受け取りを拒否した。そのため彼らは、再び日本に送り返され、大村収容所に収容されることになった（法務省入国管理局 1981）。つまり主権を回復したとされる平和条約発効によってむしろ日本は、線引きと追放という主権を行使できない事態に直面することになった。トーピーは、「合法的な移動の独占」としての主権は、「国際社会による協力」があってはじめて成り立つとしているが（Torpey 2000＝2008）、この点からみれば、日本の主権は、平和条約発効後も未確立だったといえよう。

くわえて五四年七月には、韓国は被送還者を全面的に拒否するにいたり、大村収容所の被収容者はますます増加することになった。同年前半には、被収容者が毎月二〇〇〜二五〇人程度増加し八月には収容可能人数を超えた一二〇〇人が収容され、その後五七年まで増加傾向が続いた（図2－1参照）。そしてこうした状況が、在留特別許可の緩和につながった。序章のグラフで示したように、五〇年代半ばから六〇年代初頭は、戦後のなかでも二〇〇〇年代以降に次いで在留特別許可の件数が多かった。またその件数が、被送還者数より上回っていたという点でも珍しい時代だった。具体的には、五二年には三五六件だった在留特別許可件数は、五三年に六七一件、五四年には一七五三件に急増している。この数は、翌年以降、六五年の日韓条約締結によって在日韓国人の退去強制事由が懲役七年以上に限定された結果、「それまで在留特別許可の半数以上を占めていた刑罰法令違反者が、退去強制手続の対象にならなくなった」ことによって急減するまで毎年二〇〇〇件を超えていた（法務省入国管理局 1981: 158）。次節以降では、この増加の背景となった状況と在留特別許可を緩和するさいの論理について詳しく検討したい。

二、主権を規制する道徳――「密航者」にたいする在留特別許可

主権と道徳

密入国の原因は主として自国の社会不安よりの逃避、家族との面会、或は勉学等の極めて同情すべきものであり、更に過去の特殊な関係よりしてその取締は情において忍びないものが、ないではないが、情に棹さして流されることは、国家として特に許されない処である。（篠崎 1955: 173）

当時、警察庁警視だった篠崎平治は、国家の原則的な立場をこのように述べる。しかし実際には「情」は、主権の効力に影響を与えるものとしてあった。というのも裁量の大きい日本の出入国管理体制においては、「情」

こそが、主権の権能を規制するための道徳的規範として機能してきたからである。とりわけそれは、法務大臣の裁量的判断の典型といえる在留特別許可をめぐる争いに表れている。すなわち在留特別許可を求める争いにおいては、それが最終的には法務大臣によって判断されることを前提としたうえで、「誰が正規化を認められるに値するのか」という価値基準が争点となってきた。また同時に、それを認める根拠として、日本社会が有するべき価値への言及もあった。

こうした裁量にもとづく在留の可否の決定は、前述したように占領中から始まっていた。すなわち占領中から「密航者」に対する救済手段として、GHQに嘆願書を提出して在留が許可される方法があった。その後出入国管理庁が設立されてからは、民事部にくわえて出入国管理庁を通じても嘆願書が提出されるようになった。つづいて五二年三月より窓口は日本政府に一本化されつつ「嘆願書は特定の形式により、司令部の処理を仰ぐこと」とされた。同年一〇月末までの約七ヶ月間に、日本政府を通じた嘆願書は五二五件に及んだとされる（森田［1955］1975: 170–171）。そしてこの形式は、五一年に施行された入管令にも組み込まれた。森田芳夫によると、在留の可否を決める判断については、五二年一一月以後、出入国管理庁において長官以下、課長以上よりなる「裁決諮問委員会」によって行っていた。つまり追放という主権権力を前提に、退去強制手続きのなかで嘆願書を提出する一方で、主権権力を行使する者がその裁量によって在留の可否を判断するという占領期につくられた体制は、独立後の出入国管理体制にも引き継がれた（Morris-Suzuki 2010）。

戦前との決別と連続

以上のように在留特別許可を求める方法は、占領期から継続したものだったが、その基準についての公的な議論は独立後のものを参照できる。前述のように、韓国への「追放」ができない状況のもとで、大村収容所に収容される者が増加していくという事態が国会でも取り上げられ、在留特別許可の緩和が議論されたのである。このとき、その基準を正統化する論理として持ち出されたものの一つは、前述のように人道国家や平和という戦後日本が打ち立てようとしていた価値観だった。たとえば国会の論議においても、在留を認めないのは「人道国家をもって誇る日本国民としてどうであるか」（五四年二月三日衆議院法務委員会（以下、衆院法委と略）における林信雄議員（吉田自由党））や「裸になった日本人です。そしてもう世界はやがては一つになろうということを日本人はやはり考えておる。その線に通じて、平和憲法をもって国をやって行こうという基本方針がある」（同、木下郁議員（右派社会党））という発言がみられる。これら在留特別許可の根拠を、戦後の新しい価値観に求める点は、所属政党にかかわらずある程度共通した見解であったといえる。

とはいえこうした戦後日本がまず対応しなければならなかった「密航者」は、戦前・戦中から日本とつながりをもっていた朝鮮人だった。というのも一九五〇年代に入ってなお、在留を求めるケースの多くは、戦争前あるいは戦時中から日本に居住していた者など、何らかのつながりをもつ者が大半だったからである。一九五四年衆議院法務委員会に設けられた「外国人の出入国に関する小委員会」は、全会一致で在留特別許可の基準の明確化および緩和を求めて次のような決議を行った（森田［1955］1975）。それは、「一、終戦前相当期間日本に居住し、戦争末期に強制疎開その他の事由によって、朝鮮、台湾に疎開等をしたが、終戦後、日本の旧居住に現状恢復したような場合」「二、現に日本に居住する夫婦、親子、兄弟姉妹等近親関係の一方が、他方を朝鮮、台湾から呼び寄せた場合」「三、一、二、の共合する場合」「四、日韓、日台、日中関係の事業に従事しているものおよび技術、芸能、学問研究を志望しているもので、相当の実績をおさめている場合」の場合に、在留を認めるよう求めるものだった。

このうち本章では、一、二について検討してみたい。まず一に該当するのは、戦前・戦中に日本に居住していた朝鮮人・台湾人たちである。こうした「元日本人」に対して、多くの議員や官僚のなかでも「実に気の毒な人たち」(五四年二月三日衆院法委、鈴木一の発言(以下、発言者の姓のみ表記))という認識は共有されていた。したがって鈴木は、「密入国者は必ず帰すという」国際慣例にもとづく入管令を前提にしつつも、「できるだけあたたかい気持と法の冷厳なる運用との両方」によって対応しているという。またそうした朝鮮人、台湾人にたいして、鈴木の後任として入国管理局長に就任した内田藤雄は「日本に居住するに至った理由等が、日本自体がむしろ責任を負わなければならない場合も多々あることは、われわれも十分承知しております」と述べている(五四年九月二日衆院法委外国人の出入国に関する小委員会(以下、小委と略)、内田)。

しかしこうした日本の責任は、朝鮮人らの在留を認めるさいの主要な根拠となっていたわけではなかった。というのも在留を認めるのは、あくまでも例外的な恩恵的措置であり、戦前に居住していたことのみをもって在留が認められるわけではなかったからである。それは、前述の「密入国者」は全部帰すという「国際慣例」によるばかりではなく、「必ずしも全部日本から帰りました百三、四十万の朝鮮の人たちをおいでなさいといって受入れるだけの余裕がない」というのが理由だった(五四年二月三日衆院法委、鈴木)。確かに当時の朝鮮半島は不安定な状況にあったが、それでも「不法入国」として検挙されたり、「逃走」と確認された件数はあわせても、五二〜五四年は毎年約二〇〇〇件弱から三〇〇〇件にすぎなかった(森田［1955］1975: 149)。しかし入管局長は、戦前「内地」に居住していた者全員が戻ってくるかのように捉え、選別の必要性を主張していた。

そしてこの選別の基準として持ち出されたものの一つが、日本国家への忠誠だった。すなわち「かつて日本に非常に協力したとか、あるいは日本人の生命を助けてくれたとか、要するに日本国家としてその人に恩義を感じておる」場合は「助けてやらねばならぬ」という。また「長いこと二十年も日本におった、日本に本拠があった人」が「たまたま向うに行っておったという場合」も「助けてやる」という。ただしこの場合は、いつ朝鮮に戻ったのかも判断基準とされた。すなわち「まだ日本であるうちに向うに、たまたま墓参りに行くといって、それっきり帰れなくなったというような」場合は認められるが、戦後に引き揚げで帰った場合は、「日本を見限っ」たとされたのである（五四年二月三日衆院法委、鈴木）。このように、たとえ「元日本人」であったとしても全員が在留を認められるわけではなく、「日本に忠誠を尽くしたか」どうかがその基準となっており、そうした人にたいしては恩恵として在留が認められていた。戦後の価値観に立脚したはずの出入国管理体制においても、「日本国家への忠誠」が選別基準として機能していたことがわかる。

人情に変換される人道

つづいて在留特別許可緩和の第二の基準として提示されたのは、もともと「内地」に居住していた者以外で、日本人と結婚したり日本に居住する家族を訪ねてきた場合を対象としたものである。小委員会が指摘したのは、同じようなケースでも認められない場合があるということだった。これにたいして、入管局は「波打際」で捕まった「現行犯」は認めることは難しいと答弁している。それは「密航」を「あたかも奨励するような結果になってしまう」ことを恐れてのことだった（五四年九月二日衆院法委外国人小委、内田）。一方、林信雄は「親子というものは、親子のできたときに起る情愛であります。決してそれが家の下におるから、おらないからの情愛ではない」といい、「波打際」で捕まった者と入国してから一定期間たった者のあいだに、「親子の情愛」の差はないと指摘する。林は、こうした親子が「一緒に暮したいという熱意」は、「国境を越えた問題」であり、それは「人心の大道」から認められねばならないと主張する。ここで興味深いのは、こうした親子の情愛を認めるという人道的価値は、日本の伝統的な価値観である「人情」と互換的なものとして理解されていたということである。

とにかく生活の本拠がこっちに移ってしまっておる。これをいまさら妻子と切り離して本人だけを帰すということは、とにかく人道上忍びないという場合には、またそっちの方の考慮からこれらの在留を許しておるという例もあります。〔……〕たまたまこれは人情としましてやむを得ないのでございますが、話を聞きますとやはり情が移るわけでごご《ママ》いまして、これは気の毒だと思うことが多いのであります。（五四年九月二日衆院法委小委、内田）

源了圓によると、「情」とは「共感」を意味し、自我を前提とする西欧ヒューマニズムとは異なるものの日本的ヒューマニズムの思想的基盤であった（源 2013）。またこうした人情は「個別主義的性格な性格の社会や文化の産物」であり、普遍的な関係性より個別の人間関係を重視し、その関係のなかで生まれる共感である（源 2013）。実際、「密航者」にたいしても、彼・彼女らが、かつて植民地支配をしていた朝鮮や台湾の人びとであることからくる「人情」を根拠に在留を認めるよう主張された。

朝鮮なり、台湾なりの諸君は、かつては四十年、あるいは五十年にもわたる同胞としての諸君であつたのですから、一夜添うても妻は妻というようなもので、長い間の同胞生活をしておりました者には、それだけのまた人情というものもあり得ると思うのであります。（五四年二月三日衆院法委、林）

林は、そういう朝鮮人、台湾人が「まことに気の毒な状況にある」のを「路傍の人のごとく見る」ことは「人道国家をもつて誇る日本国民」としてどうであるか、という。このように戦後日本が立脚しようとしていた「人道」という価値観は、日本的ヒューマニズムの「情」として解釈されることで、歴史的なつながりを考慮し主権を規制する道徳として提起されたといえる。しかしそうした道徳は植民地支配にたいする責任というよりも、戦前からの日本の優越感を引きずったうえでの「情」だったことも見逃せない。すなわち林は、「もう時代もしかも国家の国政状態も変化しておりますからあまり大きなことは言えませんが、少くとも大韓民国と比較いたしました場合の日本国は」「一小国と一大国であるということも」「言えると思う」と付け加えている。

以上のように、「密航者」の在留特別許可の緩和をめぐる議論においては、さまざまな道徳にもとづいて追放という主権権力の規制がめざされていた。具体的にはそれは、戦後日本が追求しようとしていた「人道」という新しい価値、戦前同様の「日本への忠誠」、あるいは優越感を含みつつ歴史的なつながりにたいする「人情」という伝統的な価値などが入り交じったものだった。こうした文化的な論理によって主権権力が抑制されていたことは、その行使がローカルな文脈に埋め込まれたものであることを示している。

三、日韓関係と追放の権力——法令違反者にたいする在留特別許可

韓国政府による被送還者受け取り拒否

前節では、「密航者」の在留特別許可を根拠づける道徳について検討してきた。当時、「密航者」とともに大村収容所に収容されていたのが、敗戦前から日本に居住している在日朝鮮人の法令違反者である。前述のように、当時は在日朝鮮人であっても懲役一年以上で退去強制事由に該当していた。日本政府は、当時開催されていた日韓会談においても、在日韓国人を退去強制の対象とすることを基本方針としていた（小林 2011）。しかし、すでに述べたように、平和条約発効以後、韓国政府は、在日朝鮮人の法的地位が決まっていないことを理由に、被送還者の受け取りを拒否していた。この韓国政府の対応によって、日本は、追放（と線引き）という主権権力を実

際には行使できない状態に陥った。それゆえこの事態に直面した内田入管局長は「はなはだ不愉快」と不満を述べている（五四年一一月一三日衆院法委小委、内田）。

一方で前述のように、大村収容所の収容能力は限界に達しつつあった。そのため、同年末韓国側からの「収容中の戦前からの在留者で刑罰法令違反の被退去強制者をある程度釈放すれば、不法入国者をひきとってもよい」との申し入れを受けて、日本政府は、彼・彼女らの仮放免を模索することになった(10)（法務省入国管理局 1959: 95-96）。このさい、仮放免者の身許引き受けを行ったのが日韓親和会である。

日韓親和会と鈴木一

日韓親和会とは、一九五一年日韓の予備会談の主席代表であった松本俊一を激励する集まりのさいに、当時入管局長だった鈴木一が「民間親和団体の必要を提唱」したことをきっかけとして、翌年設立された団体だった（鈴木 1978）。初代会長には下村宏（下村海南）が就任し、一九五三年一一月に創刊した月刊誌『親和』には、外務大臣や法務大臣らが祝辞を寄せるなど政財界とのつながりの強い団体だった。

親和会設立のきかけをつくった鈴木は、もともとは農林省の官僚であったが、父貫太郎が首相に就任したさいに総理秘書官となりそのまま敗戦を迎えた。戦後は侍従次長を務めていたが、出入国管理庁が設立されたさいにその初代長官に任命されたのだった。それまで朝鮮問題に特にかかわりをもっていなかった鈴木は、長官就任にあたって「朝鮮問題研究」に開眼し、「私のセルフ・ワーク」だと誓ったという（鈴木 1962）。五四年に出入国管理庁長官の役を辞した後は、日韓親和会が鈴木の朝鮮問題への取り組みの足場となった。

とりわけ鈴木の関心は在日朝鮮人問題に集中していた。彼は、『親和』に初めて寄せた論考において、平和条約で朝鮮人に国籍選択権が与えられるべきだったと主張している。それゆえ「在日朝鮮人問題の取扱については、少くとも国際慣例による国籍選択主義と同じ精神をもつて取扱うべきである」こと、「「六十万朝鮮人を帰せ」というが如き暴論は全く人類の叡智が人権を尊重して共存共栄の世界を建設せんとしているその進歩を、否定するものと断ぜざるを得ない」と述べる（鈴木 1953）。鈴木がいうように、当時「朝鮮人を帰せ」という主張も珍しくなかった。そのなかで彼は、前述のように、戦後日本は「人道国家」として国際社会に復帰するしか道がないと考えていた人物であった。

このように鈴木は「在日朝鮮人問題」に一定の理解を示していた。だが一方で、当時の入管局長だったにもかかわらず、入管令を在日朝鮮人に適用しようとした理由については何らふれたことはなかった。この法令とりわけ退去強制事由の適用については、在日朝鮮人による強い反対運動がなされていたが（朴 1989）、それに言及することもなかった。鈴木の立場はあくまで「不良分子に対する取締を徹底すると共に、善良なる人達に対する厚生、教育の処施策を同時に併行すべきである」という選別主義だったといえる（鈴木 1953）。

追放のための正規化

前述のように、一九五五年韓国側からの要請を受けて日本政府は、法令違反者を仮放免することになった。このとき日韓親和会が、一部彼・彼女らの身許を引き受けることになった。それは「親和会の事業として特筆すべきもの」だったと鈴木は後年回想している（鈴木 1978）。具体的には日韓親和会は、「保護事業部」を設け、第三次七回にわたり一二八名の仮放免者を受け入れた。また会では、ただ保証人になるだけではなく、病人の「ベッド」の確保や職の確保を行い、また関係機関の協力を得て多くの者に労務関係の職を斡旋した。こうしてその大部分の者は「特別《マ》在留許可《マ》」を得たという（鈴木 1955a; 1955b）。

とはいえこの法令違反者は、そもそも戦争前から日本に居住していたり日本で生まれ育った在日朝鮮人である。

しかし鈴木や親和会の姿勢は、「国外に出てほしいという国家の決定を受けた人達が、その本来行くべき本国が受取らないために国に帰れないということに対して」「非常に同情を持った」とあるように、法自体に疑義を示すのではなく、あくまでも法違反者にたいして「同情」し助けようとするものだった（鈴木 1955a）。

同時に、刑法令違反者の仮放免は、前述のように韓国政府が戦後の「密航者」の受け取りを再開するための条件でもあった。鈴木は、日韓親和会による事業によって韓国への送還が再開できたことを次のように評価する。

> 大村に収容されていた密入国者を乗せて二百十名内外の人達を釜山に送り返したのでありますが、この船が恙なく出港したということは、即ち日韓親和会において仮放免者をお引受けしたということと相関連することでありまして、しばらく杜絶えていた日韓の間が正常の状態に戻る第一の切っ《ママ》かけを日韓親和会がお手伝い致し得たということについて、非常に嬉しく思っている。（鈴木 1955a）

日本の市民運動が、在日朝鮮人の課題に取り組むようになるのは一九六〇年代半ばになってからであり（田中 2002）、それに先駆けて日韓の友好を目的とした民間団体を設立し、在日朝鮮人問題とりわけ在留の支援に取り組んだ親和会の活動は「先駆的」だったともいえる。一方で結局、親和会の仮放免者保護事業は、「密航者」の送還を再開するためのものでもあった。それゆえ親和会は「追放のための正規化」、主権権力を行使させるための役割をすすんで担ったともいえる。前述のように、当時、入管令の適用により退去強制される存在となったことにたいして、在日朝鮮人による反対運動が行われていたが、親和会の姿勢は、それとは対照的に、法自体の不公正を問うことはなかった。結局、前述のようにその後、日韓条約の締結にともない在日韓国人の退去強制事由は懲役七年以上に限定されることになった。言い換えれば、日韓親和会が身許を請け負った仮放免者は、在日朝鮮人を退去強制するという制度があるがゆえに生まれた「退去強制該当者」だったといえる。

おわりに

冒頭に示したように、敗戦による日本帝国の消滅は、東アジアの国境の再編と人びとの移動の契機となった。日本は、ＧＨＱによる占領下に入ったが、そこでは、占領軍以外の人びとの移動が禁止され、それまで朝鮮半島と内地にまたがった生活圏を形成していた人びとの移動は「密航」として追放の対象となった。また東アジアにおける冷戦の影響下で、在日朝鮮人は治安の観点から在留が厳しく管理され、「違反」とされた者は、日本国籍をもっていたにもかかわらず追放されることになった。とはいえ、当時、追放の権限はＧＨＱが有しており、日本政府はその権限を自らのものにしようとするが、なかなか果たせなかった。その後、サンフランシスコ平和条約にともなってようやく主権を回復したかのようにみえた。

しかし実際には、日本は、周辺諸国との国交回復が果たせず追放の権力としての主権を行使できなかった。そうしたなかで、在留特別許可という正規化のツールが注目されることになった。このとき、「誰を追放し、誰を正規化すべきか」という議論が出され、その線引きにかかわる争いが可視化されたのである。

そこでは、第一に、戦後の「密航者」にたいする在留特別許可は、「人道」という戦後日本が新しく追求すべき理念、戦前同様の「日本への忠誠」、あるいは「人情」という日本的な道徳などによって正統化されていた。また、在日朝鮮人の法令違反者にたいする在留特別許可は、日韓関係の対立を背景にした大村収容所の収容能力の限界という背景があった。このとき日韓親和会という民間団体が仮放免者を保護することによって、追放の権力の行使を可能にした。以上のように、一九五〇年代の朝鮮人をめぐる追放と正規化は、超越的な主権の行使というよりも、ローカルな道徳や国際関係によって影響を受ける歴史的・社会的な産物だったのである。

第三章　呼び覚まされる帝国の記憶と〈戦後日本〉

「在日朝鮮人にとり戦前と戦後はありません。ことに私にとりありません。」

（一九六九年八月二四日任錫均から飯沼二郎への手紙の一節、飯沼 1982: 32）

はじめに

本章では一九六〇年代後半以降広がった市民運動のなかでの「密航者」支援を対象とする。一九六〇年代は六五年に日韓条約が締結される一方で、ベトナム反戦運動や全共闘運動が盛り上がった時代である。これまでの研究でも、これらの運動を通して、日韓条約締結の頃とは異なる問題意識が芽生えたことが指摘されてきたが、本章では、そうした問題意識の芽生えに大きな影響を与えた「密航者」支援に着目する。すなわちこれらの支援が、「密航者」との出会いを通じて、戦後日本が基礎としてきた価値を問い直すようになったことに焦点をあて、関係者の論考やインタビュー、当時の運動団体関係資料などをもとに、「密航者」の日本への移動や訴えが突きつけたものは何か、またそれに対し、市民運動はどのように反応したかを考察する。こうしてこれらの運動が、〈戦後日本〉の境界をどのように問題化したのかを明らかにする。

「密航者」の存在は、戦後日本という空間が、時間的には過去を切り離し、また空間的には朝鮮半島とそこで暮らす人びと、くわえて朝鮮半島にルーツをもつ人びとを排除することによって成立していることを日本社会に気づかせた。このとき、この空間は、物理的な空間としてのみならず、日本国憲法に示された民主主義と平和という価値にもとづく空間としても捉えられている。本書では、こうした価値の空間の位相を表すときは〈戦後日本〉と表記する。つまり「密航者」にたいする日本政府や社会の対応は、物理的な空間からの排除としてだけではなく、この価値空間からの排除としても認識されたのである。また、この〈戦後日本〉と対比されたのが、当時の軍事政権によって体現される韓国という空間や在日朝鮮人がおかれた状況である。さらに、その軍事政権と日本政府の連携やそれを土台にした日本企業の経済進出は、〈戦前〉としての韓国と連携することによって、〈戦後日本〉の維持がなされているともみなされた。

このような日韓の関係は、日韓条約をきっかけに始まったものともいえる。この条約は、今日ではさまざまな領域における請求権を「完全かつ最終的に解決」をはかったものとして知られる。同時にこの条約は、日本帝国の崩壊にともない再編された東アジアの国境のうち少なくとも日韓の間の境界を――未確定の領域を残しつつも――画定させた。これはしばしば論じられる竹島問題などの領土問題にのみかかわるものではない。むしろ本章の関心からいえば、この境界の画定が、二つの社会のあいだの人の移動にも大きな影響を与えたことが重要である。すなわち当時、日本に移動する人びとは韓国からが最も多かったこと、前章でみたように「密航者」や刑罰を受けた在日朝鮮人の退去強制問題が条約によって確定したことをふまえると、日韓条約は戦後日本の物理的空間を実質的に画定し、線引きと追放を実効的なものにしたといえる。

このように日韓条約の締結は、植民地支配の問題を不問に付したと同時に、日本と韓国のあいだに一本の境界を引くことによって人びとの移動を統制しようとするものだった。しかし実際には、その線引きは、越境する人びとの身体化された「帝国という経験」（杉原 2005）までを喪失させることはできなかった。むしろ条約の締結とほぼ軌を一にして、韓国からの「密航者」の存在が、〈戦後日本〉の境界の暴力性をあらわにするものとして現れ、〈戦後日本〉の存立を批判的に問い直す運動が生じていった。

一、日韓条約の締結と韓国からの「密航」

一九五一年から複数回の中断をはさんで実施されていた日韓会談は、韓国で朴正煕が大統領に就任して以降、急展開をみせるようになった。日韓会談の議題の一つは、在日韓国人の法的地位協定をめぐるものであり、そこでは日本の敗戦以前から日本に暮らす朝鮮人やその子孫の永住権付与や退去強制問題が焦点になった（小林 2011; 吉澤 2011）。前章で述べたように、サンフランシスコ平和条約発効にあたって交付施行された法律一二六号によって、一九四五年九月二日以前から引き続いて居住する朝鮮人・台湾人やその子孫は当面、在留資格なしに在留できることになった。一方で、彼・彼女らは、入管令の適用を受けることになったが、そこには、ハンセン病患者や精神病者、貧困により国や地方自治体の負担となっている者、禁錮以上の実刑を受けた者などさまざまな退去強制事由が含まれていた[1]。日韓会談において韓国側が当初めざしたことの一つは、こうした退去強制事由を制限することだった。しかし、最終的には日本の主張に譲歩し、一般の犯罪については「無期又は七年をこえる懲役又は禁錮に処せられた者」は退去強制事由にあたるという内容で合意にいたった（小林 2011）。また会談では、韓国籍[2]の法律一二六号該当者とその子どもには「協定永住」が付与されることがきまった[3]（田中 2013）。つまりこの「協定永住」は、解放前後に朝鮮半島に戻った者も含めて戦後入国者には認められなかった。また朝鮮籍者にも、この永住権は及ばなかった。このような朝鮮籍者と韓国籍者の待遇の違いにくわえて、一九五九年より実施されていた朝鮮民主主義共和国への「帰国事業」は、在日コリアンに「北」か「南」かという選択を迫ることになった。

以上のように日韓両政府は、植民地支配の結果として日本に暮らすようになった在日朝鮮人の具体的な待遇にかんして主張の違いはあったものの、「双方とも、日本帝国崩壊後の東アジアに登場する国民の論理を前提として」いる点では同じだった（文 2015: 67）。このとき日本では、政府もマスコミも、在日朝鮮人の永住権を将来にわたって保障することは、少数民族問題を生じさせるという認識だったのである（文 2015: 73）。

こうした状況にあって、日韓会談にたいする日本の社会運動の動きも鈍かった。当時の運動の「主流派」は、共産党、社会党、総評（日本労働組合総評議会）だったが、いずれも日韓会談に反対の立場だったものの、その取り組みは総じて弱かった（大畑 2015; 高崎 1996）。またこれら「主流派」の運動は、基本的に安保闘争の枠組みで行われ、日本の植民地支配責任についての視点は不十分だった（旗田 1969; 大畑 2015; 高崎 1996）。

結局、一九六五年に日韓条約は締結され、周知のように「両締約国は、両締約国及びその他の国民（法人を含む。）の財産、権利及び利益並びに両締約国及びその国民の間の請求権に関する問題が（中略）完全かつ最終的に解決されたこととなることを確認」した（高崎 1996：i-ii）。

さらに、この日韓条約の成立は、両国間の非公式の移動と定住にも影響を及ぼした。原尻英樹によると、日韓条約以前は、「密航」は日本と韓国の双方である程度黙認されていたが、条約締結を境に、取り締まりが強化されるようになったという[4]（原尻 1997: 116）。また在留特別許可件数も一九六五年を境に急減した。これは、前述の「協定永住」が付与されたことによって、多くの刑法令違反者が退去強制手続の対象から外れたことが影響している（法務省入国管理局 1981: 158）。一方で、一九七〇年代の在日朝鮮人支援活動では「日韓条約の批准後は、当局の態度は一変し、特別在《マ》留許可《マ》は原則として認めないようになってきた」と捉えられていた[5]（飯沼 1982: 56）。いずれにせよ日韓条約後は「生活圏を創造する実践」（玄 2013：ch. 8）としての密航が厳しく制限されるようにより、日本と朝鮮半島をまたいでつくられてきた人びとの生活世界は一層分断されることになった。

以上のように、日韓条約による国交の正常化とは、「日本帝国」という歴史の「終結」であり、互いの国民国家を認め日韓の国境を画定することだった。哲学者の河野哲也は、境界とは「関心の範囲に線を引く」ことだと指摘するが（河野 2014: 164）、この国境の画定は、日本をして植民地支配責任を忘却させ、関心の幅を国民国家に暮らす日本人のみに限定させる効果をもったように思われる。つまりここに、植民地支配という過去を切り捨てた国民国家の境界に枠づけられた〈戦後日本〉が確立したのである。

二、ベトナム反戦運動と〈戦後日本〉の問い直し

しかし、日韓条約の締結によって確立された〈戦後日本〉という空間は、その直後から「密航者」とその支援運動によって問い直しがなされるようになった。これから検討するように、これらの密航者と市民運動は、日韓条約が終結を宣言した植民地支配の歴史にたいし、何も「終わっていない」ことを知らしめた。

まずすでに述べたように、サンフランシスコ平和条約によって日本国籍を喪失した韓国・朝鮮籍者は、入管令によって生活を規定されてきた。一方で、この入管令は日本人にとっては無縁のものであり、それまでほとんど知られていないものだった[6]。飯沼二郎も一九六〇年代後半に在日朝鮮人の問題に取り組み始めたとき、そのテーマはほとんど関心をもたれていなかったと述べている（飯沼 1982）。

しかし当時盛んになっていたベトナム反戦運動や全共闘運動が、在日外国人問題にも大きなインパクトを与えることになった。これらの運動をめぐっては、「ベトナムに平和を！市民連合」（べ平連）の活動、とりわけその代表だった小田実によって定式化された日本人の加害者性の認識など（小田 1966-1968）、日本における社会運動の「パラダイムの革新」を引き起こしたものとして評価されてきた（道場 2005; 吉見 2007; 小熊 2009）。またアジアにたいする関心も広がっていった。同時期の全共闘運動においても、盧溝橋事件三三周年をテーマとした集会で在日華僑のグループである華青闘（華僑青年闘争委員会）が、日本の新旧左翼党派の排外主義を批判し（七・七告発）大きな影響を与えた（道場 2011; 小熊 2009; 津村 1970）。こうした「パラダイムの革新」を経て、市民運動のなかに在日外国人の権利というイシューが確立されるようになったといえる。(7)

このようななか、当時の社会運動が在日外国人の権利を焦点化するようになったきっかけの一つが、一九六九年に国会に上程された入管法案である(8)（宮崎 1970; 田中 2013; 津村 1970）。その背景として、ベトナム反戦デモを行った在日ベトナム人留学生のサイゴン政権からの旅券延長拒否およびそれにもとづく日本の入管局の在留期間更新をめぐる対応、反戦運動に参加したアメリカ人英語教師マクリーンの在留期間更新拒否など、反戦運動に参加する在日外国人にたいし、当時の入管令によって制限をかけようとするケースが相次いでいたことがあった。また入管法案自体に、政治運動への参加を退去強制事由に追加する規定が盛り込まれたことも反発を広げたという。さらに、当時、東アジア・東南アジア出身の留学生による、出身国政府への抗議の影響によって、在留が認められなくなるケースが重なったことも影響した。これらのケースが浮き彫りにしたように、アジアにおける脱植民地化と冷戦下における国家の分断と政治体制が、在日留学生に影響を及ばさざるをえなかった時代だった。こうして入管法案にたいする留学生や在日外国人の若者の抵抗が広がり、日本社会でも関心が広がっていった。

この運動の過程で、その抵抗の対象は、単に入管法案としてだけではなく、留学生のみならずさまざまな背景をもつ外国籍者の生活全般を規定する「入管体制」と捉えられるようになった（田中 2013: 25–26）。このとき日本の市民運動としていち早く反入管体制の運動を行ったのはべ平連であるが（盧 2010）、そのきっかけになったのが韓国からの「密航者」との出会いだった。

憲法的価値の境界

韓国からの「密航者」金東希は、日韓条約が締結されたのと同じ一九六五年に、ベトナム戦争従軍に反対して韓国軍から脱走し、兄弟がいる日本に渡ってきた。彼自身も一時期日本で暮らしたことがあり、日本はいわば「第二の故郷」でもあった（鶴見［1967］1991）。しかし「不法入国」の罪で捕まり服役、その後大村収容所に収容された。そこからべ平連に連絡が入り、韓国への強制送還を防ぐために主に京都と東京べ平連のメンバーを中心にした運動が行われた（塩沢 1968）。というのも軍を脱走して「密航」した彼は、韓国に送り返されると命が保障されない危険があったからである（鶴見［1967］1991: 205–207）。一方で、当時の日本はまだ難民条約を批准しておらず亡命を認めていなかった。こうしたなか京都べ平連のメンバーが中心になって当時の法務大臣への面会などを行ったが、金東希は結局日本への亡命は認められず、本人の次善の希望だった朝鮮民主主義人民共和国に行くことが認められた[9]。

彼の「亡命願い」には、「私は日本国憲法前文ならびに（第九条）戦争の放棄を規定し平和主義を貫こうとしている日本国に亡命したのである」と書かれていたという[10]。これを受けて、小田実とともにべ平連の中心メンバーであった鶴見俊輔は次のように述べる。

戦争をきらう世界のすべての人々にとってよりどころになるような国に、日本がなってほしいと思う。憲法はその方向をさしているが、その方向にむかって現実の日本がすこしでも進むということがないと、理想はうすらいでゆく他ない。金東希が韓国に送りかえされないように法務省にうったえることは、私たちの平和への意思を明らかにする一つの機会だ。(鶴見［1967］1991: 207)

このように金東希は、「平和主義を貫こうとしている」日本国憲法に亡命の希望を見いだした。しかし彼の願いは、その憲法をもつ日本国によって拒否された。つまり金東希の軌跡は、憲法的価値が国境を越えて人をひきつけるものであること、他方で現実には憲法はその「普遍的」価値を実現していないということ、とりわけ朝鮮人にはその価値が及ばないことを知らしめたのである。また金東希が収容された大村収容所の実態も憲法的価値の限界を如実に示す空間だった。大村収容所は、それまで日本人がほとんど関心をもたない場所だったが、ベ平連は金東希を通じてその場を知ることになった。そこで鶴見俊輔や小田実らが中心となって、一九六九年に大村収容所に赴き「収容所解体闘争デモ」を実施した。ベ平連や学生たちによるデモは、その後翌年にかけて継続され、収容所を慌てさせることになった(法務省大村入国者収容所 1970: 81)。

「裁量」という反「戦後民主主義」

この大村収容所の内実をベ平連により詳しく伝えたのは、任錫均という韓国からのもう一人の「密航者」だった。任錫均は、一九二九年に日本で生まれ朝鮮半島に疎開していたときに解放を迎えた(以下、任の経歴については飯沼 1982をもとにした)。その後、ソウル大学に進学、運動にかかわるなかで懲役刑および死刑を宣告された。死刑執行のための護送中に逃亡、一九四九年に日本に「密航」した。六一年に日本人女性と結婚し子どもも生まれたが、六五年に「不法入国」容疑で捕まり大村収容所に収容、強制送還された。韓国では秘密警察により軟禁状態におかれたが脱出、六六年に再度日本に「密航」した。しかし再び逮捕され、刑務所で服役の後、大村に収容され、再度強制送還を待つ身だったが、重い病気がわかり一年間の仮放免が認められた。京都べ平連の中心メンバーだった農業経済学者の飯沼二郎が任に会ったのは、この仮放免中のときだったという。飯沼は、鶴見俊輔から任を紹介され、その後深くかかわるようになり、任を通じて在日朝鮮人のおかれている実態を知るようになった。彼は、その実態を目の当たりにしたエピソードとして、任の仮放免延長の手続きのために初めて神戸入管事務所を訪れたときの印象にふれる。そこの所長は「六〇歳ぐらいの人で、大きな禿頭が印象的だった」という。飯沼らが、任がかかっている医者の診断書と仮放免の延長を求める署名簿をわたすと、所長は「病気の人を強制収容するような非人道的なことはしない」といって、その場で仮放免期間を延長した。くわえて任が日本で暮らしたいならば、特別在留《ママ》許可を申請したらよいが、その可否は法務大臣の自由裁量にあるという。この所長の説明を聞いたときの印象として、飯沼は次のように述べる。

> わたしは、そのとき、はなはだ奇妙な感じをもった。仮放免の期間を延長するかどうかという、一人の朝鮮人にとって文字どおり死活の問題が、こんな田舎の村役場のようなチャチな建物の所長の〝胸三寸〟で決まるということ、さらにまた、特別在留《ママ》許可というような重大なことが、法務大臣の〝胸三寸〟で決まるということなどが、どうもわたしには、しっくり納得がいかなかったのである。（飯沼［1972］1994: 214-5）

飯沼は、近代法の精神は、権力の濫用を防ぐため「法の執行から、できるだけ個人の〝自由裁量〟を排除しようと」するものだと記したうえで、それゆえ大幅の〝自由裁量〟を認めた入管令は、この精神に反していると指摘する。この裁量権の大きさは、すでに述べたように現在も変わっていないが、飯沼はそれを、この法に規定されつつ「密航者」や外国籍者が生きる場の問題として捉え直す。つまり、彼・彼女らが生きる空間は、近代社会の原理が通用しない空間なのである。そしてこの点は、〈戦後日本〉が理念としてきたはずの価値観からすると「奇妙なもの」にうつるものだった。

実はこのような印象は、べ平連として大村収容所解体デモを実施し、収容所の役人と面会した際に小田実も抱いていた（小田 1972）。小田によると、面会の際に、被収容者に面会できる範囲について役人が「四親等以内の肉親にかぎられている」と発言したことに対し、一緒に面会をしていた鶴見俊輔がどこからか手に入れてきた収容所の規則を持ち出し、役人の発言の矛盾を指摘した。というのも鶴見がもっていた文書化された規則には、面会者の範囲にそうした制限は設けられていなかったからである。しかし鶴見の指摘に対し、その役人は「書いてありませんか。それなら、私が書きますよ」と発言したという（小田 1972: 38）。小田は、この光景を思い出しつつ「国家とは朕のことだ、と言った王様が昔のヨーロッパにいた。〔……〕まぎれもなく、私の眼前の〔……〕えらいさんは、そうした大王の位置に立っていた」（小田 1972: 38）と述べる。つまりここでも、入管局の役人がもつ裁量権は、ルイ一四世がもっていた絶対的な権力になぞらえられている[11]。しかし同時に、小田は、そうした権力をもつ入管局の役人が、絶対主義時代の王とはまったく異なり、風采のあがらない存在であることを指摘している。飯沼もまた、上記のように、入管局の所長を「大きな禿頭が印象的」で「田舎の村役場のようなチャチな建物の所長」と表現していた。つまりこの裁量権の特徴は、その大きさとそれをもつ者の行政機構に占める地位の低さとのギャップにあるといえよう。

このようにべ平連は、密航者とのかかわりを通して、入管令に規定された大村収容所や密航者の生活が入管職員や法務大臣の「胸三寸」によって決まるという実態を目の当たりにし、近代社会の原理が通用しない空間、その原理によって保障されない人びとの存在に気がつくことになった。

飯沼はまた、入管令の最も重要な部分は、退去強制事由を規定する第二四条であること、そのなかでもとりわけ反政府運動と労働運動の禁止の条項だと指摘して、次のように述べる。こうした「政府に反対する自由」や「職場で労働組合をもちストライキをする自由」は「わたしたち日本人」が「敗戦という尊い犠牲を払って獲得した日本国憲法によって」保障されているものだが、外国人にたいしては、そうした基本的人権、市民的自由が認められていないのだと。そして当時、この保障されない人びとの大半は、旧植民地の人びと、在日韓国・朝鮮人だった。

「それがいやなら、この日本から勝手に出ていけ」というのが法務省の態度である。しかし、そのようなことを旧植民地の人びとにいいうる日本人が果して一人でもいるだろうか。わたしは、これら旧植民地の人たちにも、少なくとも日本人なみの基本的人権が認められるまでは、〝戦後民主主義〟などといっても、それは、まったくウソだと思う。（飯沼［1972］1994: 218）

旧植民地出身者には、日本国憲法によって保障されているはずの基本的人権が保障されておらず、それは、彼・彼女らが「戦後民主主義」の空間の埒外におかれていることを意味する、と飯沼は考える。言い換えれば、彼・彼女らは、自分たちが生きている〈戦後日本〉の外側におかれているのだ。飯沼がこうした認識を深めていったのは、前述の任錫均とのやりとりによるところが大きいだろう。任錫均は、朴正功名義で『大村収容所』を執筆するが、そこでは、「大村収容所の実態は、旧日本帝国時代の日本政府の姿をそこに見ることができると言っても過言ではない。日本の戦後も、平和憲法の影もそこにはない」と指摘していた（朴 1969: 42）。

このように、戦前の帝国主義・軍国主義から脱して確立されたはずの〈戦後日本〉は、しかし植民地支配から解放されたはずの朝鮮人には及んでいない。むしろ彼・彼女らが経験しているのは、「旧日本帝国時代」と同様の状況なのである。このような事実を認識した飯沼は、任錫均を支援する会を立ち上げると同時に、在日朝鮮人、そして彼・彼女らの無権利性を象徴する大村収容所の存在を知らせるために、個人雑誌『朝鮮人――大村収容所を廃止するために』の刊行を始めた[12]。雑誌では、さまざまな場で活動している在日コリアンのゲストとの座談会のほか、一九七〇年代以降、顕著になった在日コリアンの差別撤廃の運動を「市民権獲得運動」と位置づけて紹介していた。

さらに飯沼が任錫均に指摘されたことは、こうした朝鮮人がおかれている状況には、韓国の政治体制も大きくかかわっていること、そしてその政治体制の維持に日本が関与しているという事実だった。飯沼は、任に「朝鮮人にたいする三六年間の日本の苛酷な植民地支配」にかんして「こころからお詫びをした」とき、では「げんざいの朝鮮について、どれだけ関心をもっておられるのだろうか」と言われ、「いきなり頭をなぐられたような大きなショックをうけた」という（飯沼［1972］1994: 213）。こうして飯沼は、現代の朝鮮に無関心であった自分自身を省み、そうした無関心では「過去三六年間の罪を謝すること」はできないと考える。この後、現代の韓国にも目を向けるようになった飯沼は、日韓条約後「韓国のファシズム政府は、日本の支持なしには存続しえないこと」を知ることになった。つまり「日本政府は、過去において朝鮮の人びとを苦しめたばかりでなく、現在においてもなお苦しめつづけている」こと、さらにそれは「日本国内に住んでいる六〇万の朝鮮人にたいしても大きな影響をおよぼしている」と考えるようになった（飯沼［1972］1994: 213–214）。当時、軍事政権だった韓国に暮らす人びとや在日朝鮮人は、〈戦前〉と同じ状況におかれていること、そして〈戦後日本〉はその韓国の〈戦前〉を支えていると認識するようになったのである。言い換えればそれは、民主主義、基本的人権という理念をもつ〈戦後日本〉は、〈戦前〉としての韓国から経済的利益を得つつ、朝鮮人を〈戦前〉に押しとどめることで成り立っていることへの気づきだったともいえる。

飯沼が実質的な代表を務めていたべ平連京都は、七二年に解散した。ただその以前から、べ平連京都では、個々人がさまざまな活動を広げていき、そのなかで韓国・朝鮮問題が取り組まれるようになった。そうしたこともあり、一九七四年から、飯沼が中心になる形で、京都で韓国・朝鮮問題にかかわるグループが定期的に集まり、互いの活動を知らせる「七・四通信」が発行されるようになった（七・四通信社 1977）。そのなかに一九七〇年に被曝治療を求めて韓国から「密航」してきた孫振斗さんを支援する「孫さんに治療と在留を!京都市民の会」もあった。孫振斗支援は、京都のほか東京、大阪、広島、福岡、長崎でグループが立ち上げられ、全国で支援運動が行われた珍しい運動だった。次節では、この孫振斗支援運動が問いに付した〈戦後日本〉の境界について考察してみよう。

三、被爆者援護運動と〈戦後日本〉の境界

二〇一四年八月二五日、元韓国人被爆者訴訟の原告だった孫振斗さんが八七歳の生涯を閉じた。孫さんは一九七〇年に韓国から密航し、被爆者健康手帳を求めて一九七二年に提訴、一九七八年に最高裁で勝訴が確定した。この勝訴はその後の在外被爆者の救援の砦となった画期的な判決だった（市場 2005; 川口 2006）。

前節でふれたように、孫振斗支援をめぐっては、各地に支援グループが結成され、その連絡組織として「〈孫さんに治療を！〉全国市民の会」（以下、「市民の会」）が一九七一年に結成された。この運動は主に、背景の異なる二つの運動・関心からかかわるようになった人が多かった。すなわちまず、広島を中心に被爆朝鮮人問題に関心をもつグループのなかからかかわった人びとである。また前述のように、当時、反入管闘争が全共闘運動や

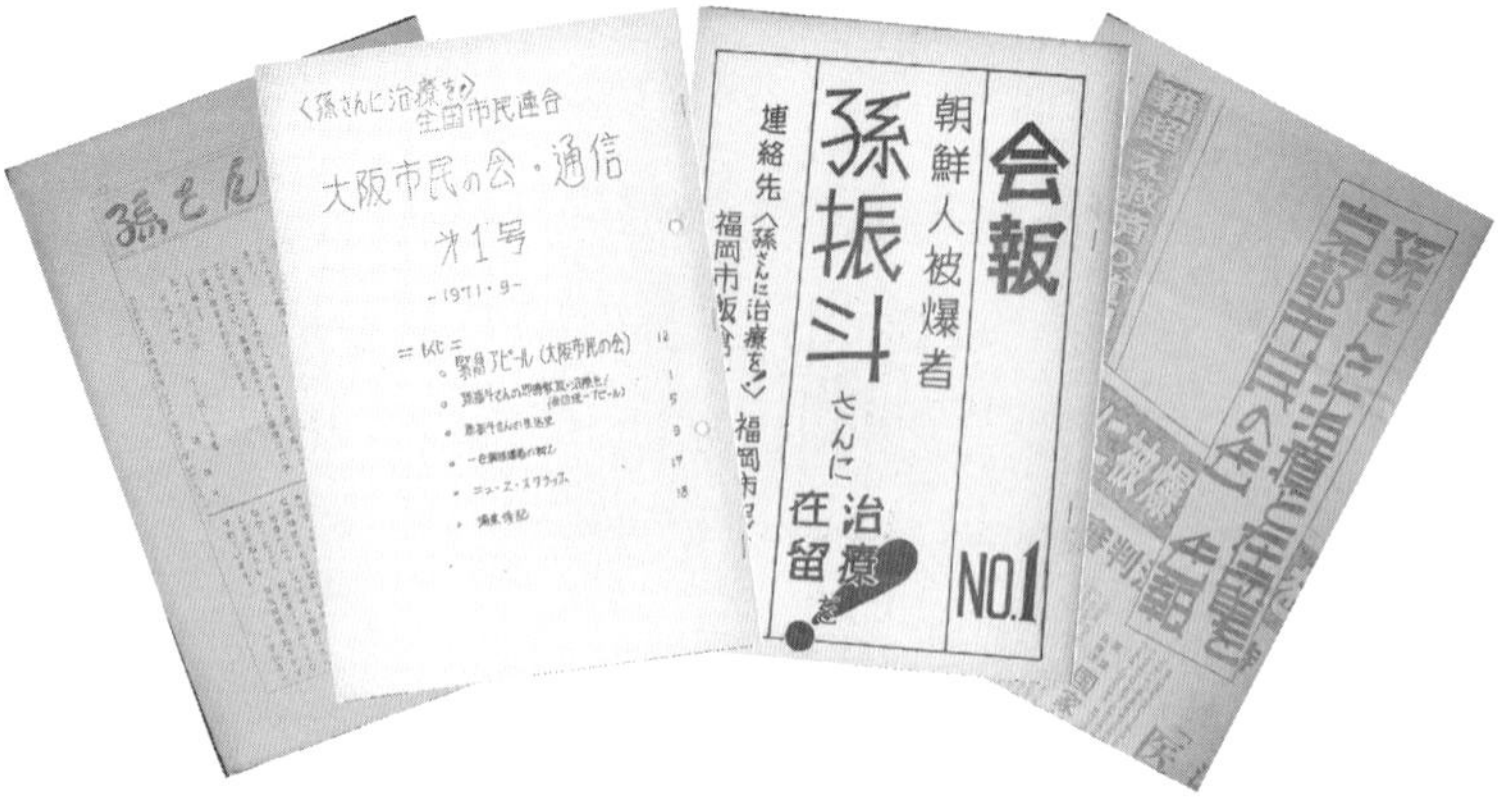

図 3-1　孫さんに治療と在留を求める市民の会が各地で結成され、会報が発行された（『孫さん』広島大学文書館所蔵。ほかは飛田雄一氏提供）

べ平連がかかわる具体的なテーマの一つとなっており、こうした運動にかかわっていた人びとのなかから孫さん支援に動きだす人も出てきた。こうして集まった人びとによる市民の会の運動は、最高裁判決の七八年まで足かけ七年間続いたが、孫さんとこの運動もまた、〈戦後日本〉の境界を問い直すことになった。

原爆治療を求めた「密航」

孫振斗さんの人生は、植民地支配、そして解放後にも引き続いた〈戦前〉と切り離せないものだった。[13] 彼は、一九二七年に大阪市で生まれ、小学校高等科を卒業後働いた後、四四年に家族とともに広島に引っ越した。広島では父親がしていた電信電話局の下請けの仕事を手伝っていたが、一八歳だった四五年八月六日、広島市皆実町の専売公社内倉庫で被爆した。父、母、妹も被爆したという。

その後、家族四人で朝鮮半島に戻ることになり、当時、帰国船が出ていた山口県仙崎にむかったが、孫さんは「帰ったって言葉もはっきりわからんし、そういうなにもあるし、帰ったこともないところへ帰るのもなんだし」[14]と一人、脱け出し、広島や大阪などで働いていた。その後、一旦帰国した父も再度日本に戻ってきたが、四八年に大阪で原爆症により死亡したという。一方、前述のように四七年から外国人登録が始まっていたが、孫さんはそれを知らずに登録していなかったところ、五一年に登録法違反で逮捕され、大村収容所から強制送還された。当時はサンフランシスコ平和条約以前であり、孫さんは日本国籍を有しているはずだった。その後の孫さんの生活は「密航」と強制送還を繰り返して、体調も悪化と治療の連続だった。まず前述のように送還された後、五二年に再入国したが、五三年に再び強制送還された。その後しばらく韓国の釜山で暮らしていたが、病状が悪化、六一年に結核と診断され入院した。六四年に再度日本に「密航」し、大阪で友達のパチンコ店で働くが身体不調でやめ、東京、川崎を転々とし、都内で事実婚生活も送った。一方で、体の調子が悪く、病院での検査や通院を続けていた。六九年に再び捕まり強制送還されたが、翌年夏、釜山で白血球減少の診断を受け、その年末に三度目の「密航」を企てたのだった。しかし佐賀県東松浦郡鎮西町（現唐津市）、串浦漁港にて他の「密航者」とともに「不法入国」容疑で逮捕・起訴され唐津署に拘留された。

数日後、「密航者」の一人が「広島で被爆したので、日本で治療するため密航した」と話していると小さく新聞報道されたのをきっかけに、被爆朝鮮人の問題に関心をもっていた市民やジャーナリストが動き、当時、唐津署に拘留されていた孫さんに面会、「孫さんを救援する市民の会」の結成がめざされた。そのなかで以前から朝鮮人被爆者に関心をもっていた、当時、広島に本社をおく『中国新聞』の記者だった平岡敬は、孫さんから広島の住所や昔の知り合いの名前を聞き、その地域を歩きまわり彼・彼女らを見つけ出した。これによって孫さんの被爆の事実が証明されたのである。

ところで、一九四五年の原爆投下によってどれだけの朝鮮人が被曝したかは正確にはわかっていない（以下は市場 2005: 27–29を参照）。ただ民間団体によると、朝鮮人被爆者は広島で約五万人、長崎市で約二万人とされている。当時、広島市には約四二万人、長崎市には約二七万人が暮らしていたことから、朝鮮人被爆者は被爆者全体のおよそ一割にのぼると考えられている。また被曝死した朝鮮人は、広島で約三万人、長崎で約一万人と推定さ

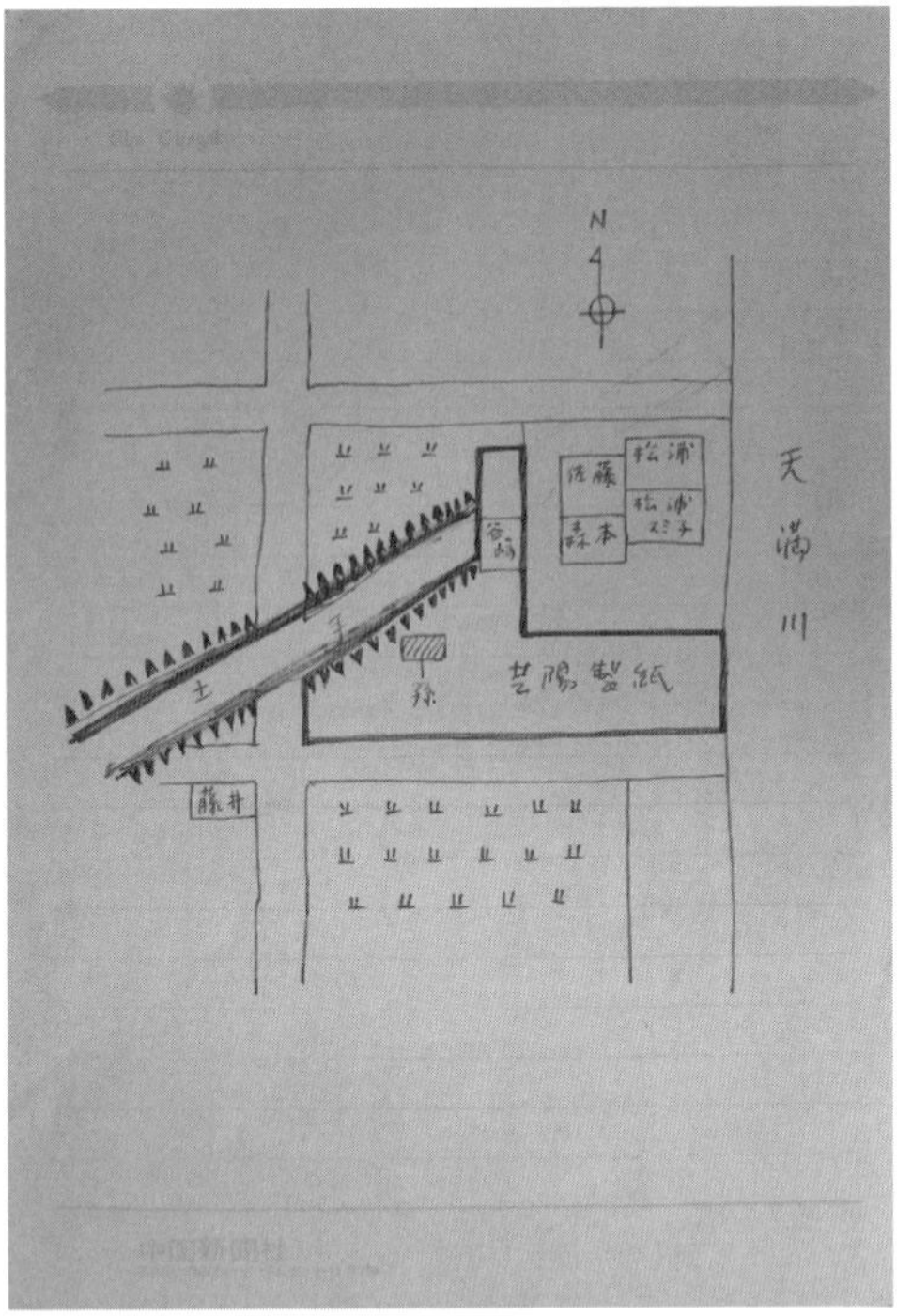

図 3-2　当時、中国新聞社の記者だった平岡敬氏が、取材にもとづいて被爆当時の孫さん家族と近所の様子を描いたメモ（広島大学文書館所蔵）

れており、こちらも広島で約一六万人、長崎市で約七万四〇〇〇人が被曝死したとされていることと比較すると、高い割合である。被爆した朝鮮人の大半は、孫さんの家族同様、解放後、朝鮮半島に戻ったが、その多くが暮らす韓国でも被曝者への関心は薄かった。当時韓国では戦争犠牲者といえば朝鮮戦争の被害者だったこと、朝鮮戦争の傷跡によりまだ社会保障制度が未整備だったこと、くわえてそもそも原爆は日本を降伏させ、植民地支配の終結につながったものだという理解が一般的だったことが背景にある（平岡 1972）。それゆえ故郷に戻った在韓被爆者は、貧困と差別のなかで後遺症に苦しむ者が少なくなかったという。

しかし日韓会談が続くなかで、在韓被爆者のなかには「日韓条約で原爆被害者の補償問題を取り上げてほしい」と韓国外務部に訴える人もあった（市場 2005: 36）。また六四年には韓国原子力院放射線医学研究所が、被爆者の届け出を呼びかけた。その後、在日本大韓民国居留民団（民団）広島県地方本部が「在韓被爆者実態調査団」を韓国に派遣、実態調査を実施し、これによって初めて、在韓被爆者の実態が日本に知らされた。こうした動きがあったにもかかわらず、日韓条約やそれに付随した協定には在韓被爆者の補償は盛り込まれなかった。それどころか前述のように、対日補償請求権は「完全かつ最終的に解決」とされたのである。

この後、韓国の被爆者は組織化に動きだし、六七年に被爆者が中心となって「韓国原爆被害者援護協会」を結成、原爆被害者が集結するよう広く呼びかけた。当時、援護協会の会員たちの「最大の疑問」は「日韓条約の中から韓国の被爆者の補償問題が欠落しているのではないか、ということ」だった（平岡 1972: 150）。こうして援護協会は、日本、アメリカ、韓国政府に実態調査、治療の斡旋、補償と援護などを求めることになった。「最終解決」をはかったはずの日韓条約が、逆説的にも当事者に「何も解決されていない」という思いを抱かせたのである。しかしどの政府も冷淡だった。日本政府は、補償問題は日韓条約で解決済みとの立場に終始した。実際、日韓条約以前は観光ビザで入国した被爆者に被爆者健康手帳が出されたこともあったが、条約締結以降、厚生省（当時）の対応は厳格化したという（中島 1975）。孫さんが「密航」してきたのは、こうした状況においてだった。

市民の会は、最初、精密検査のため孫さんの保釈を求めたが、なかなか許可されなかった。一方で、孫さんは、七一年六月に入管令違反による裁判で敗訴が確定した後、刑務所に収監されたが、まもなく結核が悪化し、また原爆症の疑いがあるということで福岡県の病院に入院した。このとき、すでに退去強制令書が発布されていたが、病状の悪化で執行停止が認められた。その後同年一〇月に、孫さんは「被爆者健康手帳」の交付を福岡県に申請した。「被爆者健康手帳」とは、一九五七年に制定された「原子爆弾被爆者の医療等に関する法律」（以下、原爆医療法）にもとづき、広島・長崎の原爆被爆者であることが認定されると交付されるもので、それによって、国費負担で健康診断や原爆症の治療が受けられるなどの保障がある。被爆者の認定には、二人の証人が必要であるが、孫さんの場合、前述のように当時暮らしていた近所の人が証人となってくれたため被爆の事実に争いはなかった。しかし県は、「密航者」であることを理由に厚生省に伺いをたてるなど、なかなか交付をしなかった。

そこで市民の会は、孫さんに在留特別許可を求める陳情書を法務大臣に提出するとともに[15]、七二年三月に、手帳を交付する責任をもつ福岡県知事を相手どり被爆者健康手帳を求める裁判[16]（以下、手帳裁判）を起こした。これは、被爆朝鮮人が起こした初めての裁判だった。また孫さんは大村収容所に収容され、形式的にはいつ送還されてもおかしくない状況におかれることになった。そこで孫さんは、七三年に入管令違反による退去強制令書の無効確認訴訟（以下、退令裁判）も起こした。こうして孫さんの治療と在留を求める二つの裁判が始まったのである。

「ヒロシマ」から提起する加害者認識

一連の孫振斗支援運動が問うたのは、〈戦後日本〉のアイデンティティの一つである「平和国家」がその根拠としてきた「唯一の被爆国」という認識である。このとき「被爆国」はしばしば「被爆国民」と同等のものと扱われ、日本人以外の被爆者が顧みられることはなかった。つまり被爆の「被害者」は日本人であることが前提とされてきた。実際、孫さんの支援にかんしても、例外的な個人をのぞけば、日本の被爆者援護運動や原水爆禁止運動は冷淡だった（中島編 1998）。そしてこの「唯一の被爆国」という認識は、戦争の「被害者」として「平和国家」を求めるというかたちで、〈戦後日本〉を支えてきた（米山 2005; 市場 2005, 2011）。

しかし孫さんの「密航」は、こうした被爆者援護運動や〈戦後日本〉の認識を問い直すことになった。前述のように、べ平連の小田実は「加害者」という自己認識を打ち出していたが、「加害者」認識は、同じ頃に被爆者援護運動のなかでも提起されるようになっていた。広島・長崎の原爆投下という事実こそが、〈戦後日本〉の「被害者」認識を支えていたとすれば、被爆者（救援）運動のなかで提起された「加害者」認識は、とりわけ大きなインパクトをもっていたといえる。

一九六〇年代から被爆者団体である全国被団協（日本原水爆被害者団体協議会）で活動していたジャーナリストの

中島竜美はそのなかで被爆朝鮮人に会い、関心をもつようになり、孫さんの支援でも中心的な役割を果たした。中島は、被爆朝鮮人の問題を「戦後三十年間の日本の問題がここへ反映している」と考えていた（中島 1975: 184）。すなわちそれは、〈戦後日本〉が平和を謳いつつ、戦前・戦中の植民地支配の歴史を忘却してきたという責任だった。つまり中島にとって、被爆朝鮮人の問題は、当時の植民地支配の責任にかかわるものであるのみならず、「日本人の戦後責任」でもあった（中島 1972）。

被爆地広島から「ヒロシマ」の思想を考えていた平岡敬も、「日本の平和思想・平和運動のひ弱さは、日本人の歴史を一九四五年（昭和二〇年）八月一五日で断絶させ、一切の過去を切り捨ててしまったところから出発したことにある」と考えていた（平岡 1972: 174）。このように被爆者運動に関心をもってきた中島や平岡は、「負の歴史」を切り捨ててきた主体として、国家としての日本だけではなく、日本人や日本社会、すなわち〈戦後日本〉の責任を問おうとしたのである。

平岡は、父親の仕事の関係で少年期を朝鮮半島で過ごし、敗戦とともに日本に戻った引揚者だった。大学卒業後、両親の故郷の広島で新聞記者になった平岡にとって、「広島」と「朝鮮」は自らの生とも切り離せないテーマだったといえる(17)。六五年に前述の広島の民団の在韓被爆者の調査を聞いた彼は、「被爆朝鮮人の問題が、日本人からではなく朝鮮人から提起されたことは、私には衝撃だった」と書く（平岡 1972: 124）。日韓条約が締結された同年、平岡自身も韓国に赴き、被爆朝鮮人を訪ね歩いた。その後も被爆朝鮮人の話を聞いたり手記を読んだりするなかで、平岡が気づいたことは、日本の被爆者の場合、たいていは「「あの朝」の閃光」から話が始まるのに対し、朝鮮（韓国）人の場合は「まず「なぜ自分が日本に来たか」というところから」話が始まるということだった（平岡 1983: 54）。この日本人と被爆朝鮮人の体験記の違いに、後者の「原爆による物理的・医学的被害のうえに、植民地時代の傷跡と現在もなお続く民族差別が加重されて」いる経験をみるのである（平岡 1983: 56）。

一方、日本の被爆体験記が八月六日から始まるのは、それ「以前の歴史と絶縁して、自らを被害者に位置づけ、過去を免罪したことにほかならない」とし、その集合的記憶のもとに「平和国家」がつくられてきたことを批判する（平岡 1983: 56）。平岡にとって、被爆朝鮮人の存在は、「平和の意味を問い、その実体を鍛えるヤスリ」であった（平岡 1983: 56）。

中島や平岡が主に言論活動を担ったこともあって、市民の会においても「孫さんの存在を通して被爆朝鮮人に対する日本の歴史的責任を明らかに」するという関心が共有されていた（平岡 1983: 73）。実際、裁判でも朝鮮人の被爆問題を植民地支配の歴史のなかで捉え直すことが意識されていた。会のメンバーから声をかけられ手帳裁判にかかわるようになった田中宏は、「『密入国者』が日本にいる権利をいうために、なぜ広島で被爆したのか、歴史認識、植民地支配の問題を弁護士と一緒に勉強して、市民運動と弁護士が一緒に書面を書く。そうしたことはそれまでなかったのではないか」と振り返っている[18]。

手帳裁判における福岡地裁で原告側証人の一人として法廷に立った田中は、「日韓併合がなければ、朝鮮人である原告が、広島で被爆するというようなことは、ほとんどあり得ない」と指摘した[19]。それはまさに、入管令違反裁判で孫さんが述べた「私は原爆症の犠牲者でもあるし、母と一緒に治療もしていました。現在一家はるつぼの中にあり、これは誰がしたのか[20]」という発言に応答しようとするものだった。

以上のように、市民の会の運動は、孫さんの支援をとおして、「平和国家」を自称してきた〈戦後日本〉が切り捨ててきた植民地支配の歴史、そしてその歴史を忘却してきた〈戦後日本〉の責任を問うたのである。

手帳裁判は、七四年三月の福岡地裁、七五年七月の福岡高裁、七八年三月の最高裁すべてで孫さんが勝訴した。最高裁判決は、原爆医療法が「社会保障法としての」「性格をもつ」一方で、「戦争遂行主体であった国が、自らの責任によりその救済をはかるという一面をも有するものであり、その点では実質的に国家補償的配慮が制度の

朝日新聞 夕刊
1978年（昭和53年）3月30日 木曜日 34749号
原爆医療法 外国人も適用対象
最高裁、手帳交付請求権認める
孫さん、勝訴確定
立法の人道目的強調
居住条件は問わず

図 3-3　孫さんの手帳裁判は、1978 年に最高裁で勝訴した（『朝日新聞』1978 年 3 月 30 日夕刊）

根底にある」と認めた（中島編 1998）。つまり県側は、一定の居住関係を前提にした社会保障と位置づけようとしたが、原爆医療法にはもともと国籍条項がなく[21]、国籍や居住関係による限定は想定されていないとされた。くわえて判決は、「不法入国者であっても、被爆者である以上は、原爆医療法の適用外とすべきではない」という点は、「被上告人（孫さんを指す）が被爆当時は日本国籍を有し、戦後平和条約の発効によって自己の意思にかかわりなく日本国籍を喪失したものであるという事情をも勘案すれば、国家的道義のうえからも首肯されるところ」とも指摘し、直接的な表現ではないものの日本の植民地支配とその処理が孫さんに与えた影響にも配慮したのである（中島編 1998）。こうして孫さんに被爆者健康手帳が交付され、また退令裁判は敗訴したものの在留特別許可も認められた。「密航」から八年、ようやく社会生活が送れるようになった。

「密航者」がもつ意味

前述のように、裁判で県側は、孫さんが「密航者」であり日本社会に居住関係をもっていないことを理由に、被爆者健康手帳の交付の却下を正当化しようとした。その居住関係の内実の説明は、裁判を通じて変化したが、居住関係を否定する根拠として「最後まで残ったのが「密航」問題」だったという（中島編 1998: 119）。

孫さんが「密航者」であることは、市民の会が運動をすすめるうえでも、特にその初期の段階でさまざまな議論がなされた。ここでは、その議論に着目し市民の会が「密航者」をどのように捉えていたのかを考察してみよう。

まず「密航者」であることを理由に孫さんへの支援が認められないという意見は、国だけではなく市民の反応にもみられた。たとえば前述のように、広島で被爆朝鮮人のことに関心をもっていたグループが孫さんの支援に動き出したとき、その動きを批判する投書が新聞に掲載された。広島の公務員によるその投書は、従来、広島は被災の「地元として原爆被災者の救済を求め」てきたものの「法を踏みはずしてまで求めようとしたのではなかった」こと、その点は「広島人の名誉のために強調すべき事実」と述べ、それゆえ「密航者」の支援は「疑問なしではいられない」と主張していた（『朝日新聞』一九七〇年一二月二六日）。つまりこの投書者からすると、入管令という法を犯した「密航者」は、救済に値する「被爆者」とはみなされない。ここでは「密航者」であることと「被爆者」であることが対置され、そのうえで前者として捉えることによって後者の側面を切り捨てているのである。

一方、このような「善良な」市民の反応とはまったく逆の方向から、孫さんが「密航者」であることを強調しようとする動きもあった。前述のように、孫振斗支援には、被爆朝鮮人への関心からかかわるようになった人のほか、反入管闘争という文脈からかかわるようになった人もいた。このうちとりわけ後者のなかには、孫さんを入管体制すなわち国家権力の壁に「密航」という「〝生命をかけての抗議行動〟」をもって挑んだ「英雄」として位置づけようとする傾向があった（中島編 1998）。当時の資料には、最初の退令裁判の控訴審への対応をめぐって、全国の支援者が集まった会合で「密航‐密入国を肯定することは年間数千人にのぼる密航者（日本での底辺労働力としての、従って日帝（日本帝国主義――引用者注）の経済基礎としての）を援助することになるのではないか」という意見が出されたことが記録されている[22]。また市民の会の外側でも、こうした「密航」の正当性を裁判で全面展開すべき、とする主張があった。たとえば、ある評論家は、「被爆裁判ではなく密航裁判として闘うべきだ」と主張した（竹中 1971）。彼にとって、国境を破って入国する「密航」は、国家を否定する行為として正当化されるのである。しかしこのように「密航者」としての孫振斗あるいは「密航」という行為を、自らが理想とする「革命」の手段とみなす議論では、孫さんが被爆者であることや、治療を求めていることはともするとま項末なことになる。実際、この評論家は、「ほんとは治療が目的ではないのだ」といった解釈まで行ったという[23]。

以上のように、孫さんが「密航者」であることを理由に「救済に値しない」とする投書者と、「国家を否定する」行為者として「密航者」を英雄視する評論家は、「密航」の評価をめぐって正反対の立場にある。しかし両者は、「密航者」と「被爆者」を対置させ前者の側面によって後者の側面を等閑視するという点では同じだった。つまり彼・彼女らは、孫さんが「密航者」という法的存在にこだわり、「被爆者」という歴史的社会的存在を切り捨てるか軽視しているのである。

こうした「密航者」としての孫さんの強調に違和感を抱く市民の会のメンバーもいた。特に被爆朝鮮人の問題の関心からかかわったメンバーが多かった広島市民の会では、そうした傾向が強かったようである。メンバーの一人は、「「入管・入管」と大状況をふりかざすよりも、その大状況の中で語られる孫さんにいかに現実として関わるかということの困難さの方がより大きく重たい課題」だと述べていた（岡野 1971）。前述の平岡も「日本と朝鮮という関係の中での〝密航〟を否定する立場にはない」としつつも「食うや食わずの民衆にとって、地図の上に引かれた一本の線を乗り越えることは、腹が減ったから飯を食う行為の延長線上にある」と指摘した。つまり民衆にとって、「密航」とは、生きるために現在の生の苦しみや哀しみから脱出しようとする行為であり、「ある国からの逃亡ではあっても、国家を〝否定する行為〟にはなりえない」というのである（平岡 1972: 221–222）。平岡はまた、「密航」の賞賛が「日本と朝鮮を捨象」してしまうことにも懸念を示していた（平岡 1972: 222）。

このように、市民の会は、裁判支援を通じて「孫さんにいかに現実に関わるか」を模索していった。このなかで孫さんは、抽象的な「密航者」ではありえず、歴史性が刻まれたニーズをもつ具体的な存在として理解されるようになったのである。この点を次節でより詳細に検討してみよう。

生きられた歴史性へ

すでに述べたように、当時の全共闘運動やべ平連運動のなかで取り組まれた、反入管闘争とは、入管法案にとどまらない外国人排除の構造すなわち入管体制自体を問題にする視点をもっていた。これは当時、急速に浮上した日本人の「加害者」認識を基盤にしており、それまでの運動からの「パラダイムの革新」を象徴する動きだった（道場 2005; 小熊 2009）。

一方で、こうした「加害者」認識にもとづく運動が、過度の倫理主義に陥り自閉していったという指摘もなされてきた（小熊 2009）。こうした指摘をおそらく念頭におきつつ杉原達は、その後の運動が、このような状況を突破し、どのように具体的に課題を設定し、取り組んでいったのかに着目することが重要だとしている（杉原 2005）。そのうえで彼は、八〇年代の指紋押捺拒否運動で拒否者の一人として闘った在日中国人の徐翠珍の運動に着目する。徐翠珍は、すでに七〇年代に大阪市西成区の保育所で自らの解雇撤回闘争を経験していたが、杉原は、彼女がこうした個別具体的な課題の設定と解決をめざす運動をとおして「在日朝鮮人・中国人の生存権と日本近現代史への連関」を問おうとしたことを強調する（杉原 2005: 62）。それは、「中国と日本をまたぐ歴史的過程

図 3-4　孫さんの退令裁判、福岡地裁敗訴に対する抗議集会（1976 年 9 月 30 日）（福岡市民の会会報 No. 9 より抜粋、山本晴太氏提供）

を、今、ここでの生活の問題のなかで具体的に解釈しなお」そうとするものだったという。

孫振斗支援運動は、主な担い手が、〈戦後日本〉にマジョリティとして生きる日本人であり、マイノリティ当事者である徐翠珍の運動とは大きな違いがある。にもかかわらず、具体的な課題の設定と解決、それを通じて歴史を問うという点は共通していた。より正確にいえば、孫振斗支援では、その過程で、一人の人間の生に刻まれた歴史性とそこから切り離せないニーズすなわち課題が理解されるようになっていった。

前節でふれたように、孫さんは市民の会でも、特に初期には「英雄」として観念的に捉えられる傾向があった。しかしそうした「英雄」としての孫さんは、生身の身体をもち日常の生を生きる存在でもある。二つの孫さんに向き合うことになった支援運動が「とまどってい」た様子を、福岡市民の会で、孫さんの面会や、仮放免後の生活の世話などを中心的に担っていた伊藤ルイは次のように述懐する。

> 今もよく思い出すのですけれども、〝朝鮮人被爆者孫振斗さん〟を個《ママ》有名詞として捉えるか、普通名詞として捉えるか、というような議論が白熱したことがあります。〔……〕しかし面会者の私にしてみれば、孫さんという人は、朝鮮人であるという、被爆者であるという、そして朝鮮人被爆者であるという、極めて多数の人々にかかる普遍的な問題を私どもにつきつけている人であると同時に、現実に会って話をしたり、身のまわりのものの世話をしたり、手帳や裁判についての意見をきいたりできるのは、まさしく朝鮮人被爆者孫振斗さんという個《ママ》有名詞をもつ一人の人間なわけで〔……〕。（伊藤 1974: 6）

支援運動とは、いうまでもなく支援する対象がいてはじめて成立する運動であり、このときその対象は、運動が関心をもつイシューに関係する「普遍的な問題」を抱えるカテゴリーとして位置づけられがちである。孫さんの場合は「朝鮮人被爆者」として位置づけられる。これが、伊藤がいう「普通名詞」としての孫さんである。一方で、孫さんは、「孫振斗」という固有名詞、すなわち固有のニーズ——それは治療要求に限らない日常の望みも含む——をもち、取り替えのきかない生・身体を生きる、一人の人間でもある。

しかし、支援運動の過程で「普通名詞」としての存在と「固有名詞」としての存在が、矛盾をきたすことは珍しくない。とりわけ運動が、支援の対象者を、その人も含まれる「普通名詞」の「英雄」として位置づけるとき、そこにはしばしばあるべき「英雄像」が想定されている。そうした運動によってつくりあげられた「英雄像」は、固有の生を生きる当事者とズレがあることが少なくないが、このとき運動は、自らがつくりあげた「英雄像」にあてはまるかどうかで、当事者を支援に値する存在かどうか裁断しがちである。言い換えれば、運動は、しばしば、その「英雄像」に「ふさわしい」存在であることを当事者に要求してしまう。
さて孫さんの場合、「固有名詞」としての孫さんは、「普通名詞」の孫さんとして運動が期待する像とはかけ離れたものだった。実際、多くの人びとが指摘するのは、孫さんが、一般に想像される「英雄」とは言い難い存在だったということである。ある支援者は、孫さんを「街の中を歩いているただのオッサン」と表現していたし[24]、平岡も「孫さんは決してシンボルになれるような立派な人間ではない。多くの欠点を持った、ごく普通の人間である」と指摘していた（平岡 1983: 303）。たとえば孫さんは、日常生活では競艇が大好きで、入院しているときもしばしば病院を抜け出して競艇場に出かけたり、ときには警察のお世話になることもあった。しかしむしろ支援にかかわった人びとは、孫さんが「ただのオッサン」であることにこそ、歴史性をみようとした。たとえば平岡は、被爆という事実だけではなく、孫さんが「立派な人間」ではなかったことにも彼の「肉体に刻みつけられた植民地支配の傷跡」をみる。

「立派でない」人間が育っていった遠因はね、ただ個人の責任だけではないわけね、彼自身が十分に勉強できなくて、あの戦争のさなかに被爆して韓国に帰っていって、向こうで職を得られずに、その中でどうしたってすさんでいくね。…彼は韓国語が十分できなかったんですよ、日本語ばかりでね。だからそういう人が、韓国へ帰ったら十分に社会に溶け込めないし、まあむこうでも疎外される。そういうなかで彼は「歪んだ」性格をおそらくもったと思うね[25]。

平岡は、このような孫振斗という「生身の人間」とかかわるようになって「植民地支配の罪」を観念的ではなく「具体的に」理解するようになったのだという。それは、植民地支配というものの一人の人間にとっての意味、あるいは言い換えれば、生きられた植民地支配というものを認識するようになったということだろう。もちろんこのような理解はともするると、同い年として植民地支配の時空間を――ただし日本で「被植民者」の子どもだった孫とは対照的に、朝鮮で「植民者」の子どもとして――生きた平岡の個人的な思い入れのようにもみえるかもしれない。しかし、学生時代に福岡で市民の会に参加していたメンバーも孫について「被害者なんですね。要は、被爆だけじゃなくてね、人格形成期にアイデンティティが分裂してしまったわけでしょ。どっちに行っても余所者なんで[26]」と同様の理解を示している。

こうして市民の会の人びとは、支援を通して、孫さんの具体的な生それ自体に刻まれた歴史性とそこから切り離せないニーズや生き様を理解していったのである。学生時代、京都市民の会で活動していた松田素二は、孫さんを追悼する文章のなかで、当時の運動が「英雄」を求めていたことを批判的に振り返ったうえで、孫さんは「普通の人々」が直面する問題の歴史性や社会性を、自分自身の課題として受け止めつながっていくことの大切さ」を教えてくれたと述べている（松田 2014: 3）。そしてそのような向き合い方を後年まで続けた支援者もいる。前述の福岡市民の会の元メンバーによると、孫さんのお葬式の後、霊柩車に競艇場の前を通ってから火葬場に行ってもらったという[27]。ここには、「固有名詞」としての孫さんの最期を見送ろうとする家族や支援者の態度が表れているように思われる。

このように「固有名詞」としての存在にかかわることによって、その個人の生きられた歴史性や社会性を理解するという運動や運動にかかわる人びとの身振りは、飯沼の任錫均とのかかわりにも共通しているように思われる。飯沼は自らの朝鮮人問題への理解の端緒について次のように述べる。

〝見えない人〟が見えるようになるためには、ただその隣り人を、自分とおなじように、よろこび、悲しみ、なやみ、苦しむ一個の〝人格〟として考えること、そのことのみによる。そして、わたしに、ほんのわずかでも、〝朝鮮人〟が見えるようになってきたのは、偶然に、ひとりの亡命者と知り合いになったことからであった。（飯沼 1982: 10）

ここで言及されている「人格」とは、伊藤のいう「固有名詞」とかけ離れたものではないだろう。つまりこれらの運動は、システムの暴力性を「大上段」に訴えるよりもむしろ、一人の人間、人格にかかわることによって、その暴力性を個人の側から問い直していくものだった。こうした運動の身振りは、前述の徐翠珍の運動にも共通するものであり、全共闘運動やべ平連運動の展開の一つのパターンとしても捉えることできるのではないだろうか。当時の運動の結末は、前述のように、自閉と停滞としてまとめられることもあるが、六〇年代末に端を発し、七〇年代以降本格化していったマイノリティの権利運動は、むしろそうした主流の戦後社会運動の理解とは別の軌跡を刻んでいったといえよう。

四、入管体制と〈戦後日本〉の境界

これまでみてきたように、金東希、任錫均、孫振斗という三人の「密航者」にかかわった市民運動は、彼らとのかかわりを通じて〈戦後日本〉の境界を認識するようになった。三人の「密航者」の「出現」には当時の日韓関係が背景にあった。すなわち経済協力によって日本の植民地支配責任を切り捨て、「最終解決」をはかった日韓条約は、同時に、日韓の国境を正式に画定し実効化するものでもあった。それは日本の主権の範囲が画定したということでもあり、これをもって「入管体制」が完成したといえる。とはいえ、この国境は、日韓条約成立当時には、在日朝鮮人をのぞいてそれほど意識されていなかった。むしろ第一章で言及した「国境」は「通過する権利を拒否される瞬間に、政治的に存在しはじめる」というジュディス・バトラーの指摘どおり、「密航者」たちが通過を拒否されたことが明らかになってはじめて、日韓のあいだの境界が認識されるようになった。言い換えれば、日韓の国境は確かに日韓条約によって画定されたが、それが境界として効力をもつのは、通過の拒否あるいは追放によって、その線をその都度承認、反復する行為を通じてなのである。国境とは、固定された一本の線というよりも、その都度反復される線引きだといえよう。

またこの線引きは、物理的な国境としてのみならず、〈戦後日本〉という価値空間の境界をあらわにする実践でもあった。金東希は日本国憲法を求めて亡命したが、認められなかった。任錫均は大村収容所から民主主義の不在を告発した。そして孫振斗は「唯一の被曝国」としての「平和国家」が切り捨ててきたものを問いに付した。つまり三人の「密航者」たちは、自らの通過を拒否されることによって、〈戦後日本〉――それは〈戦前〉に対立する空間である――を存立させてきた、憲法的価値、すなわち民主主義、平和という価値空間の境界を明るみに出したのである。一方で、この線引きは、「帝国という経験」を身体化した彼ら「密航者」の追放を主権の名のもとに正統化しようとした。彼らをただ「密航者」としてのみ扱おうとする入管法／主権による線引きは、彼らの生きられた歴史性を捨象する効果をもっていた。これに対し、三人の「密航者」や彼らと向き合った人びとは、彼らがいた大村収容所や当時の韓国を、〈戦前〉が引き続いた空間として捉え、〈戦後日本〉が、それらを切り捨てつつ維持させることによって自らを成立せしめてきたことを認識するようになった。つまり「密航者」たちは、自らの現前を通して歴史的な関係を「想起」させ、〈戦後日本〉が〈戦前〉の忘却と切り捨てによって成立していることを明らかにしたのである。こうして主権と「密航者」の現前がせめぎ合うなかで、〈戦後日本〉の価値空間の境界があらわになった。

さて、このように彼らと向き合った支援者は、この忘却と切り捨てを認識するようになったが、だからといって〈戦後日本〉の価値を打ち捨てたわけではなかった。たとえば鶴見俊輔は、金東希が日本で亡命を認められず朝鮮民主主義人民共和国にわたった翌年、「私は戦後を、ニセの民主主義だと思うが、しかし、だからといって、それを全体として捨て去るべきだとは思わない」と述べ、その「ニセもの性」を照らし出す光源の一つとして在日朝鮮人の問題をあげた（鶴見［1968］1991: 211）。そして、この光源からの光を借りて自らの「ニセもの性」を「直視して、これと正面から対立することを自分に課して生きてゆけばいい」と述べていた（鶴見［1968］1991: 212）。この鶴見に代表されるように、「密航者」と向き合った人びとは、それによって〈戦後日本〉の価値が十分実現していないことを認識し、その価値のラディカル化を追求していこうとしたといえる。

おわりに

本章では、一九六〇年代から七〇年代にかけて「密航者」たちによって、〈戦後日本〉の価値の境界が明るみに出されたことをみてきた。しかし彼らの「密航」がそうした効果をもっていたとしても、彼らは、その価値だけを求めて「密航」してきたわけではなかったことは、最後に付け加えておく必要があるだろう。むしろ「密航者」たちにとっては、日本は、第一義的には生活の場としてあった。たとえば金東希は、日本で教育を受けたことがあったし、任錫均と孫振斗は日本生まれ、日本育ちだった。とりわけ孫は、二〇代前半までずっと日本で暮らし、家族が朝鮮半島に戻る際も、「帰ったこともないところへ帰るのもなんだし」と一人で脱け出したのだった。彼にとって、朝鮮半島は「帰る」場所ではなかったのである。にもかかわらず、孫は、まだ日本国籍があった頃に日本から強制的に追放された。彼にとっては、〈戦後日本〉の成立は、「帰る」場所、あるいはむしろ生きる場所を勝手に振り分けられ、追放される暴力としてまずは経験されたといえる。こうした彼の軌跡をたどると、三度にわたる――それゆえ悪質とされる――「密航」は、彼にとってはむしろ日本こそが「帰る」場所だったことを暗示している。孫が密航によって拘留されていた唐津署まで会いにいった平岡は「見つかったからこそ彼はね……広島で被爆して治してもらいたいということ言ったけれども、そのために密航してきた、というのじゃない、と僕は思う」[28]と回想していたが、そうした実感を覚えさせる孫の「帰還」への意志と実践があったといえよう。

しかしこのような「帰還」は、それだけでは認められることは困難だった。すでに指摘したように、日韓条約成立以降、在留特別許可が認められることは困難になっていた。一方で、一九七〇年頃からこうした「密航者」の日本での暮らしを求める支援運動がより広範に行われるようになったが、その多くは、学齢期に入る子どもがいるなど家族で日本に暮らす者であり、正規化は限定的だった[29]。

第四章

グローバル化のなかの日本——追放と抵抗の連続と断絶

はじめに

前章でみた孫振斗さんの裁判が争われていた一九七〇年代は、移動の局面で新しい動きが生じた時代だった。すなわちこの頃から旧植民地出身者とは異なるかたちでの新しい移住者の流れが目立つようになっていたのである。

これまでの研究では、こうした移住者は「ニューカマー」として、それ以前の移動とはしばしば切り離されて論じられてきた。これにたいし、本章では、この新しい移住者の追放と抵抗の局面に着目し、それ以前の移住者への対応から何が引き継がれ、また引き継がれなかったのかを考察する。具体的には、新しい移住者にたいする法政策と支援運動に着目し、その連続性と断絶を明らかにする。

前章までにみてきたような、戦後、「密航者」を含む在日朝鮮人を対象にして確立された線引きと追放という主権権力は、七〇年代以降、その技術に新しい要素を盛り込みながら対象を広げて機能するようになった。支援運動は、当初、新しい移住者と日本あるいは日本人の関係を、在日コリアンと日本（人）との関係性の継続性の上に捉えようとしたが、徐々にそうした視角は失われていった。一方で、入管法は新しい移民の流れに対応するために改定されたが、追放の構造はそのまま引き継がれ、さらに新しい規定が加えられた。またその後、グローバル化を背景に、とりわけ「9・11」以降、治安政策としての「不法滞在者」対策が強化されるようになった。このときそれらの政策を駆動した統治者の認識と情念にも、植民地主義の継続をみることができる。

一、「新しい」移住者の来日

非正規の移動の変容

序章でみたように、一九六〇年代末から七〇年代にかけての日本は、出入りの少ない確固とした境界をもつ「自己完結的な国」のイメージが確立された時代だった。事実一九八〇年に設立三〇周年を迎えた入管局は、外国人労働者の流入をめぐる状況が、「次第に西欧先進諸国と似てきている」こと、そうした状況に対応することが今後の出入国管理の課題であることを認めつつも、「国土が狭く、資源も乏しい上に人口が著しく過密である」という点で、「少なくとも我が国の実情」は「他の先進諸国とかなり異なっている」と主張していた。そのうえで自らがとってきた政策について、「我が国は、これまで一貫して外国人労働力の流入を認めない政策をとってきたので、非難もされてきたが、今になって方針を変える必要もなかろう」と正当化していた（法務省入国管理局編 1981: 9）。

しかし同時に、ちょうどこの頃から日本への新しい移動が生じていた。入管局の説明は、この移動が、その後大きな潮流になることをまだ予想していなかったようにもみえる。当時目立つようになっていたのは、台湾やフィリピン、タイなどアジアを中心とした地域からの女性の移動だった。彼女たちは、就労が認められていない観光ビザや興行ビザなどで入国した後、スナックやパブで働いていた。入管局は「昭和三〇年代まではほとんどその発生をみなかった」「資格外活動事犯(1)」が「昭和四〇年代に入るや、〔……〕増加しはじめ」たとして、注意を払うようになっていた（法務省入国管理局編 1981: 146）。また摘発された者の約八〇パーセントが女性であり、台湾、チリ、フィリピン、タイ出身者が多く、「大部分が出かせぎを目的に観光客を仮装して入国したものであり、〔……〕女性の場合、中国（台湾）人及び東南アジア諸国人にあっては、クラブやキャバレーのホステスとしてか働する者が最も多」いと捉えていた（法務省入国管理局編 1981: 146–7）。

このように、スナックやパブなどで働く女性たちは、その後、一括して「ジャパゆきさん」と名づけられることになった（山谷［1985］2005）。「ジャパゆきさん」とは、戦前に日本からアジアに渡り、もしくは売られ、現地で性産業などに従事した女性を指した「からゆきさん」をもじって、当時アジアから日本に出稼ぎに来た女性を指す言葉として使われた。山谷哲夫は、彼女たちの来日が増加した一九七九年を「ジャパゆきさん元年」としているが、このネーミングは、彼女たちが「外国人労働者」として認識されなかったことを示すと同時に（伊藤 1992: 294）、在留資格の有無も問題視されなかったことを示唆している。というのも「ジャパゆきさん」と名づけられた女性たちのなかには、興行ビザなどの在留資格をもっている人もいれば、そうでない人もいたからである。つまり彼女たちをカテゴリー化するさいには、在留資格の有無よりも職業やジェンダーが重視されていた。

その後、八〇年代後半に入ると、女性たちにくわえて、南・東南アジア出身の男性の入国も急増するようになった。彼らの多くは、観光等の短期滞在ビザで入国し、定められた滞在期間を過ぎた後も在留して働いていた。彼らの職場の多くは、人手不足に悩む中小零細企業の、製造や建設の現場だった。八四年には三五〇人だった摘発された男性「資格外活動事犯及び資格外活動がらみ不法残留事犯(2)」の数は、八八年には八九二九人を記録し、同五三八五人の女性を初めて上回った。当然、この現象は耳目を集めることになった。彼らは、「ジャパゆきくん」という「過渡期の表現」（伊藤 1992: 294）を経たのちに「外国人労働者」として捉えられた。つまり「外国人労働者」とは、工場や建設現場で「資格外」就労する「非熟練の単純労働者」である男性を指す、ジェンダー化・階層化されたカテゴリーだった。

「新しい」移動の背景

このような出稼ぎ労働者の急増に社会の注目が集まるようになった。当時、彼らの生活を取り上げる新聞や雑誌は数多くあった。その多くで「外国人労働者」は、圧倒的な南北格差を背景に、経済の繁栄を謳歌している日本をめざしてきた出稼ぎ者として描かれた。当時の雑誌記事のタイトルをみると、「急増」「大量流入」「押し寄せる」「平成の黒船大襲来！」といった言葉が踊る。(3) 日本からみると、彼らの「流入」はとめどないものであり、専門家もまた、こうした社会の認識にお墨付きを与えていた。たとえば、駒井洋は「出稼ぎ」が生まれることの最大の背景として「やっぱり所得格差でしょうね。〔……〕ちょうど「浸透圧現象」のように、こっちにカネがある以上、どんなにバリアー立てても、必ずもぐりこんでくる」（駒井 1990: 119）と解説していた。

また、日本企業のアジア進出に関心を払ってきた立場からは、日本への出稼ぎは、単に一般的な南と北の問題としてではなく、日本の経済的な進出や日本製品の販売と関係していることが示唆されていた。たとえば内海愛子は次のように述べる。

アジアの地には、日本製品が氾濫し、日本の合弁企業や現地子会社などが操業している。〔……〕〝豊かなニッポン〟のイメージは、商品によって、マスコミによって、アジアの農村にまで浸透している。そんな日本

への出稼ぎの誘いがくれば、のるなという方が無理なのかもしれない。（内海 1988: 34）

このように、アジアにおける日本企業の経済進出が、現地の人びとの日本への出稼ぎの欲望をつくりだしているという認識は、移民の受け入れ国と送り出し国のつながりが移住のパターンをつくりだすことを指摘したサスキア・サッセンの主張と共鳴するものといえる。よく知られているように、サッセンは、一九六五年以降の、主に中南米やアジアからのアメリカへの移動について、当該地域でのアメリカ企業による直接投資や軍事行動を含むアメリカ政府の影響力が、人々を移動に向かわせる条件をつくりだしたことを論じていた（Sassen 1988＝1992）。そのうえで、サッセン自身もこの枠組みを用いてアジアから日本への非正規の移動についても検証している（Sassen 1998）。彼女は、日本では、八〇年代半ばより韓国、バングラデシュ、タイ、フィリピン、パキスタン、マレーシア、イランなどからの「不法移民」が増加していることに着目し、これらの国の多くが、一九七〇年代以降、日本政府や日本企業が、海外投資、政府開発援助（ＯＤＡ）、さまざまな商品や文化の輸出を行ってきた地域であることを指摘する。つまり当該地域において、経済進出を通じて日本の強いプレゼンスがつくりだされてきたことが、日本への移動に結びついていることを示唆するのである。

このように、アジアから日本への移動の背景には、当該地域への日本の経済進出が関係しているという指摘は、当時、日本の市民運動でも共有されていた認識だった。他方で市民運動が、こうした経済進出を戦前の日本の帝国主義や植民地支配——それは在日コリアンを生み出した背景でもある——との連続性に捉えていたのにたいし、サッセンをはじめとする当時の議論の多くは、一九八〇年代半ば以降の日本への移動の「新しさ」を強調していた。これらの議論では、植民地支配下にある戦前・戦中の移動や戦後の朝鮮半島からの「密航者」の移動とはまったく別ものとして、日本への非正規の移動が一九八〇年代半ばに新たに始まったと論じていたのである（Morris-

Suzuki 2010）。サッセンも「強制労働のリクルート、植民地、出移民の短期間の歴史はあるけれども、日本は今まで（入）移民を決して受け入れてこなかった」（Sassen 1998: 55–56）と指摘したうえで、八〇年代以降の非正規の移動が「新しい」現象であるとの前提に立っていた。確かに植民地時代に日本で暮らした人びとやその当時のネットワークに連なるかたちでの移動と、東南、南、西アジアからの移動では、移動の背景は大きく異なっている面も少なくない。

しかし、たとえ移住者の来日が新しい現象だったとしても、その移住者を選別し追放する権力と制度は、旧植民地からの移動を念頭においてつくられたものが土台として用いられ続けた。

二、支援運動の連続と断絶

市民運動における日本とアジアの関係の認識

前節でみたような、これまでとは異なる地域からの移住者が急増するようになって、新しい支援運動が生じていた。こうした運動は当初、日本とアジアの関係への批判的認識にもとづいて新しい移住者を理解しようとしていた。そしてこの批判的認識は、前章でみたベトナム反戦運動以降、市民運動で培われてきた認識を引き継ぐものだった。

すでにみたように、ベトナム反戦運動に端を発したさまざまな市民運動は、戦前から引き継いだ日本の立ち位置にたいする自覚、言い換えれば、「加害者」としての日本という認識をもつようになっていった。こうした認識は、当時、急速にアジアに経済進出するようになっていた日本が、アジアと結ぶ関係への関心にもつながっていった（道場 2011）。戦後アメリカのアジア戦略のもと、高度成長を経験した日本は、この時期、アジアとの関係において支配的な位置を回復しつつあった。ベ平連にかかわり、この点をいち早く認識するようになった鶴見良行は、一九七三年の論考で、ベ平連の活動は一九六五年から今日まで、六五～六七年の第一期、六七～七〇年の第二期、七〇年からの第三期に分けられると指摘している（鶴見［1973］2002: 60-62）。その第三期は、「同情から出発した私たちの関心が、次第に深められて、アメリカのベトナム戦争体制に深く組み込まれている日本社会自体への批判として育ってくる時期」だとして次のように述べる。

日本社会全体の仕組み、脱亜入欧という明治以来の日本歴史の発展の型そのものを変えなければならないという自覚に達したときに、当然運動は、争点ごとに細分化されていった。〔……〕沖縄の問題、在日朝鮮人差別の問題、三菱重工を中心とする日本産業の軍事化の問題、自衛隊の問題、ベトナム戦争のかげにかくれて着々と進行していた日本経済のアジア侵略の問題などが私たちの視界に入ってきた。（鶴見［1973］2002: 61）

ここでは鶴見は、ベ平連の運動の変化として書いているのだが、吉見俊哉が指摘するように、鶴見自身もベ平連の運動に深くかかわるなかで認識の変化を経験していた（吉見 2012: 138-139）。すなわち当初は、「ベトナム特需や日本の再軍備との関係」を論じていた鶴見は、七〇年には、日本がベトナム戦争の「不可欠の関与者」として存在していることを認識し、自らの「当事者性＝加害者性の自覚」を見いだすようになった（吉見 2012: 139）。そしてこれは、戦争への直接の関与にとどまらず「戦後日本がなお東南アジアへの政治経済的覇権を担う構造」を問う視点をともなっていた。つまり鶴見は、「平和」な戦後日本の「構造自体を疑うこと」が必要と考えるようになっていったのである（吉見 2012: 139）。

このようにベトナム反戦運動によって培われた認識は、一九六〇年代末以降、日本企業による急速なアジア進出への批判的認識にもつながっていった。このインパクトを後年、鶴見らとともに東南アジアを歩いた内海愛子[4]は「アジアにたいする加害責任っていうのは、やっぱり意識としても運動としても、一つはベトナム反戦運動、そして大きかったのが日本企業のアジア進出。で、はじめて東南アジア、アジアって言っても東南アジアが、私たちの視野に入ってきた」と当時の状況を振り返る[5]。

こうした日本企業のアジア進出の背景には、国内の高度経済成長にくわえて、サンフランシスコ平和体制のもと行われた日本とアジア諸国間のアジア太平洋戦争にかんする賠償交渉の成立という事情もあった。この賠償交渉において、日本は経済的な力を背景に、韓国や東南アジアにたいする戦後処理にかんして賠償を経済協力というかたちですませることができた。そしてこうした経済協力が、日本企業の現地への進出の途を拓いた（小林2001）。このような日本の戦争責任や植民地支配の責任を回避した経済進出は、主に東南アジアにおける進出先社会で「経済侵略」として受け止められ反発を引き起こすと同時に、市民運動のなかで日本の「加害者」認識をより一層強めることになった。市民運動は、戦後日本によるアジアへの経済進出に戦前の帝国主義との連続性を見いだし、「政治経済的覇権」として捉えようとした[6]。

こうしてベトナム反戦運動にくわえ、日本企業のアジア進出を目の当たりにした市民運動は、アジアに視野を向け、日本の責任という認識を培うことになった。鶴見らべ平連のメンバーの一部は、一九六九年に英文季刊誌*AMPO*を発行し、その後、一九七三年に「アジア太平洋資料センター（ＰＡＲＣ）」を立ち上げ、アジアとの関係における日本の「政治経済的覇権」を、自らの生活とのかかわりで問い直す実践に踏み出していった[7]。

同じ頃、日本とアジアとの関係を「アジアの女」という視点から問い直そうとした団体が、一九七七年に設立された「アジアの女たちの会」である。この会が立ち上がったきっかけは、一九七三年に韓国のキリスト教系女性団体から、日本人男性による買春観光（キーセン観光）にたいする反対運動が提起されたことだった（水溜

2012a)。当時、日本の経済成長にともない日本人男性は、韓国をはじめとするアジア諸国に買春ツアーに出かけるようになっていたが、それに対し韓国の団体から批判の声があがった。そのことに衝撃を受けた日本の女性たちは「キーセン観光に反対する女たちの会」を立ち上げ、羽田空港でのビラまきなどの抗議活動やアジア諸国での実態調査などを行うようになった[(8)]。この会は後年「アジアの女たちの会」というＮＧＯへと再編されるが、当会の設立にあたって発表された「アジアと女性解放——私たちの宣言」には次のようにある[(9)]。

> 敗戦後の日本は、アメリカ陣営の一員としていち早く復興をなし遂げ、朝鮮、ベトナムで流された血の上に高度経済成長の時代をつくり上げました。この時代を生きている私たちは、祖母たち、母たちとどれほど違う生を生きているでしょうか。（アジアの女たちの会 1977）

このように、「アジアの女たちの会」は、「アジアへの加害者」として自らを位置づけて、その位置から「被害者」としてのアジアの女性との連帯を模索していった。その運動は、日本のアジアへの経済侵略にたいする批判的認識をもつようになった市民運動のなかでも、日本／アジアという支配従属関係が、日本のなかの家父長制支配と結びついているというジェンダー視点を打ち出した点で傑出していた[(10)]。また当時の日本におけるフェミニズムのなかで、国境を越えた視点をもつことのできた稀有な団体だった[(11)]。

以上のように、日本企業のアジア進出や日本人男性の買春ツアーという七〇年代の日本とアジアとの関係において目立つようになった現象に対し、市民運動は、その関係を戦前との連続性で捉え、「加害者」としての戦後日本や日本人の責任を自覚していった[(12)]。こうした認識にもとづく活動は、その後、アジアからの出稼ぎ労働者支援へとつながっていくことになった[(13)]。実際、七〇年代半ばから女性の出稼ぎ労働者が増加するようになったのである。まずは、次節でその実態をみてみよう。

「ニューカマー」支援運動の勃興

前節でみたように、日本とアジアの経済的な結びつきを批判的に捉えるNGOは、日本で「新しい」移住者が急増するようになったとき、この現象にも目を向けるようになった。たとえば、「アジアの女たちの会」はタイやフィリピンからの出稼ぎ女性の支援を行うようになっていた。またPARCでも全国の移住者支援に携わる人びとが情報交換や勉強会をするための場として「アジア人労働者問題懇談会（アジ懇）」を形成し、労働問題への対応を盛り込んだ「アジア人労働者手帳」をつくったり相談活動を行ったりしていた。

くわえて、移住者たちが就労や生活の現場でさまざまな困難に直面していることが明るみになり、それに対応するために新しい支援運動が各地で始まるようになっていた。一九八五年には、主に興行ビザや観光ビザで入国し歓楽街で働く女性を支援する熊本の「滞日アジア女性問題を考える会」（のちに「コムスタカ外国人と共に生きる会」に改称）が、翌年には東京でシェルターをもつ「HELP」（一九八六年設立）が設立された。一方で、主に男性の外国人労働者については、当時、彼らが仕事を求めて集まっていた日雇い労働市場（寄せ場）である横浜の寿町、名古屋の笹島、大阪の釜ヶ崎で、それぞれ一九八七年に支援団体が形成された。このうち寿町で活動を始め、当時の外国人労働者支援団体の代表的な存在であった「カラバオの会」は次のような見解を示していた。

日本国家として見れば、過去一世紀半近く、アジア諸国への侵略によって「近代化」をなしとげてきた歴史の延長として、とりわけ一九七〇年代にこちらから国境を取り払って経済侵出し、作り出してきた今日の経済的・政治的関係の帰結として起こった問題である。いわば、過去数世紀の「先進国」としてのツケと、過去一世紀半の近代日本のツケと、過去二〇年の「経済大国」のツケとが、全部まとまって突きつけられているということである。（カラバオの会編［1990］1993: 314）

ここからわかるように、当時の運動において「外国人労働者問題」は、七〇年代以降の市民運動が強調してきた戦前の帝国主義と戦後の経済侵略の連続性上に捉えられていた。それは、南北問題にたいする先進国一般の責任という以上に、戦前・戦後において、形態は異なるものの一貫してアジアに「侵略」してきた「ツケ」として、「加害者」としての日本が引き受けるべきイシューとして認識されていたのである。「カラバオの会」は、「こちらが泥をかぶらずに済むような「解決」の仕方はない」として、非正規滞在者のアムネスティ（一斉の正規化）要求を、日本の責任という論理で根拠づけていた（カラバオの会編［1990］1993: 314-317）。このように、当初「ニューカマー」の移住者支援運動のなかには、一九六〇年代末以降の市民運動と人的・組織的・思想的連続性をもつものがあった。しかし九〇年代以降、長引く不況や、日本との経済的つながりがそれほど強くない南米からの移住者の増加などを背景に、こうした認識は徐々にリアリティを失っていった。

支援運動における移住者との「出会い」

前節でみた支援運動における日本とアジアの不平等な関係性にかんする認識は、構造的な問題として大上段から訴えるというだけのものではなかった。むしろ支援者の一人一人が移住者と出会うなかで、その「出会い」や両者の関係性を規定する問題として立ち上がってきた認識でもあった。特に、九〇年代初頭までに、タイやフィリピン出身の移住者支援にかかわるようになった人にその傾向が強いが、ここでは一九九〇年代に関東圏で起きた、人身売買で来日したタイ人女性が、管理されている店の経営者を殺害した事件[14]の被告の支援にかかわった人びとに注目してみたい。

その一人であるSさんは、子どもが手を離れるようになったこの頃、フィリピンとの草の根交流をしている講師の話を聞く会などに参加するようになっていた。その数年後、知り合いから女性移住者の支援活動の立ち上げに誘われ、参加することにした。そこには、主婦業のかたわら、教会ベースでいくつかの活動をしてきたTさんも参加していた。しかし実は、Tさん自身は、当初、外国人支援について「なんで外国人なの」「そういう人が増えると社会不安になる」と思っており、参加しながらも「ぴんとこないところもあった」という。そんなTさんに転機が訪れたのは、九二年に千葉県茂原市で起きた「茂原事件」に遭遇したことがきっかけだった。これは、人身売買で来日したタイ人ホステス五名が、管理されている店のシンガポール人女性経営者を殺害した事件である。裁判の支援をするようになったTさんは次のように振り返る。

裁判のときに、……かちんと響いたものがあってね……被告の支援で、正当防衛に近いって（思ってた）……ところがそういうところはほとんど言わないで、彼女たちの罪にして、そういうところに送り込んできた人とかね、そこで管理した人を裁かないで、彼女たちだけに眼をむけて……好きで出稼ぎに来たんでしょ、っていうような言い方まで、裁判所側がしたのかな。で、非常に憤って、私たちは……ある程度、その人たちに情も移っているし、人となりもある程度わかるしね。そういう一方的な見方にね、あ、裁判ってそういうやり方をするんだって……はじめて目覚めて、社会ってこうやってまわっているんだって。……転げ落ちた人にはもっと踏み潰すんだなって。……こういうの……助けるっていうか支援する人がいなくちゃおかしいなって……。

Sさんもまた、自分たちの支援団体にとって、この事件が大きかったと言う。それは、何よりも殺人罪を犯した者への支援だったからだ。

茂原事件が、やっぱりメンバーにとって、そこで本当に試された、そこでもうメンバーは、何ていうか一段階、質的に運動が変わっていったんじゃないかと思いますね……やっぱり最初は、気の毒な女性？っていう割と個人的な思いというか情緒的な思い、というのが結構強かったんじゃないかな、と思う。……やっぱり本当の姿じゃないっていうのかな、女性の生き方として、だから早く帰って普通の生活に導いてあげたいという、まあ、導いてあげたいとまでは思わなくても……なんかの間違いでこういう生活になってるんだから、っていう同情心というか、そういう感じだったと思うんですけれども、やっぱり茂原事件のときは……日本、世界、社会構造っていうのかな、経済のシステムとか……だから自分の生活とこれは本当にかかわっているんだ、と。

こうして、SさんやTさんにとって、「南北問題」は生きられる課題として経験されるようになっていった。しかしそれは、同時に、移住者を犠牲者としてまなざすことでもあった。もちろん、SさんやTさんたちが、移住者を犠牲者としてのみ捉えたわけではない。むしろ、移住者の意思をどう考えるのか、移住者の自立とは何か、という唯一の解というものがほとんどありそうにないこれらの問いは、活動を通じて、常に問い続けられるものである。

この「茂原事件」の被告たちについてもそうだった。彼女たちは結局、地裁で四〜六年の実刑判決を受けたのだが、先のTさんの言葉にあるように、裁判官が被告たちを見る眼は、支援者にとって到底納得できるものではなかった。しかし被告たちが望んでいたことは、一刻も早くタイに帰ることだった。弁護士によると、控訴ではなく服役して仮釈放されることが帰国への最も早い道だという。だが服役は、裁判官やそれを支える「日本社会」の彼女たちにたいする差別的なまなざしを受け入れることではないのか。それを変えるにはやはり闘うべきではないのか。激論が交わされた。結局、Sさんたちの団体が出した結論は服役だった。「対抗」よりも、被害者の「自立」を願ってのことだった。

こうして服役を経て、彼女たちは帰国した。しかし、その「自立」とは何なのか。「自立」を促す「支援」とは何なのか。自分たちがしていることは本当に役に立っているのか。実は、これらの問いに答えが出たわけではなかった。その後、タイを訪れ、元被告の一人に会ったTさんは、再びこの問いに直面することになった。彼女は、服役中に上達した日本語を駆使して、日本人相手のカラオケを経営していたという。構造的な「犠牲者」であるはずの移住者が「加害者」でもあることを目の当たりにした瞬間だった。

だから根が深いんですよ、それをやらなきゃ生きていけない……ママさんがやったのと似たようなことを、彼女たちしているなって思った……まあたくましくなったたって言ったらそうなんだけど。それが垣間見えた……でもそうしないと、産業がない国っていうのは生きていけない、それが一つの社会復帰かもしれないけど……私たちがイメージした社会復帰とは違うんだけどね。だから私たちは甘い考えなのかもしれないけども、もうちょっと違うイメージをしていて、それを最初、たくましく生きてるとはとれなかった。

Tさんは、自らの願いとは異なる移住女性の姿を見たとき、道徳的には評価できないと感じた。そこにTさんという支援者の「保護主義」的な態度をみることはたやすい。しかしTさんは、自らの想定を超えた移住者の姿に直面したときに、共感はできなくともただ断罪するのではなく、移住者にたいする自らのまなざしや活動へのかかわり方を問い直していった。「犠牲者」である移住者の「自立」とは何か。「自立」への「支援」とは何か。これらの問いに答えが出たわけではない。むしろ移住者支援にかかわり続けるということは、このような問いを抱え続けるということではないだろうか。たとえ「南北問題」を生きられたものとして経験し、構造的な「犠牲者」の移住者と「加害者」である日本人としての私という関係性を認識したとしても、それは、常に問い直されるものである。

日本の移住者支援運動は、主にマジョリティである日本人が移住者を支援する活動としてなされてきた。このとき移住者は、支援の対象として客体化されがちである。しかし同時に、移住者支援には、必ずしもすべてではないとしても、支援者が、構造上異なる位置におかれた他者としての移住者に「出会い」、自らの位置を問い直し、他者とどう関係を築いていくのかという認識論的・実践的問いを生み出す側面がある。そしてそれは、前章で在日朝鮮人の市民権を求める運動においてとられた、一人の人格、固有名詞をもつ存在と向き合うという身振りとそれほど遠いものではないはずである。

「オールドカマー」と「ニューカマー」の断絶という認識

前節までにみたように、七〇年代以降の市民運動と八〇年代半ば以降の移住者支援運動には、思想的、人的・組織的、また運動のスタイルの連続性があった。一方で、両者のあいだには認識の断絶も大きかった。すでに述べたように、移住者支援運動のなかで使われるようになった「ニューカマー」という用語自体、「オールドカマー」との断絶を表現する言葉である。また、在日朝鮮人を対象にする運動でも、八〇年代以降の移住者は、自らが対象にする存在とは捉えられなかった。たとえば、前章で言及した鶴見俊輔や飯沼二郎が発行していた『朝鮮人』は一九九一年に廃刊されることになった。すでに述べたように、この雑誌はサブタイトルが「大村収容所を廃止するために」とあるように、大村収容所を在日朝鮮人の「差別・追放の政策を象徴するもの」とみて、その廃止を訴えるものだった。

大村収容所から韓国への送還は、当初は主に国費による「集団送還」のかたちをとっていた。通常は年に二〜三回の送還のため、被送還者はそれまでは収容されたままだった。こうした韓国・朝鮮人を「集団送還」まで「不定期かつ長期にわた」って収容する大村収容所は、「入管行政の通常の在り方という認識をはるかに越えるものであった」と、鶴見らと一緒に活動してきた弁護士の小野誠之は述べる（小野 1991: 29）。それは、「不法入国した外国人一般の問題」とは区別される、在日韓国・朝鮮人にたいする戦後の政策の象徴として捉えられていたのである。しかし小野が、八九年一二月に大村収容所を訪問したところ、折しもヴェトナムからのボート・ピープルや「中国人偽装難民」が話題になっているときであり、大村収容所にも彼・彼女らが約一五〇〇人も収容されていたという。一方で、その前月に韓国籍の被収容者が送還され、「今やひとりの韓国・朝鮮人もいなくなっ」ていた。このことを受け、小野は次のように述べる。

個別の送還というのは一般の外国人に全部あったけど、在日朝鮮人に対しては集団送還と称して、年に何回か、人を何人かためておいて、そして送り返す。これがあの施設のポイントだったんですね。それが今はそういう機能を持つ施設は日本ではもういらなくなったっていう政治情勢がある。(15)

その後九一年には、終戦前から一貫して日本に暮らしてきた在日コリアンと台湾人及びその子孫を対象にした「日本国との平和条約に基づき日本の国籍を離脱した者等の出入国管理に関する特例法」（入管特例法）が制定さ

図 4-1　現在の大村入国管理センター（2012 年 1 月撮影）

れ、彼・彼女らを歴史的経緯に鑑み「特別永住者」として認めた。この「特別永住者」には、退去強制事由の制限や再入国許可の有効期間の延長など、それ以外の外国籍者とは異なる処遇が認められた[16]。つまりこの法律は、戦後四六年たって初めて日本政府による旧植民地出身者への責任を示したものだった。その意味でこの法律の意義を強調しても強調し過ぎることはない。一方で、この法律は、「オールドカマー」と「ニューカマー」という区分に法的な根拠を与え、実定性をもたせることになった。このとき「特別永住者」として認められたのは、戦前から引き続き日本に居住している者とその子孫だけだった。したがって、前章で取り上げた孫振斗さんのように、たとえ戦前に日本で住んでいたとしても一旦朝鮮半島に戻ったり送還され、戦後「密航」してきたものは、法的には「ニューカマー」として区分された。つまり「オールドカマー」と「ニューカマー」という二分法によってかえって、植民地支配に起因する歴史経験や社会関係のなかで生きてきた「密航者」の存在は、両者のあいだで不可視化されてしまったともいえる。またこの区分は、「オールドカマー」と「ニューカマー」の位置づけの差異を表しており、本章でみるような、主権による線引きと追放の連続性をも見えなくさせてしまったように思われる。たとえば小野は、入管特例法に結晶化した在日コリアンにたいする日本政府の対応にもふれ、彼・彼女らを「一般外国人としては扱わず、より安定した在留資格を法律上保障することに、やっと一歩踏み出した」と述べ、「大村収容所が、かつてのような役割を果たすべく復活される状況はない」と捉えた（小野 1991: 35）。こうした認識にもとづき、鶴見らは、大村収容所は「韓国・朝鮮人の収容施設としての機能を終えた」とし、九一年の二七号をもって『朝鮮人』の廃刊を決めた。

しかし実際には、大村収容所はなくなったわけではまったくなかった。むしろその直後から、新しく来日した移住者の強制送還が急増し、収容施設が足りなくなっていた。それゆえ九二年には、茨城県牛久に、九四年には大阪府茨木にも、大村と同様の入国管理センターが新たに設立された（茨木市の西日本入国管理センターは、二〇一五年に閉鎖）。また集団送還についても八〇年代末以降中国にむけて実施されるようになり、その後、時代は下るが、二〇一三年にはフィリピン、二〇一五年にはバングラデシュ、ベトナムにむけても実施されている。つまり在日朝鮮人の生を規定し、追放権力の象徴だった大村収容所は、その機能を維持したまま対象を拡大していったといえるだろう。すなわち移住者の線引きと追放という観点からみれば、その権力にさらされる在日朝鮮人と「ニューカマー」の位置は連続性をもっているのである。次節ではこの点についてさらに考察してみよう。

三、線引きと追放の文脈

一九九〇年入管法改定

上述のように、一九八〇年代初頭まで、自らの国境の統制可能性に自信を深めていた入管局だったが、外国人労働者の急増は、その能力の失墜を示すことになった。それゆえ国境管理を司る入管局にとって、外国人労働者は、自らの権威を侵害する存在そのものだった。当時、外国人労働者と重なるイメージで捉えられていた「偽装難民」事件では、業務に追われた入管職員が二人も死亡するという事態を招いていた。こうした事態に対応するため、一九八九年に入管法の改定案が上程された。また社会でも「外国人労働者」の受け入れを認めるかどうかという、いわゆる「開国」「鎖国」論争が沸き起こっていた。こうした背景のもとなされたこの法改定は、日系人の在留資格を認めることで南米からの移住者の来日を急増させた法律として、今日記憶されているが、当時の議論の中心は、在留資格のないまま働いている「外国人労働者」への対応だった（明石 2010; 鈴木 2009）。

とはいえ、まずこうした入管法違反者については、すでにみてきたように、それ以前の法律でも退去強制手続が定められており、その部分が変更されることはなかった。むしろ従来の退去強制手続を土台にしつつ、改定法は、「不法就労活動を助長する者」への罰則規定として「不法就労助長罪」を新たに盛り込んだ。この規定の導入にあたって「不法就労者」という、慣習的に用いられていたものの法的な用語ではなかったものを法に書き込む試みは反発を呼んだ。法務省入国管理局総括補佐官だった坂中英徳は、「不法就労者」という言葉が「刑事犯」のようなイメージを抱かせてしまうのではないか、という質問に対して、「確かに言葉の印象はよくないかも知れ」ないが、「ここで言う「不法」は、単に入管法に対する違反という意味」だというものだった（坂中 1990: 54）。同様に、法改定をめぐる国会審議においても、ある議員から「不法」は差別的な印象を与えるのではないか、と問われた法務省の役人も「不法に特に差別的な意味合いを持たせているわけではございませんで、入管法に違反しているということを端的にあらわすためにそういう言葉を使ったというにすぎない」と回答していた。(17) このように、「不法」という表現は「入管法違反」という意味だというのが法務省の主張だったが、言葉は、一般に当初の意味をそのまま保ち続けるわけではない。「不法就労」という言葉もまた、後述するように、行政法の形式的な違反を意味するものとしてとどめておかれず、「不法」という側面がクローズアップされていくことになった。

さて法改定の場では「就労」の禁止に関心が払われていたが、それは、労働省や労働組合などが主張してきた労働条件の悪化のみを危惧してではなかった。むしろ入管局が最も憂慮していたのは、入管法の秩序が脅かされていることだったように思われる。前述のように、国境管理を司る入管にとって、非正規滞在者は、自らの権威を侵害する存在そのものだった。したがって、「不法就労助長罪」創設の第一の目的は、「不法就労者の大量流入という最悪の事態」を避け（坂中 1990: 52）、主権を代行する入管局の権威を回復することだったのである。

それゆえこの法律は、すでに日本に入国して就労している非正規滞在者を労働市場から締め出すということではなかった[18]。また非熟練分野における「外国人労働者」の受け入れも、従来どおり認めることはなかった[19]。つまり一九九〇年にはすでに一〇万人を超えていた非正規滞在者にたいする施策がとられることもなかったのである。これに対し、支援運動は、すでに日本に入国して就労している非正規滞在者にたいするアムネスティを要求したが、アムネスティは、「不法就労者」の大量流入を誘発させる「危険」があるとして実施されることはなかった。他方で、世論の影響もあったうえに、技術的にもすでに滞在している非正規滞在者をすべて強制送還することも困難だった。こうして彼・彼女らは、合法化されることもなく積極的に強制送還されることもなく、非正規滞在のまま留め置かれることになったのである。

世論の変化

しかし非正規滞在者にたいする世論は、彼・彼女らの来日が急増し入管法改定が議論され施行された頃までと二〇〇〇年頃以降では、大きく変化した。「外国人労働者」が来日した当初、日本は人手不足に直面していたこともあって彼・彼女らにたいするまなざしはそれほど厳しいものではなかった。たとえば、九〇年の内閣府「外国人の入国と在留に関する世論調査」では、不法就労について「良くないがやむを得ない」と答えた者が五五・〇パーセントを占めたが、そのうち最も多い五〇・八パーセントが「その人が得た金で家族が暮らしていけるから」を選択していた。

もちろん当時も「外国人労働者」は治安や風紀を乱す恐れがある存在としてみなされることがなかったわけではない。たとえば、同調査でも「不法就労」を「よくないことだ」と答えた者三二・一パーセントのうち、四三・三パーセント（複数回答）が「治安、風紀等が悪くなるから」と答えている。また警察は、同様のイメージで「外国人労働者」を捉えていた。とはいえ、『警察白書』は一九七三年の創刊当時から「犯罪に国境はない」として「来日外国人の犯罪の増加」を常に指摘しており、警察にとって、このようなまなざしは特段目新しいものではなかった。むしろこの頃の日本は、警察自身も治安のよさを誇っていたのである。当時の人手不足の状況では、とりわけ彼・彼女らが多く働き暮らしていた地域では、警察も含め彼らの存在は半ば公然化されていたのが実状だった[20]。当時、体系的な取り締まりはかなり稀であり、特に警察は、非正規移民を自らの権限の範囲外であり、入管局の問題として捉えていた（Tsuda and Cornelius 2004: 461）。筆者がインタビューを行った、非正規移民を組織化してきた労働組合の代表も、一九九〇年代のはじめは、非正規移民が警察に捕まったときは、もし雇用主が解放を要求したら、彼らは解放されたと話していた。一九九〇年初頭に横浜でフィリピン人非正規移民として暮らしたレイ・ベントゥーラも、警察は、彼の状況や住んでいる場所を知っているにもかかわらず彼を無視しているという現実を描いた（ベントゥーラ 1993）。それゆえ、厳格な入管法は、実際には効力をもっていないと考えられていた（Tsuda and Cornelius 2004）。

こうした状況のなかで前述のように改定入管法が施行されたが、「外国人労働者」の流入自体への影響はすぐには現れず、「不法残留者」数は九三年まで増加を続けた。一方で、同法によって日系三世にたいする「定住者」資格が認められるようになったことは、非熟練労働市場で就労していた「外国人労働者」に合法と非合法の分断を持ち込む結果となった。これにたいし、当初、メディアは概して批判的だった[21]。しかしこの後、外国人の滞在にかかわる合法／不法の区別は、さまざまな制度領域[22]、政策、行政の現場レベルでの対応、あるいはマスコミ[23]などを通じて、徐々に定着し、社会的合意を得ていくことになった。またその後、不況が長期化するなかで非正規滞在者に対する関心も薄れていった[24]。

一方、不況にもかかわらず南米日系人や研修・技能実習生など非熟練分野で就労する「外国人労働者」の数は増加していった。こうした「外国人労働者」の公認された就労経路の定着は、非正規滞在者を、非熟練労働市場における不可欠な存在ではなくさせることを意味していた。実際、厚生労働省（九二年は労働省）の推計値によると、九二年には約五八万人の外国人労働者のうち、「不法残留者」は約二九・二万人およそ五〇パーセントだったのに対し、二〇〇〇年には、同七一万人のうち二三・二万人で、その割合はおよそ三三パーセントにまで減少した[25]。非正規滞在者はもはや「外国人労働者」の典型とはいえなくなったのである。

四、治安対策としての「不法滞在者」政策

非正規移民対策のグローバル化

「外国人労働者」にたいする関心が薄れ、「街で見かけることも少なくなった」（五十嵐 1999）と認識されるようになった世紀転換期頃、非正規移民はメディアのなかで「不法滞在者」として再発見された。その意味で「不法滞在者」とは、対面的な関係において他者を認識するさいのカテゴリーというよりも、メディアのなかで生まれ、増幅し、人びとのイメージに定着していった像である。もちろん「外国人労働者」と「不法滞在者」では、そこ

に包含される内容は一致しているわけではない。たとえば、「不法滞在者」であっても就労していないものは「外国人労働者」には含まれない[26]。しかし、非正規滞在者を表現する支配的なカテゴリーは、「外国人労働者」から「不法滞在者」へと転換した（髙谷 2007）。逸脱論が指摘していたように、逸脱かどうかを判断する多様な基準のなかで法は、強制力をもつだけでなく、それ自体が道徳的権威を有しているという点で特異な位置を占める（大村・宝月 1979: 85–91）。それゆえ法からの逸脱は、法の内容如何にかかわらず、道徳的な基盤を喪失しやすい。この指摘を例証するかのように、ジョック・ヤングは、ヨーロッパの「不法移民」を念頭に、「不法」という属性こそが、彼らが犯罪者であることを示す「最大の特徴」とみなされていくと指摘したが（Young 1999: 112 = 2007: 288–289）、日本でも「不法滞在者」は犯罪と結びつけられるカテゴリーとして広まっていった。

ヤングは、こうした非正規移民の排除を、後期近代社会である「排除型社会」の象徴の一つとして論じている。ここでその議論を詳しく検討する余裕はないが、実際、冷戦終結以降、西洋においても非正規移民や庇護希望者を、社会保障および治安という二つの意味でセキュリティを脅かす存在として捉える動きが強まり、さまざまな対策がとられるようになった（Faist 1996; Bommes and Geddes eds. 2000）。九〇年代にはそれが主権の強化を実質的に意味しているのかをめぐって議論が交わされたが（Cornelius *et al.* 1994; Freeman 1998; Sassen 1996 = 1999）、同じ頃から国境の軍事化や移民の「犯罪者化」は強まるようになった[27]（Kil and Menjívar 2006; 小井土 2015）。

西洋諸国における非正規移民対策の強化と連動するかたちで、日本でも九〇年代末から「不法滞在者」は「治安悪化の元凶」（前田 2003）や「犯罪の温床」として、これまで以上に大きくクローズアップされるようになった。とりわけ九〇年代末に中国からの「集団密航事件」が相次ぎ、それにたいする対応をはじめとして、治安対策を講ずる目的で九七年から二〇〇九年まで一〜三年おきに入管法が改定された[28]。また二〇〇〇年に発表された入管局による「第二次出入国管理基本計画（以下、基本計画と略）」においても「強力かつ効果的な不法滞在者対策の実施」が盛り込まれた(29)。こうした「犯罪」対策としての入管政策は、「テロ対策」と結びつきながら、アメリカのUS－VISIT（入国時における指紋認証）の導入や捜査機関による犯罪者データの共有などグローバルな連携のなかで実施されていった。

ディディエ・ビゴは、このように「不法」移民を「犯罪者化」するような動きにフーコーが追求した「統治性」権力の変容を見いだし、その現代的な形式を「バノプティコン（ban-opticon）」（監視追放複合装置）とよんでいる（Bigo 2002, 2008; ビゴ 2014）。それは、名称からわかるように「ban」と「panopticon」を組み合わせたものである。ビゴによると、現代の統治性は、すべての人びとを監視の対象にするようなパノプティコンではない。むしろバノプティコンにおいては、プロファイリングによって、監視の対象下におかれるべき人と監視から自由になる人びとを区分する技術が働いており、このとき移動する人びとは潜在的なリスクとして監視の対象になる（Bigo 2002）。ビゴによると、こうした移動する人びとを監視するバノプティコンが機能する場は、従来、人の移動を管理してきた物理的な国境とはますます関係をもたなくなっているという（ビゴ 2014）。ビゴの議論は、ヨーロッパにおける移動を念頭においているものの、日本においても移住者は、国境における出入国管理にくわえて個人情報のデータベースにもとづいて常に監視されるようになっている。

たとえば二〇〇九年に成立した（施行は二〇一二年）新しい出入国管理制度は、出入国管理と日本の内部にいる外国籍者の在留管理を一体化させることを大きな目的の一つとしている。具体的には、外国籍者に、職場や家族関係の変更等を随時入管局に提出させることを罰則つきで義務化し、彼・彼女らの日常生活の変化を入管局が監視し、違反した者は、資格を取り消し追放できるような体制を整えた。このように日本における出入国管理制度の再編は、他国の統治性の変容と共通する部分も少なくない。古屋哲は、抜本的な入管法改定を行った一九八九年以降二〇年あまりの入管制度の再編成のなかで、このような監視と追放の組み合わせによるバノプティコンの整備が追求されてきたと主張する（古屋 2014）。

東アジアにおけるポスト植民地主義という文脈

しかし同時に、古屋は、日本における移民の「犯罪者化」とそれにたいする主権権力の対応は、「冷戦」が継続し地域的な同盟もない東アジアという文脈を無視して捉えることはできないと強調する。彼によると、九〇年代後半における「密航者」対策に特徴的にみられるように、出入国管理は、今や警察にくわえ自衛隊とも連携してすすめられており、それは、冷戦後の東アジアにおける国境の再編成の一部と国家的暴力の再配置として捉えることができるという。そのうえで、これを正当化する言説や実施された政策には、アジア太平洋戦争終結後、すなわち日本帝国が崩壊し、東アジアで国民国家に再編された時期に支配層が抱いた恐怖の歴史的記憶が刻まれていると指摘する（古屋 2014: 130–133）。

実際、その後、「密航」という国境領域での「問題」を社会内部の「治安」問題として位置づけ、ちょうどその頃生じていた日本社会の「安全神話」の崩壊というストーリーに結びつけて「治安対策」を先導していったのが、東京都知事（当時）の石原慎太郎だった。よく知られているように、二〇〇〇年四月、石原都知事は陸上自衛隊練馬駐屯地の創隊記念行事の挨拶で「不法入国した多くの三国人」が「非常に凶悪な犯罪を繰り返している」という「三国人発言」を行った（内海・高橋・徐編 2000）。また大災害のときには「騒擾」が起こりかねないとして治安維持のために自衛隊の出動を求め、外国人と犯罪を結びつけた。この発言は、差別として大きな批判を浴びたが、とりわけ問題にされたのが、「三国人」という言葉である。というのもこの言葉は、歴史的に朝鮮人や台湾人を差別する用語として用いられてきたからである。

水野直樹によると、「三国人」とは、終戦直後の闇市などにおいて「取り締まり、治安維持の現場で使われ始め」、その後、国会審議とその新聞報道をとおして「朝鮮人や台湾人は凶悪な犯罪者、日本社会の秩序と安全を脅かす恐怖の存在というイメージ」が広がるさいに用いられた言葉である（水野 2000: 12-21; cf. 内海 2000）。第二章でみたように、当時の朝鮮人や台湾人は、日本政府やＧＨＱからは、あるときには日本人、別のときには「外国人」として扱われる存在だったが、彼・彼女らは植民地支配から「解放された人民」としてさまざまな領域で活動を始めた。しかしこれは、それまで支配者として自らを優位に位置づけてきた日本（人）にとっては、そのパワーバランスの変化を象徴する場面であり、実際「威張ラレ癪ニサハル」という感情を引き起こした（内海 2000: 88）。つまり自らが支配的な位置にある秩序を「自明」なものとして捉えてきた日本（人）にとって、そうした既存の秩序に捉われない元被植民者の動きは、「秩序と安全を脅かす」ものだった。「三国人」という言葉は、植民地解体の後に、そうしたパワーバランスの変化を受け止められない元植民者の感情から出てきた表現だったと考えられる。石原氏は、このような、ポスト植民地的で人種的な「他者」を表現する歴史的なカテゴリーを用いることによって、外国人を「犯罪」と結びつけ、その「犯罪」によって脅かされる被害者としての「われわれ」というイメージ[30]をつくりあげたといえよう[31]。

こうして石原都政は「東京から日本を変える」というスローガンにもとづき、治安対策の名のもと「不法滞在者」対策を先導していった。すなわち〇三年一〇月、法務省、警視庁、東京都、東京入国管理局が合同で、「首都東京における不法滞在外国人対策の強化に関する共同宣言」を発表し、「不法滞在者」の摘発をさらに強化することを宣言した。これに続き、同年一二月に犯罪対策閣僚会議が「犯罪に強い社会のための行動計画」で、五ヶ年の「不法滞在者」半減政策を国レベルで定めた。その後、この政策は「９・11」以降のテロ対策など[32]とも関連づけられながら実施され[33]、警察や入管による摘発が強化された[34]。「治安悪化の元凶」としての「不法滞在者」イメージは、政策に取り込まれるほど公式なものになると同時に、政策の実施によってその正当性をさらに強化していったのである。

またこうした政策は、「治安」に関心をもつようになった世論に受け入れられていった。「三国人」発言は差別として批判が集まった一方で、「不法滞在者」を治安と結びつける認識は多くの人びとに共有されるようになっていたのである。たとえば、〇四年の内閣府による「治安に関する世論調査」では、ここ一〇年間の日本の治安について、「悪くなったと思う」と答えた者が八六・六パーセントおり、そのうち、五四・四パーセントが「外国人の不法滞在者が増えたから」を原因として選択した。[35]また同じく〇四年に内閣府によって実施された「外国人労働者の受入れに関する世論調査」でも、「不法就労」を「よくない」と回答した者七〇・七パーセントのうち七二・五パーセントが「治安、風紀等が悪くなるから」を理由として選択した。「受入れ」調査の九〇年、〇〇年、〇四年の結果を比較すると、「不法就労」をよくないことだと回答したものの割合は、三二・一パーセント、四九・〇パーセント、七〇・七パーセントと確実に増加しており、特に〇〇年から〇四年までに割合が急増している。

とはいえ、当時、非正規滞在者を含む外国人犯罪、あるいは犯罪全体についても、その件数が急増していたわけではなかった（外国人差別ウォッチ・ネットワーク編 2004; 河合 2004; 浜井・芹沢 2006）。だからこそ、「体感治安の悪化」なる表現が生み出されたのだが、この表現は、治安にたいする人びとの感受性が過敏になっていたことを示唆している。くわえてこうした世論は、九〇年代を通じてさまざまな制度・非制度領域で確立されていった、外国人の在留についての合法／不法の区別とそれにもとづく非正規滞在者の排除に、「治安」という「正当」な根拠を与えることになった。

こうして、前述の五ヶ年の「不法滞在者」半減政策が終わった〇九年一月の非正規滞在者数は、計画当初からの約半数である約一一万人にまで減少した。これを受けて、入管局も「不法滞在者を半減するという目標を概ね達成し、国民か安心して暮らせる社会の実現に貢献することができた」と総括している（入国管理局プレスリリース

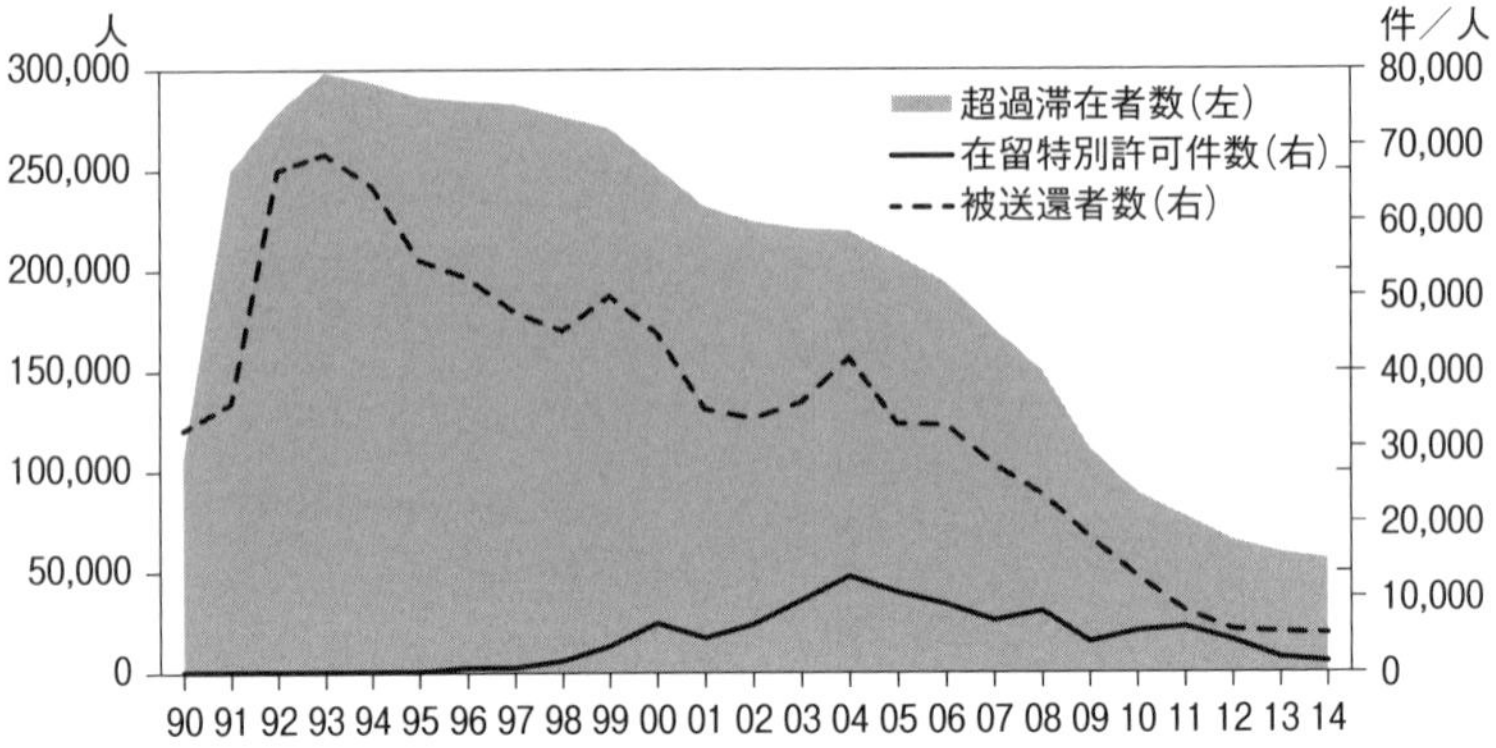

図4-2　90年以降の超過滞在者数・被送還者数・在留特別許可件数

出所：法務省入管局。

「不法滞在外国人半減政策の結果について」二〇〇九年二月一七日）。

拡大する正規化

しかし実際には、この〇四年から〇八年までの五ヶ年の「半減政策」のあいだ在留特別許可件数も高い値を示していた。図4－2は、九〇年代以降の超過滞在者数、被送還者数、在留特別許可件数の推移を示したものだが、超過滞在者数は九三年をピークに減少傾向にあったが、半減政策の期間はグラフが急になっており減少率が高まったことがわかる。しかし同時に、被送還者数は、同じく九三年をピークに減少傾向にあり、〇四年に一旦増加したもののその後は増加しなかった。他方、在留特別許可件数は、むしろ九〇年代後半から増加し始め、「半減政策」の初年の二〇〇四年にピークを記録、その後も期間中は高い水準を維持していた。ここから「不法滞在者」の「半減」のうち、少なくない割合が正規化によるものだったと示唆される(36)。

とはいえ、ここで指摘しておきたいことは、正規化にしろ追放にしろ、合法／不法という区分にもとづいた対応である点では共通だということである。つまりこの時期、正規化が増加したことは、前述のように合法／不法の区別がさまざまな制度・非制度領域に浸透し、この区分があらゆる場で意味をもつようになったこと、そうしたなかで非正規滞在のまま暮らすことがより難しくなった状況への対応だったとも考えられる。実際、後続する章で取り上げるように、九〇年代末以降、支援運動のなかでも在留特別許可を求める運動が盛んになっていった。

おわりに

本章では、一九七〇年代末以降、旧植民地出身者とは異なるかたちでの「新しい」移住者の来日が急増するなかで、それまで在日コリアンを対象にしてきた法政策や市民運動がどのように引き継がれ、あるいは断絶したのかを考察してきた。追放に関する法制度についていえば、九〇年の入管法改定は、新しい移動が急増するなかで国境の統制力を失っていた入管局がそれを回復しようとすることに主眼があった。当時、すでに一〇万人を超える非正規滞在者がいたが、アムネスティが実施されることはなく、彼・彼女らはその状態のまま留め置かれた。一方で、改定された法は、「不法就労助長罪」という新しい規定が盛り込まれたものの、退去強制手続など基本的には、戦後の朝鮮人への対応を念頭につくられたものをそのまま引き継いだ。つまり追放を規定する法制度は、その構造を維持しつつ対象の拡大に対応することになったのである。同時に、在日コリアンら旧植民地出身者にかんする法律（入管特例法）を別に制定することによって、「オールドカマー」/「ニューカマー」が法的に区分され、そのなかで戦後の「密航者」は、生活実態にかかわらず「オールドカマー」から除外された。

その後、石原都知事の「三国人発言」に示されたように、世紀転換期頃から非正規滞在者は「不法滞在者」として「犯罪者化」され、取り締まりが強化されることになった。こうした移民とセキュリティを結びつける認識とそれにもとづく政策は、グローバル化のなか多くの国でみられるようになっている。同時に、日本では、都知事の発言に代表されるように、この「犯罪者化」にあたって、ホスト社会における既存の支配従属関係の揺らぎに直面したマジョリティの「犠牲者」意識、それにもとづくマイノリティにたいする「脅威」というポスト植民地主義の情念が利用された。このような「密航者」「不法滞在者」にたいする「治安」の観点からのまなざしとそれにもとづく取り締まりは、占領期につくられた追放の構造の継続性を示している。くわえてこうした状況は、合法／不法の区別があらゆる領域に浸透し、非正規滞在者にとって在留資格のないまま暮らすことがより困難になることを意味していた。一方で、彼・彼女らのなかには日本で家族を形成するなど、日本社会に定着する者も目立つようになった。こうした背景において、後の章でみるような在留特別許可を求める動きが生じていった。

第五章
主権を無効化する空間

はじめに

ガチャンガチャン……ざわめきとともに移住労働者が席を立つ。〇五年一一月、全国の移住者支援団体をネットワークするNGO「移住労働者と連帯する全国ネットワーク」（現「NPO法人 移住者と連帯する全国ネットワーク」）が、議員会館で開催している省庁交渉の場だ。これは、国会議員を仲介にして、移住者をとりまく課題について省庁と交渉するもので、九七年より毎年、年に一～二度開催されている。交渉は、労働・出入国管理・女性など分野ごとに行われ、そのたびに担当者が入れ替わる。これから研修生・技能実習生問題の要請が始まるとき、要請先の一つである法務省の担当者が入ってきた。

しかしこの年、直前になって法務省は、「不法滞在者」の参加を拒否してきた。ざわめきのなかで、全統一労働組合（以下、全統一と略）書記長（当時）の鳥井一平氏が挨拶をする。後述するように、全統一は、数多くの非正規滞在者を組織化してきた労働組合である。

……時間がないので早速始めますが、交渉にあたって法務省の方から、外国人労働者の、私ども組合員の出席について法務省の方から申し入れがありましたけども……ただ法務省によって退去強制になったものにも、……その、たとえば研修生・実習生は、「失踪」しようと、「失踪」と言いますが、逃げてきた……、逃げてきたものを人的に救助するのに、逃げてきた本人の言葉を聞かないっていうのは、非常に理不尽なことだと思っています。今日は抗議の意味をこめて退席させていただきます(1)。

法務省の役人の前で、アジア・南米・アフリカ出身の三〇人ほどの移住労働者が席を立ち、次々と部屋から出て行く。前に座った省庁の役人たちは目の前の出来事が見えないかのように表情一つ変えることはない。しかし席を立った者のうち、何人が「不法滞在」だったか、あるいは誰が「不法滞在」だったかは本人にしかわからないだろう。鳥井氏ですら把握していないはずだ。というのも労働組合にとって、退席したものは「労働者」あるいは「組合員」であって「不法滞在者」ではないからである。

一、「労働者」の権利の保障

労働組合と移住労働者

全統一はもともと個人加入の労働組合として一九六七年に組織化され、九二年に外国人分会が立ち上げられた。個人でも加入できる労働組合として地域ベースで活動するコミュニティ・ユニオンとともに、「特に超過滞在者にとっては、最大の権利擁護団体」となってきた（小笠原ほか 2001: 174）。全統一は、コミュニティ・ユニオンとは系譜を異にしているものの、個人加入のユニオンという意味ではその先駆けともいえる組織であり、中小企業労働者の組織化に早い時期から取り組んできた。その流れのなかで、中小零細企業で働く、二〇〇〇年代前半までは主に南アジア・アフリカ出身の「外国人労働者」支援にかかわってきた(2)。

前章でみたように、一九八〇年代半ば頃から在留資格のない移住労働者が急増するようになった。彼らの多くは、建設現場や中小零細の工場などで働いていたが、それらの職場は労働条件が低いところも少なくなかったことから解雇や賃金未払い、労働災害などの問題が頻発していた(3)。こうした労働問題に対応するにあたって、労働関係団体は労働省（当時）と掛け合い、非正規滞在者であっても労働法の適用がなされるとの回答を引き出した(4)。この後、移住労働者の労働問題は、ＮＧＯよりも団体交渉が可能な労働組合が取り組むことが多くなった。

全統一の外国人分会に相談に訪れた移住労働者は主に、製造業（四四パーセント）、土木・建設・解体業（一四パーセント）、サービス業（一二パーセント）で就労しており、相談内容は、労災・賃金未払い・解雇で約八〇パーセントを占める(5)。また男性が九五パーセント以上を占める。当初、このほとんどが非正規滞在だったが、二〇〇〇年代半ばには、日本人との結婚などによって在留特別許可が認められ在留資格をもつ者も目立つようになっていた。ただしそもそも全統一では、在留資格ごとの統計はとられていない。というのも労働基準法(6)に依拠して活動するさいに、在留資格を把握する必要はなかったからである。また前述のように、活動当初は組合員のほぼすべてが非正規滞在者であったこと、資格をもつ者のほとんども元非正規滞在者であり、国籍、性別、就労している業種、相談内容などは類似しているため、実質的にも統計をとる意味がなかったからである。ここからも全統一の活動は、法的資格ではなく「労働者」という社会的カテゴリーに依拠して行われていることがわかる。

この「労働者」カテゴリーは、非正規滞在者が営んでいる関係性や行為にもとづいており、彼・彼女らを捉える支配的なカテゴリーである「不法滞在者」とは別様の存在として彼らを位置づけるものである。それゆえ、この「労働者」カテゴリーにもとづく全統一の運動は、非正規滞在者を「不法化」する合法／不法という線引きを

拒否しているといえる。本章では、全統一の例を中心に、こうした運動の意味について考察する。(7)

労働に関する権利の保障

全統一に限らず、労働組合の主要な機能の一つは、労働者の権利の回復・保障である。移住労働者の多くも自らの権利を求めて組合にやって来る。Eさんが初めて全統一を訪れたのは二〇〇八年一月、仕事で腰を痛めてから約半年が経過していた。友達に相談したりしているあいだに時間が経過してしまったのだという。バングラデシュ出身のEさんは、以前も一九八八年から二〇〇〇年までの一二年間、クリーニング会社で働いていた。自分自身の腕があがるにつれ時給もあがり、最初七五〇円だったそれが最後には一三〇〇円になっていたと誇らしげに語る。社長にもよくしてもらったそうだ。ただこのときも指を怪我したことがあったが、労災のことは知らなかったという。こうして安定した生活を送っていたEさんだったが、二〇〇〇年に入管局に捕まり強制退去になってしまった。

しかしその三年後、Eさんは再度来日した。この年に「不法滞在者」半減政策が始まったことに象徴されるように、帰国前と比較して、非正規滞在者として生きることは難しくなっていた。そのためEさんも職探しに苦労し、以前ほど条件がよい仕事は見つからなかった。結局、いくつかの会社で働きつつ日給八〇〇〇円のプラスチック成型の仕事に落ち着いた。その三年後、この仕事で腰を痛め、労災とその手続きをしてくれる全統一のことを友達に教えてもらい、門を叩いたのである。

ケガをした後、会社をクビになってしまったEさんは、労災が決まったら帰国したいと考えている。四〇歳になった今となっては、もう日本で新しい仕事を見つけるのは難しいし、家族と離れた生活では寂しさも募る。とはいえ一方で、最初の来日は一六歳だったので、人生の半分以上は日本で過ごし、帰国後の生活に不安がないわけではないともいう。帰国するにしてもその後の生活プランがあるわけではないのだ。しかし現実問題として、日本でこのまま暮らすことに展望がないことも事実である。実際、仕事をしていない今は収入がなく、住む家もないため、友人の家を転々としながら労災が決まるのを待っている。それどころか当座のお金にも事欠く状態で、全統一に来る交通費も友人から借りているという。

全統一は後述するように、個別のケースについて解決をはかるだけではなく、デモや集会などの抗議行動も頻繁に行っている。(8)しかし日々の生活の糧に事欠いているEさんにとって抗議行動で訴える「労働者の権利」は迂遠なものでしかない。収入をまったく断たれた今の望みの綱は、労災が決まることであり、Eさんが全統一に参加するのはそのためなのだ。もちろんEさんはデモに拒否感を抱いているのではない。たとえばあるデモでも、シュプレヒコールを繰り返しながら日本人労働者や他の移住労働者と一緒に街を練り歩くEさんの姿があり、終わった後も「よかったよ」と満足そうな表情を見せていた。しかし数日後、そのことをもちかけると、デモのときとはうってかわり真面目な表情で「(デモは)よかったよ。でも私が今一番大切なのは家。住むところがない。それは恥ずかしいこと」とうなだれていう。このようなEさんにとって、早く労災が認められて、金銭の目途がつくことが最も望んでいることなのである。このEさんのように、大半の移住労働者は自分自身の問題解決のために組合を訪れる。(9)生活に困窮する移住労働者にとって、問題解決は何より重要である。実際、彼らは、労働者としての権利の保障という組合の機能が十分に働かなくなると、すなわち自分自身の問題解決の見込みがないと悟ると自然と組合を去っていく。また問題が解決した場合も、その後顔を見せなくなるものが大半である。組合も、こうした移住労働者の窮状をよく理解しており、それゆえケースの解決を通じて、彼らの権利を実現させることを重要な役割と位置づけている。この意味で、個別のケース解決をとおした労働者の権利保障が、組合の最も基底的な機能といえるだろう。そしてこのとき組合が依拠する「労働者」カテゴリーは、働いている(いた)

人すべてを含む。

二、「労働者」のなかの線引き

「労働者」の多様性と亀裂

前節でみたように、全統一の活動は「労働者」カテゴリーにもとづいて行われており、移住労働者の在留資格の有無は問題とされない。一方で、全統一にかかわる移住労働者は多様な背景をもち、内部に差異があることも確かである。それゆえ、実際の活動では、こうした移住労働者のなかの差異が、「労働者」を分断する亀裂として現象することもしばしばある。

とりわけ二〇〇五年以降、全統一では、外国人研修生・技能実習生（現在の地位では技能実習生に該当するが、以下では調査当時、全統一で使われていた呼び方にしたがい、研修生・技能実習生をまとめて研修生と表記する）からの相談が急増し、外国人分会のメンバーは、研修生と（元）非正規滞在者を中心とする他の移住労働者の二つのカテゴリーに分かれるようになっていた。当時相談に訪れる研修生のほとんどは中国人であり、男女比も半々であるなど、属性的な面で他の移住労働者との違いは大きい。また日常的な対応も他の移住労働者と研修生の場合では大きく異なっている。（元）非正規滞在者の場合、労災や解雇などに遭いその解決を求めて個別に訪れることがほとんどであるのにたいし、研修生は、賃金未払いなどを抱え、帰国直前に同じ職場の数人が一緒に「駆け込んで」くることが多い。それゆえ研修生からの相談は緊急性を要するものが多い。

筆者が全統一で調査を行っていた当時も、「外国人研修生問題」が「社会問題」化されるなかで、全統一には、日々全国各地の研修生から新しい相談が舞い込むという状況が続いていた。しかし一方で、研修生は解決後すぐ帰国するため、長期にわたって外国人分会にかかわることは難しい。そうしたなか、これまでの南アジア・アフリカ出身のメンバーは自分自身のケース解決が後回しになることに不満を募らせていた。こうした状況が続いていたある日のメンバーミーティングでセネガル出身のLさんが口火をきった。

昔は、ほかの人のケースも知っていた。今は顔見たことあるかな、というだけ。組合なんだから、みんなで……(両手をぎゅっとあわせる)。Aさんの問題は自分だけの問題じゃない、みんなの問題。組合なんだから。(今は)中国人、ほかの外国人って分かれている。はっきり言うとね。[10]

レジュメの裏に二つの円を描き、そのあいだに一本の直線を引きながら言う。Lさんにとって、「中国人／ほかの外国人」という二つの集団には大きな溝が存在していた。横でパキスタン出身のAさんも大きく頷いている。一方で、研修生たちは黙ったままだ。一般に、(元)非正規滞在の移住労働者は日本語での会話に不自由しない者が多いが、研修生の多くは日本語がそれほど話せるわけではない。そのためもあって、ミーティングで発言をするのは(元)非正規滞在者がほとんどで、研修生は、聞かれたことに答える以外発言をすることはほとんどない。このように「研修生(中国人)」と「他の移住労働者(南アジア・アフリカ)」の違いは大きい。

「労働者」規範の教育

こうした移住労働者のなかの差異の増大は、外国人分会に亀裂をもたらしていた。あるときインド出身のDさんが、研修生問題に傾斜する組合に不満を抱いて、外国人分会からの脱退を宣言したのである。前述のように、大半の労働者は自らの問題が解決したら全統一を去っていく。あるいは解決にいたらなくても、何らかの事情で途中で自然と足が遠のく者もいる。そうしたなか自ら会員証を返し「辞める」と宣言したものは、外国人分会が始まって以来、Ｄさんが初めてだった。それは、Ｄさんの全統一へのコミットメントが強かったことを示唆するものだ。

実際、それまで外国人分会の中心的メンバーとしてかかわっていたＤさんは、研修生からの相談が急増するなかで、他の移住労働者のかかわりが減っていることを悩ましく感じており、筆者にもたびたび「どうなるかな」と相談を持ちかけてきていた。しかし同時に、Ｄさん一人では、メンバーのコミットメントを強めることはできないでいた。そしてとうとう我慢ができなくなったらしい。あるとき突然「私、外国人分会を辞めました」という電話を筆者にかけてきた。興奮したＤさんの口から研修生にたいする不満がほとばしる。

実は、Ｄさんが研修生のことを初めて知ったときは「勉強になった」と感じていた。しかし同時に、外国人分会のなかで研修生問題の比重が高まっている現実に対し、「外国人のこと、研修生が（他の移住労働者より）上になっちゃった、（私たちのこと）あんまり必要じゃないのかな〜って（思う）……」と寂しそうに語っていた。こうした寂しさが、いつしか研修生にたいする不満に転化していったのだろう。最後には「あの人たち（研修生のこと）は、自分たちのことばっかり。解決したら終わり」という嫌悪感に変わっていた。

前述のように、研修生の相談が駆け込み型になってしまう背景には、外国人研修・技能実習制度（当時）特有の要因があるのだが、自らの問題解決後も外国人分会にコミットしてきたＤさんにとっては、研修生は経済合理的に行為しているようにしかみえない。そしてまた、全統一のスタッフがその問題にかかりきりになっていることが、その不満により一層拍車をかけることになった。

その後、全統一の会議でもＤさんのことが話題になった(11)。中心的なメンバーの一人で、Ｄさんからも相談を受けていたＡさんが口火をきった。Ａさんは在留資格をもっており、日本語も上手で安定した生活を送っている。

くわえて持ち前のユーモアのセンスを生かして、移住労働者のなかで研修生とも最も仲良くしているメンバーだ。しかし一方でAさん自身も、研修生が重視されている状況に「私たち、ゴミか」と感じていた。

A：Dさんのこと、いいですか。外国人分会は、研修生のこと。中国の人のことばっかりで、アジアの人はもういらないのかな、って。

鳥井：それは違うよ、A。研修生のことは外国人分会としてやっている。……私が、外国人分会を始めたとき、日本人の労働者は、なぜ外国人のことをやるのかって言ったよね。組合員のなかでも、時々、そういうナショナリズムっていうか、地域主義が出る。Aさんもアジアの人って言うけど、研修生もアジア（出身）だよ。A、私たちは労働組合として研修生のことやってるんだよ。

A：……鳥井さんの話わかった。でも私たちは、外国で家族がいない。だからちょっと優しくされるとすごくうれしい。（全統一は）家族みたいだから、それがなくなるとすごく（心が）痛い。

このように折にふれ、鳥井氏は「労働者」としての規範をメンバーに「教育」する。鳥井氏にとって、「労働者」は国籍や在留資格、エスニシティを超えたものである。しかし現実には、移住労働者のメンバー自身もそのような区分から自由ではない。そうした彼らの認識にたいして、鳥井氏は、国籍や在留資格、エスニシティが違っても「労働者」という点では同じであることを諭すのである。ここからわかるように、鳥井氏が提起する「労働者」は、組合員の立場が異なることが前提になっている。彼らのあいだの対立を含み込んだうえで、それらをまとめるよりしろとして「労働者」概念は提示されるのである。

この「労働者」の捉え方は、名実ともに全統一の「看板」である鳥井氏自身の経験によるところが大きい。鳥井氏は運動を続けるなかで、労働組合は「労働者は一つじゃない」ことを前提にしなければいけないと考えるようになったのだという。

鳥井：everybody is different っていうのは、あのスローガンは……外国人労働者の問題をやる前に出ているわけ。……労働者はひとつじゃないっていうのは私の持論なんだけど……そこから出ている。……まず前提として、everybody is different っていうことで、やっていかないとならないよ、と。……一緒に闘争してても、闘争できる条件っていろいろ違うわけじゃん、子どもがいたり、カミさんがいたり、とか、ま、ひとりもんでもひとりもんの悩みがあったり。そういうことを尊重していかないと、団結なんてできない、こういう考え方なんです。それはず～っといろいろ経験してきて、闘争で裏切っていくのとかを見てきて、なんでこいつは裏切るのかな～って。で、それはやっぱり裏切るっていうのは、裏切らせているってことなのかもしれない、つまり、絶対これをやらないといけないっていう、ひとつ線を決める、それをお前このハードル越えられるか、っていう、ね、そういう運動でいいのか、

筆者：一人一人、その、違ってもいいんじゃないか、と。

鳥井：そう、ハードルの高さが違ってもいいんじゃないか。(12)

つまり鳥井氏にとって、労働組合とは「ひとつじゃない」労働者が、それぞれの立場を考慮したうえで、「ひとりじゃない」(13)という考えのもと互いに協力することによって可能になるのである。これからみるように、こうした鳥井氏が示す「労働者」としての規範を内面化する移住労働者が全統一の中心的なメンバーになっていた。

ある日、再来日後一一年ぶりに帰国を決めたパキスタン出身のＦさんが挨拶のために全統一を訪れた。Ｆさん

は全統一の初期からかかわっているメンバーで、数年前までは毎日のように全統一に来ていた。しかし東京都心での「不法滞在者」の摘発が厳しくなって以降、東京郊外でひっそりと暮らすようになった。Ｆさんが八〇年代末に最初に来日したときにすでに四〇歳だったこともあり、移住労働者のなかではかなり高齢に属する。最近継続的な治療が必要な病気が判明し、保険のない日本でこれからどうするのか正直心配していたところだった。本人は帰国を迷っていた数ヶ月前に会ったときとはうってかわり、かなりさっぱりとした印象だ。

「鳥井サン」、Ｆさんが声をかける。Ｆさんが来ていたことに気づいていなかった鳥井氏は、「おお〜Ｆ‼　アッサラーム・アレイクム‼」驚いた表情で、Ｆさんに近づき握手し抱き合う。鳥井氏の、身体を大きく使った歓待表現と母語での挨拶が、移住労働者の信頼を高めているのは間違いない。

Ｆさんは、東京郊外に移ってからは同じパキスタン出身の社長が経営する中古車販売のお店で店番をしていた。しかしここ何ヶ月かは、社長がときどき一、二万くれるだけで、給料はきちんと払われていなかったという。Ｆさんは、その間の勤務日と勤務時間を克明に記した紙を私に見せて「九八万払ってない、私、それもらって帰る」と憤る。Ｆさんが賃金未払いに対応する術を身につけたのは全統一にかかわることによってだ。

Ｆさん同様、前述のセネガル出身のＬさんも、問題解決後も全統一にとどまり続けた一人だ。彼は、弟の労災がきっかけで全統一とかかわるようになり、その後もミーティングや集会で積極的に発言する、中心的メンバーの一人である。

全統一で私も変わったから。昔だったら、嫌なことあるでしょ、でも「しょうがない私たち外国人だから（で済ませていた）」。日本の法律わからなかった。今でもそう思ってる人いるでしょ。でも、全統一で日本の法律とか知って、日本人でも外国人でもやったらいけないことあるってわかった。それからは（社長に）

おかしい、これこれはこうでしょって言えるようになったから。それ全統一のおかげ[14]。

このようにFさんやLさんは、国籍や在留資格にかかわらず「労働者」としての規範を内面化し全統一の中心的なメンバーとなっている[15]。ここでいう「労働者」とは、自分自身の権利を熟知し、経営者とも対等にわたりあっていける存在だ。また前項でみたLさんの発言にもあるように、他者の問題も「(自分たち)みんな」の問題として取り組むことも「労働者」には期待されている。

とはいえ、このような「労働者」規範をあらゆる移住労働者が内面化するわけではない。Lさんが言うように「全統一の考え方と全統一に来る人(の考え方)は違う」のである。しかし全統一に問題解決後もかかわり続ける移住労働者は、この規範を内面化している。あるいは少なくとも内面化しようとする。より正確にいえば、この規範を内面化することをつうじて、移住労働者は全統一の中心的なメンバーとなっていくのである。

同時にそうしたメンバーは、Aさんのように、しばしば全統一を「家族みたい」なものと表現する。実際彼らは、しばしば全統一を訪れ、他の日本人労働者、スタッフときわめて具体的な関係性を築いている。それゆえ全統一の中心的なメンバーになるにあたって、国籍や在留資格、エスニシティは関係ない[16]。しかしそれは、完全に開かれたメンバーでもない。というのも、Dさんがそうだったように「労働者」という規範を内面化しえない者は中心メンバーから排除されるからである。前述のように、Dさん自身は、全統一に強くコミットしていた。しかしその一方で、彼には「組合員」という自己意識が希薄だった。たとえば日本人と結婚し、日本語も上手なDさんは、自分自身は通訳などのボランティアをしているため、組合費を納める必要はないと考えていた。また実習生のみならず在留資格のない移住労働者にたいしても見下すような発言をすることもあった。こうした言動は、「労働者」として、国籍や在留資格の異なる「なかま」の問題にも「自分たち」の問題として取り組むことが求められる労働組合で容認されるものではなかった。それゆえDさんが「辞めたい」と宣言したとき、組合は彼を引き止めないことに決めたのである。ここから「労働者」規範を内面化した者だけが、全統一の中心的なメンバーになることがわかる。

三、「労働者」としての抵抗

「労働者」としての「創発的連帯」

前節では、組合活動をつうじて教育される「労働者」規範の内面化の過程をみてきた。この「労働者」規範は、一口に労働者といっても多様な立場のものがいることを前提としたうえで、その違いを超えて、他者が抱える問題を「なかま」の問題として協働することを求めるものだった。そして移住労働者のなかで、このような「労働者」規範を内面化した者だけが、組合の中心メンバーになっていた。

一方で、「労働者」としての抵抗の空間は、こうした「労働者」規範を内面化していなくても参加可能である。しかしだからといってこの抵抗の空間は、労働者内部の差異によって分断されたままというわけではない。むしろ、「労働者」規範を内面化していないにもかかわらず、「労働者」内部の区分、実習生／他の移住労働者という境界が揺さぶられ、一時的ではあれ「労働者」としての連帯が可能になることもある。ある日のメンバーミーティングもそうだった。全統一のスタッフが、実習生のケースで、不誠実な対応をする会社の前で、抗議行動、アクションをする予定を伝えた。すると突然、それまで元気のなかったモロッコのメンバーのBさんや、前述のEさんも身を乗り出し口々に話し出す。

B：（アクション）やるでしょ！
スタッフ：いいですね、でもノンバイオレンスでお願いします。
E：（こぶしをふりあげながら）……会社の前で「ハンタイ！」ってやるか！　やるか!!
ウォーッ……!![17]

ミーティングの場は、一瞬にして盛り上がり、高揚した雰囲気がその場に充満する。そこでは、それまで自明のものとしてあった研修生／他の移住労働者という区分が一瞬のあいだに消えていた。しかし実はこのときBさんやEさんは、当の研修生とは初対面だった。また彼らは、外国人研修・技能実習制度やその労働状況を理解しているわけではなかった。つまり研修生とBさんやEさんは、何らかの強固なアイデンティティを共有しているわけではなかった。それゆえこのとき生じていたのは、まさに「カテゴリーの中身をまえもって定めないような」「創発的連帯」（Butler 1990: 20 = 1999: 41）だったといえよう。つまり同じ「労働者」であっても、立場の異なる他の移住労働者と研修生が、一つの空間に居合わせることで、連帯が創発的に立ち現れたのである。

こうした「創発的連帯」は、ミーティングなど全統一内部の空間でのみ生じるのではない。たとえば冒頭に示した省庁交渉の場がそうである。前述のように、このとき全統一の書記長である鳥井氏は、「労働者」あるいは「組合員」として参加者を表象している。それは、合法／不法を線引きする主権にたいする対抗的カテゴリーとして用いられた。実際席を立った移住労働者の集団は、外部からみれば移住労働者の抗議行動として現象していただろう。しかしそこに居合わせた彼らが何らかの同一性を保持していたわけではない。先に指摘したように、誰が「不法滞在」であるかは当人しかわからなかった。また彼らの多くは、組合によって「動員」されたものであり、それゆえ互いにまったく初対面のものも多かったからである。しかし鳥井氏が発言すると、その場は一瞬にして高揚感に包まれ、彼らは次々と席を立っていった。ここでも、同一性を共有しない連帯が瞬間的に立ち現れ、抗議行動として現象したのである。

こうして成立した「創発的連帯」は、組合による「動員」によって成立したものではある。その意味で、組合による強制力にもとづく空間のようにもみえる。しかし同時に、そこに「動員」される移住労働者は、その場にいることだけが求められているのであり、「労働者」規範の内面化が要求されるわけではない。またたとえ「動員」によってそこに居合わせただけの移住労働者も、その創発的連帯を生きることがある。このとき国籍やエスニシティ、在留資格という社会的区分の自明性が失われ、参加者は、そうした区分を超えた連帯を経験するのである。

安全の空間とその崩壊

ここまでにみてきたように、デモや集会に参加する労働者の多くは、労働者としての権利保障を求めて組合を頼るなかで、組合によって「動員」されていた。つまり組合は、ケース解決の場としての位相を機能させることで、移住労働者の喫緊の欲求を充たしつつ、同時に、その位相を基盤として抗議行動を行い、社会に「労働者」の姿を可視化させている。このように「労働者」として現れることによって、「不法滞在者」という支配的カテゴリーにもとづくまなざしや取り組みに抵抗する。つまり全統一の活動は、合法／不法という線引きによって労働者を区分しようとする主権権力にたいし、その区分にかかわらず移住労働者が「働いている」という事実、すなわち「労働者」であることを対置するのである。それゆえ、こうした「労働者」にもとづく抵抗は、合法／不法という線引きにたいする拒否を示しているといえよう。

こうした全統一による「労働者」としての抵抗の空間は、非正規滞在の移住労働者にとって、追放権力として

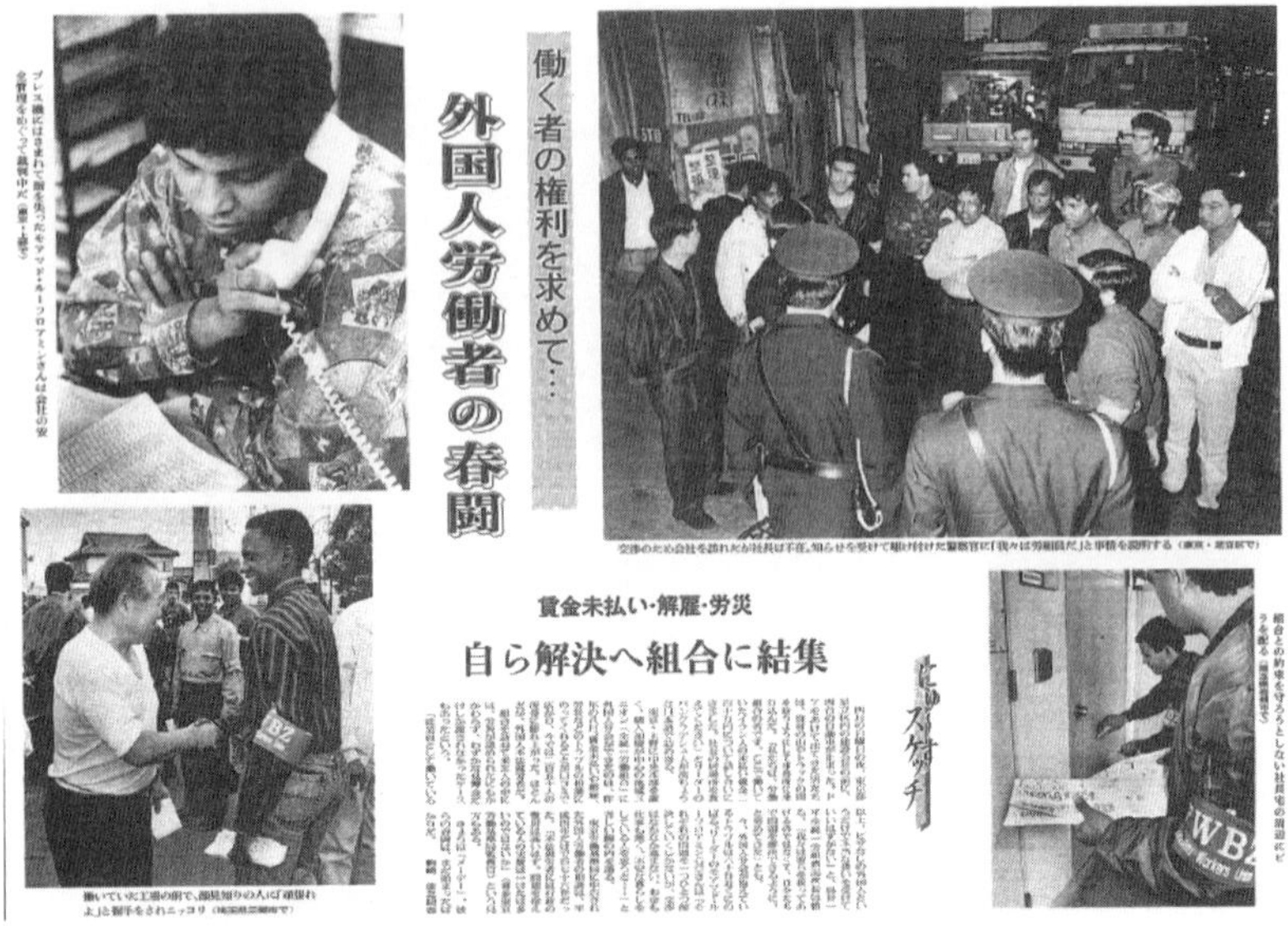

図5-1　全統一の活動を報じる記事。右上の写真のキャプションには、「交渉のため会社を訪れたが社長は不在。知らせを受けて駆け付けた警察官に「我々は労組員だ」と事情を説明する（東京・足立区で）」とある（『日本経済新聞』1993年5月1日夕刊）

の主権を代行する警察や入管局から身を守る安全な空間にもなっていた。一九九三年五月一日の『日本経済新聞』には「外国人労働者の春闘」として、全統一の活動が取り上げられている（図5－1参照）。その右上の写真は、ある会社に交渉に行った移住労働者たちが警察官に取り囲まれたさい、「われわれは労組員だ」と事情を説明している様子を写したものである。この写真が端的に示すように、組合の活動には、そこに「不法滞在者」がいるとわかっていても警察も手を出せなかった。

しかし前章でみたように、二〇〇三年に東京都で「不法滞在者」半減政策が始まって以降、この様子が変化していった。というのもこの政策の一環として、警察は、駅や街頭で外国人（にみえる人びと）に頻繁な職務質問を行うようになったからである。確かにそれ以前から、職務質問は散発的には行われていた。しかしこの政策が開始されて以降、都内の主要駅の改札には、日中、警察官が職務質問のために立つようになった。それは、全統一の事務所の最寄り駅でもそうだったのである。ときには事務所の前の路上で職務質問が行われることさえあった。そのときは鳥井氏が出て行って警察に抗議し事なきをえていたが、駅やその他の路上での職務質問はどうしようもなかった。全統一のスタッフによると、この職務質問を恐れて、街頭デモだけではなく事務所に来ることを躊躇するようになったメンバーが増加したという。またこの問題は、全統一のメンバーミーティングでも重要課題として議論されており、そこに参加していた非正規滞在の移住労働者も、普段はなるべく外に出ないようにしていると語っていた。しかしその彼も、その後一ヶ月もたたないあいだに警察に捕まり強制退去となってしまった。このように、非正規滞在者にとって「安全な空間」だったはずの全統一の活動空間は、「不法滞在者」対策によって徐々に侵食されていった。

四、線引きの拒否という戦略

前節でみたように、全統一の活動は「労働者」カテゴリーにもとづいて行われている。このとき、「労働者」カテゴリーは、在留資格をもつ労働者、もたない労働者、研修生など内部に多様な差異を含みながらも、その差異を超えるよりしろとして機能している。それゆえ、このカテゴリーにもとづく全統一の運動は、合法／不法という線引きにたいし、その線引きを拒否する抵抗の実践である。こうした線引きを拒否する運動は、非正規滞在者の支援運動という点では、正規化を求める運動と同じだが、その戦略や思想は大きく異なっている。というのも非正規滞在者の正規化を求める運動は、合法／不法という区分を一旦受け入れたうえで、合法化される範囲をそれ以前には認められていない対象にまで広げるよう求めるものだからである。これにたいし、組合の運動は、合法／不法という区分にかかわらず権利保障を求めることによって、この区分自体を問い直す。すなわち前者の運動が合法／不法という区分を前提にするのにたいし、後者はその区分そのものを問題にしているといえよう。

このような合法／不法の区分を問い直し、その区分にかかわらず移住者の権利の保障を求める運動は、労働分野にくわえて医療や教育、地域生活の領域でも行われてきた。たとえば、まず医療については、前章の註でふれたように、九〇年の入管法改定後、非正規滞在者は、生活保護や国民健康保険の適用範囲から排除された。こうした事態にたいし、市民団体や医療関係者は「すべての外国人に医療保障を！連絡会」をつくり、情報交換や省庁・自治体との交渉などを行った（中桐・髙山 1992）。また神奈川県横浜市にある港町診療所は、健康保険に加入できない移住労働者の互助会をつくって、国民健康保険と同じ負担で、医療を受けられる取り組みを独自に始めた。さらには緊急医療、入院助産や母子手帳など出産・育児にかかわる医療については、在留資格にかかわらずサービスを受給できるよう求めてきた[18]。このような医療の領域での実践は、在留資格の有無にかかわらず「患者」あるいは「人間」の権利として医療を受ける権利を実質的に保障していこうとするものだった。同様に、子どもの教育についても、市民団体の要請により在留資格にかかわらず就学が認められている[19]。

さらに地域生活については、阪神淡路大震災時の被災者支援における非正規移民への対応をみておこう（以下の記述は、ＮＧＯ神戸外国人救援ネット編 2005; ＮＧＯ神戸外国人救援ネット 2015; 外国人地震情報センター編 1996にもとづく）。まず震災時の医療費については、地震直後は緊急医療として行われていたが、その後、健康保険の特例措置として無償化が継続されるようになったとき、非正規移民をはじめとする国民健康保険への加入が不可能な人びとは無料診療枠から除外されることになった。それゆえ、彼・彼女らが受診した緊急医療で多額の未払いが生じることになった。この状況に直面して、地元ＮＧＯ救援連絡会議（以下、連絡会議）では、災害救助法の適用延長を求めたが、聞き入れられることはなかった。そのため、連絡会議が医療費を一時的に肩代わりし、それを国に請求するしくみとして、「医療費肩代わり基金」を発足させた。この活動には、海外からも含め一〇〇〇万円を超える募金が寄せられたという。その後、兵庫県との交渉の結果、県によって、阪神・淡路大震災復興基金をもとにした未払い医療費補填事業（「外国人県民緊急医療費損失特別補助制度」）として解決が図られた。

同様の問題は弔慰金でも生じた。日本政府による弔慰金は、長期の在留資格をもつ外国籍者にたいしては、「住民」として日本人と同様に支給された。しかし非正規移民、短期滞在の犠牲者には支払われなかった。この支給は、「市町村が条例に基づいて災害で死亡した住民の遺族」への災害弔慰金の支払いを保障する「災害弔慰金の支給等に関する法律」にもとづいていたが、政府は、「住民」を正規の在留資格を有するものとして解釈しようとした。これにたいして連絡会議は、生活の本拠があれば在留資格は無関係のはずであると主張し、非正規移民らにも支払われるように求めた。しかしこの主張は受け入れられなかったため、連絡会議は、集まった寄付のなかから、弔慰金の支給を拒まれた遺族にたいして、「民間弔慰金」として一〇〇万円ずつ手渡すことになった。そこに添えられた手紙には「行政が、一部の犠牲者を切る《マ》捨て《マ》るようなことがあっても、私たちは、それを放置することはできません。〔……〕民衆の連帯のしるしとしてお受け取りください」（傍点原文）と記されていた（NGO神戸外国人救援ネット 2015: 25）。他方、神戸市および兵庫県による、家を損傷した人びとへの見舞金支給にあたっては、非正規移民も含められた。

このような、非正規移民にたいする医療費の補填および弔慰金の支給にたいするNGOの取り組みには線引きの拒否という思想が端的に表れている。NGOは、「住民」を社会関係に根ざしたかたちで定義し、自治体もそれを受け入れた。この自治体の対応は、竹沢泰子が指摘するように、「住民」について「排他的な定義を固持し続けた」政府と比較すると、「柔軟」なものだったといえる（竹沢 2006: 475）。竹沢は、こうしたNGOと自治体の対応には、「国民国家による境界」にたいする「ローカルレベル」での「抵抗」という点で「象徴的に大きな意味」があると指摘する。つまりNGOや自治体は、ローカルな場で社会関係を築いているという実態に依拠し、法的な規定とは異なるかたちで「住民」を捉えたのである。

以上のように、労働、医療、地域生活の領域では、在留資格の有無にかかわらず移住者を「労働者」「患者」「子ども」「住民」というカテゴリーによって認識し、その認識にもとづいた実践がなされていた。こうしたカテゴリーの使用は、合法／不法という線引きを行う主権の設定する文脈とは異なる社会的文脈に非正規移民を位置づけることを示している。小宮友根は、人びとの社会的な実践におけるジェンダーを考察する議論をまとめるなかで、社会生活におけるアイデンティティ[20]をどのように記述するかに理解を示すことは、「いまその場面がどういう場面であり、自分たちが何をしているかについての理解を示すこと」だとしている（小宮 2011: 286）。つまりある人（びと）を、ある特定のカテゴリーによって記述することは、その人（びと）が何をする人でどのような社会的・歴史的文脈で生きているのかを理解することと結びついている。これを本章の文脈でいえば、非正規滞在の移住労働者を「労働者」として記述することは、労働領域において働く人として彼・彼女らを理解することであり、それは、「不法滞在者」として記述することとまったく別の文脈に彼・彼女らをおくことなのである。このように、組合やＮＧＯは、ある特定の社会的な文脈にもとづくカテゴリーによって非正規滞在者を捉え、それを出入国管理の文脈で捉える「不法滞在者」というカテゴリーに抵抗してきた。こうした捉え方は、一定程度効果をもち、いくつかの制度的対応も引き出してきた。本章の最後に、この意味について考察しておこう。

五、法としての入管法、主権としての入管法

第一章でみたように、バトラーは、アメリカ政府によるグアンタナモ収容所での無期限収容とそこに囚われている人びとの軍事法廷での裁きを対象に、法外の権力として捉えられた主権権力は、行政によって行使されてお

入管局による「入管法」の位置づけ　　労働・医療・地域生活にかかわる権利運動による「入管法」の位置づけ

図 5-2「入管法」の位置づけの違い

り、その際、役人らは、法を恣意的に捏造したり停止したりして、主権権力を発動する道具として利用すると指摘していた（Butler 2004＝2007）。

そこで論じたように、日本の入管局が、外国人にたいする自らの関係として意図してきたものは、こうした主権者としての位置づけである。すでに述べたように、入管局は、日本における外国人の権利は在留資格の範囲内で認められるという立場を貫いてきた。これは、外国人に在留資格を与えるかどうかという線引き、および追放を規定する入管法の執行者としての自己自身を他のあらゆる権力の上位におくという点で、超越的な主権権力として位置づけようとするものといえる[21]。つまり入管局は主権権力として振る舞い、その権力行使の戦略として、入管法を他の法に優先するものとして機能させようとしてきた。

これにたいし、労働や医療、地域生活の分野で支援運動が要求してきたことは、入管法を一つの法として扱え、ということである。これらの運動は、必ずしも入管法の撤廃を求めてきたわけではない。むしろ国家がもつとされている出入国管理の権限をどのように捉えるかは、支援運動にかかわる人びとのなかでも意見がわかれるイシューである。しかしこれらの運動において少なくとも共通している点は、入管法を他のさまざまな法と同列の一つの法として位置づけ、その効力を出入国管理という本来の限定された範囲にとどめようとしてきたということである。図5－2のように、入管局は、他の法律の上位にあるものとして入管法を位置づけようとするのにたいし、運動は、入管法も労働法も、あるいは他の法律も同等のレベルのものとして位置づけようとしている。[22] つまり支援運動は、入管法の超越性を否定し、特定の領域でのみ効果をもつ一般の法に押し戻そうとしてきた。言い換えればそれは、他の領域において、入管法の主権的な機能を無効化しようとする運動なのである。

さて、このような立場は、すでにみたとおり、支援運動に限らず自治体や政府のなかでもみられた。たとえば、前述したように、八八年に出された労働省の通達は、不法就労者にも労働法が適用されることを周知するものだったが、この扱いは、非正規滞在の労働者を労働という領域に関係づけて捉えようとするものといえる。同様に、外務省の担当者も、「入管法に違反している不法性の問題と、外国人の、人間として労働者としての側面から生ずる保護の問題は、切り離して対処されるべき問題である」と指摘している（菊池 1991: 57）。これらの主張によって含意されていることは、合法／不法の区分は、出入国管理の局面にかかわるものであり、労働や医療、地域生活の領域は、それとは別の領域として存在しているということ、そしてこれらの領域では、非正規滞在者は、それぞれ「労働者」「患者」「住民」として存在しているのであり、その存在として認められる権利を有しているということである。

つまりここにおける入管法と他の法政策との関係は、どちらがどちらに優先するというものではない。むしろそれぞれは同等だが、管轄する領域が異なるものとして捉えられている。これによって、入管法が主権として機能することを否定しているのである。

おわりに

本章では、非正規滞在者を組織化してきた労働組合を中心に、主権による線引きを拒否する支援運動の戦略について論じてきた。労働領域以外では、医療や教育、地域生活においてもこうした戦略がみられたが、そこでは、非正規滞在者を「労働者」「患者」「子ども」「住民」というカテゴリーとして捉えている。これは、彼・彼女らが、それぞれの領域に関係する社会的存在として、つまり「不法滞在者」という法的カテゴリーとは異なるものとして理解されていることを示している。

ここには支援運動の、自らが活動する領域と出入国管理の領域は区別されるものであるという考えが表れている。本章では、これらの運動は、出入国管理について扱う入管法を、主権権力を代行する入管局の認識とは異なり、限定された領域でのみ機能する一般の法として扱うように主張していると論じた。言い換えれば、入管法を超越的な法としてではなく、労働法や医療にかかわる法、地域生活にかかわる法などと同等の、ただ機能する範囲が異なる法として捉えているのである。このように、支援運動は、入管法が機能する範囲を出入国管理という領域に限定させることによって、主権による線引きが及ばない空間をつくりだし、そこにおいては合法／不法という線引き自体を無効化させてきた。そしてこうした戦略は、二〇〇〇年代半ばまで一定の有効性をもってきた。序章でみたように、この頃までは非正規滞在者の数は高止まりを続ける一方、在留特別許可の件数は少なかった。これは、一定数の非正規移民にとって在留資格のないまま生きられる空間が社会にあったことを示唆している。

しかしその頃から、線引きを無効化させるというこの戦略は限界に直面するようになった。まず「不法滞在者」半減政策によって、取り締まりが強化され、非正規滞在者がこうした空間にアクセスすることが困難になっていった。またこのような「不法滞在者」対策の強化は、それ以前から徐々にさまざまな制度的・非制度的領域で意味をもつようになっていた合法／不法という線引きの正統性を強めることになった。一方で、八〇年代末や九〇年代初頭に来日した非正規滞在者は滞在を長期化させ、安定した資格を求めるようになっていった。こうして、支援運動のなかでも正規化を求める運動が一般化していくのである。

第六章
「違法性」と正規化の矛盾

はじめに

フィリピン出身のNさんは、日本人の男性を父親とする子ども四人と関西のあるまちに住んでいる。筆者がNさんの家を初めて訪ねたのは、訪問活動を続けているNGOスタッフに同行してのことだった。そのとき昼間でも薄暗い一室に置かれたコタツでNさんは力なくうずくまっていた。

まちの中心部からほど近いところに、ぽっかりと開発が取り残されたエリアがある。そこに建てられた古いマンションの六帖二間と小さなキッチンがついた2Kが、Nさん家族の住まいである。一七歳、一〇歳の双子、四歳の四人の子どもとNさんの五人家族には手狭いが、それでもNさん家族の家賃は滞りがちだった。

当時Nさんは下の三人の子どもの父親の仕事を手伝って暮らしていた。その父親は生活費を入れるわけではなく、ただNさんが仕事を手伝った見返りとして毎月数万円くれるだけだった。しかしNさんたちの生活費はこれしかなかったので、極度の貧困状態におかれていた。Nさん母子には在留資格がないため、どれだけ生活が困窮しても生活保護を受給することはできない。保険も入っていないため、病気になったら我慢をすることが常だった。それどころか食べるものにさえ事欠くことがあり、NGOからの支援物資が大切な命綱になっていた。Nさん母子に接しながら、彼女たちが生活保護を受給できたら、どれほど生活が違うだろうかと何度思ったか知れない。

実際、Nさん母子は生活保護の受給が可能になる方法があった。というのもNさんの子どもの父親は日本人だからである。一九九六年に出された、入管局による通達「日本人の実子を養育する外国人親の取扱について」（通称七・三〇通達）によって、日本人の子どもを養育監護している場合、「定住者」の在留資格が認められることになっている（図6－1参照）。非正規滞在者の場合も、この通達にしたがい在留特別許可が出され「定住者」

1996年（平成8年）7月31日　水曜日　4版　＊　14

日本人との間の実子養育
外国人の親、定住許可
法務省通達

法務省は、婚姻関係にない日本人との間に生まれた子どもを引き取り、監護している外国人について、日本への定住を許可する方針を決め、三十日付で全国の地方入国管理局・支局に通達を出した。これまではケース・バイ・ケースで対応してきたが、「公序良俗に反する」として認められない場合が多かった。しかし、子ども自身には罪がないことから、こうした親子が日本で安定した生活を営めるよう、取り扱いを見直すことにした。

定住が許可されるのは、▽日本人との間に生まれた実子を相当期間、監護養育している▽その子どもの親権者である▽その子どもが日本人の父親から認知されている――の条件を満たす外国人。期間は一年間だが、更新が認められるため、本人が希望すれば実質的に永住が可能になる。

在留資格を失うことを恐れて、日本人との離婚に踏み切れない外国人も少なくないといわれるが、これらの人々は人生の選択の幅が広がることになる。

また、今回の措置は不法滞在者にも適用される。子ども連れで強制退去させられる外国人は年間約一千人。「親権」「認知」という条件を満たす必要があるため、対象となる人数は当面それほど多くはなさそうだ。関係者は「認知を求める動きなどが活発になるかもしれない」と話している。

各地の気温と湿度
（きょう正午）

図6-1　日本人の実子養育の場合に「定住者」の在留資格を認めるという通称7.30通達を伝える新聞記事（『朝日新聞』1996年7月31日）

となる。具体的には、子どもが未成年かつ未婚の実子であり、子どもの親権者であること、また子どもを実際に養育監護していることが必要である。なお「定住者」には生活保護が認められる。

しかしNさんは在留資格がないままの状態にとどまり続けていた。本章では、主にこのNさんの例を参照することによって、日本人の子どもを養育する非正規滞在女性にとっての脱出とは何を意味するのか、またその脱出において在留特別許可はどのような位置づけにあるのかを検討したい[1]。非正規滞在者とは、すでに述べたように入管法によって規定される法的なカテゴリーである。それゆえ、非正規滞在者の困難は法的資格の欠如に還元されがちである。もちろん今日、日本で暮らすにあたって、在留資格の有無が大きな意味をもっていることは間違いない。

一方で、そうした観点からみると、客観的には正規化が認められる可能性が高く、また生活が困窮しているにもかかわらず非正規滞在の状態にとどまり続けるNさんは理解困難な存在であるようにみえる。しかしこのNさんの社会関係と主観的経験に着目すると、Nさんにとってなぜその状態から脱け出ることが難しいのか、またその脱出において在留特別許可がもつ意味が浮かび上がるように思われるのである。

まず一節では、これまで非正規滞在者の正規化を求める運動や議論は、定住化にともなって安定的な社会関係が構築されるという図式を前提としてきたことを指摘する。これにたいし、非正規滞在であることの主観的経験に着目すると論じる。次に二節では、非正規滞在女性がおかれている状況を確認する。そのうえで彼女たちに認められる在留特別許可がもつジェンダー規範について論じる。そこで指摘するように、非正規滞在女性が正規化されるのは、非正規滞在家族の一員である場合をのぞいては、日本人の妻役割や母役割を演じる場合においてである。それは、すでに彼女たちが遂行しているそれらの役割を、在留特別許可が正統化し固定化することを意味している。彼女たちは、非正規滞在状態のとき、すでに日本人パートナーとの支配従属関係におかれているからである。三節では、そうした支配従属関係が生まれる背景について論じる。そこでは、非正規滞在状態がそうした背景の主要な要素の一つであること、つまり社会構造における周縁化された地位が、より一層日本人パートナーへの従属を生み出しやすくなっていることを指摘する。それゆえ、非正規滞在女性がそうした困難な状況から抜け出すには、在留特別許可だけを切り離して考えることはできない。むしろ在留特別許可は、非正規滞在女性が新たな関係性を構築する一連のプロセスのなかに位置づけることができる。

一、定住化モデルと非正規滞在者

第一章でみたように、トマス・ハンマーは、国家の構成員を決める規制として、一時的滞在に関する規制および帰化のあいだに、住民に関する規制があるということを指摘した（Hammar 1990＝1999）。つまりある国内には、国民とも一時滞在の外国人とも区別される、生活の基盤をもつ住民として暮らす外国人がいる。彼・彼女らは、滞在国での居住が長期化するなかで、住民としての権利が認められるようになるという。ここからハンマーは、ある国内に居住する外国人が国民国家の構成員としての権利を獲得していく過程を、一方向的で段階的なものとして捉えていることがわかる。つまり外国人は、滞在期間を経るにしたがって、一時的滞在権の獲得→定住権の獲得→国籍の取得という順序にすすむと考える。またハンマーの議論は、滞在期間が長期化するほど、家族の形成・社会関係の確立など居住実態が確立し、それを根拠に法的基盤も安定するという論理にもとづいている。言い換えればここでは、滞在期間の長さと社会関係の形成および法的基盤の拡張は並行的なものとされており、ある国で外国人の滞在が長期化するほど、当該外国人の社会関係は拡大し、居住にかかわる法的基盤が安定化すると考えられているのである。このように、滞在の長期化にともなう家族の形成や社会関係の構築を根拠に、法的基盤の安定をはかる論理をここでは「定住化モデル」とよんでおこう。

このハンマーの議論は、戦後の西欧の経験を下敷きにしていた。周知のように、西欧では高度成長期に数多くの外国人労働者を受け入れた。当初は出稼ぎの予定だったものの、石油危機を背景に新規の受け入れを停止したところ、多くの外国人労働者が受け入れ国にとどまることになった。その後彼らは、出身国から家族の呼び寄せを行い受け入れ国に定住するようになった。このように高度成長期に受け入れた外国人労働者とその家族の権利が、紆余曲折を経ながらも確立されていったのが七〇〜八〇年代の西欧の経験だった（宮島 2016）。日本でも社会的権利にかんしては、住民の権利として、定住外国人にも認められるものとなっている（田中 2013: 172-4）。

このようにハンマーの「定住化モデル」は、ある特定の歴史的現実から組み立てられたものである。しかし日本では、八〇年代後半以降に来日した移住者の状況が議論されるとき、しばしばこの戦後西欧の経験が参照され、受け入れた外国人が定住化することが必然のものとして捉えられてきた（梶田 2001: 192-196）。また、すでに述べたように、非正規滞在者の権利もこの枠組みで考えられてきた。第七章で論じる九〇年代末の在留特別許可を求める一斉出頭において研究者が発表した共同声明でも、非正規滞在者が「日本社会に適応し、すでに生活基盤を形成していること」や「日本社会との絆を築き、職場や地域社会の実質的な構成員となっている」ことを根拠に正規化が求められた。もちろん非正規滞在家族のなかには、長期にわたり安定した地域生活を営み、社会関係を築いている者もおり、この運動をきっかけに、日本人と直接血縁・親族関係をもたない非正規滞在家族の正規化がなされた（駒井ほか編 2000: 102）。こうして非正規滞在家族の実態が認められ、滞在が正規化されたことの意義は非常に大きい。

しかし今日移住者をとりまく状況は、西欧諸国で高度成長期に受け入れられた外国人労働者がおかれていた状況と大きく異なっている。またそもそも西欧諸国で受け入れた外国人労働者は基本的には合法的労働者だった。

そのため西欧諸国の戦後の経験が反映された外国人労働者の「定住化モデル」を日本の非正規滞在者に直接当てはめることは適切ではないだろう。むしろ、滞在が長期化するほど安定した社会関係が構築されるということを安易に前提にすることは、極度に限定された社会関係のなかで生きている非正規滞在者の困難とその背景をかえって覆い隠してしまうように思われる。とりわけ日本人男性と親密な関係を築きながらも非正規滞在にとどまることが珍しくない移住女性の社会関係は、これからみるようにきわめて限定されがちである。

こうした非正規滞在者の状況を明らかにするためには、彼・彼女らの生きられる経験に着目する必要がある。第一章でみたように、デ・ジェノヴァは非正規移民を取り巻く現実を「違法性」と表現したが（De Genova 2002）、その概念を手掛かりに非正規移民の主観的世界を描く研究がなされている。サラ・ウィレンは、テルアビブにおける非正規移民を対象にしたフィールドワークをつうじて、「違法性」が、移住者の身体性、時間、空間の経験という日常の経験にいかに影響を与えているかを論じる。「違法性」が、法的地位あるいは社会経済的な状況を指すだけではなく、特定の「世界内存在」の様式にもなっていると指摘する（Willen 2007: 27）。またサラ・ホートンは、アメリカで非正規滞在状態で暮らすエルサルバドル出身の母親と出身国の子どもに焦点をあてている。そこでは、母親の「違法性」は、彼女にだけ影響を与えるものではなく、子どもにとっても脆弱性が共有される間主観的なものとして経験されていることが指摘される（Horton 2009）。とりわけ「9・11」以降、国境管理が強まるなかで、非正規滞在者は、国境を越えて行き来し家族に会うことはより難しくなり、市民でもなくトランスナショナルな存在でもない「不動の状態」に留め置かれるようになった。ホートンによると、こうした母親の困難を、出身国にいる子どもたちは、さまざまなかたちで引き受けようとしているという。「「違法性」は家族という親密な空間のなかで生きられる」のである（Horton 2009: 23）。

このように、彼女らは、社会構造が生み出す「違法性」を、非正規滞在者やその家族の生きられる経験の次元で捉えようとする。こうした議論に示唆を受けつつ、本章でも、日本人の子どもを養育する女性たちにとって在留特別許可がもつ意味を、女性たちがおかれている位置とそこでの生きられる経験に着目して明らかにしたい。前述したように、正規化が可能だったにもかかわらず、ずっと非正規滞在の状態にとどまり続けたNさんや同様の女性たちの状況は、彼女たちの社会関係とそこでの彼女たちの〈間〉主観的な経験を問うことなしには、明らかにすることはできないと思われるからである。本章では、これまでの運動や議論が、定住にともなう安定した社会関係の構築を強調してきたのとは反対に、むしろ非正規滞在であるがゆえに、滞在期間にかかわらず社会関係の構築が困難であったこと、それがまた、非正規滞在者が正規化のプロセスに入ることを困難にさせていることを論じたい。

ではまず、七・三〇通達に該当しうる移住女性の状況を確認しておこう。

二、日本人の子どもをもつ移住女性の状況

前述のように、一九九六年、厚生省（当時）は、日本人の実子を養育している者に「定住者」という在留資格を認めることを明記した七・三〇通達を示した。この文言からわかるように、この通達自体は性別による区別を想定していない。また男女別統計もないが、実際には、外国籍の女性が母親であるケースが圧倒的に多いと推測される。この通達が出された背景にも、日本人男性との間に子どもが生まれながらも、男性と結婚できない／しない女性や日本人男性と離婚した女性が増加していたことがあった。七・三〇通達は、国として、こうした女性たちに在留資格を認める判断を初めて示したものであり、彼女たちが日本で子どもを育てていく道を拓くものだった。また在留資格を失うことをおそれ、配偶者によるＤＶから逃れることを思いとどまったり、離婚に踏み切

れなかった移住女性にとっても、この通達は朗報となった。

くわえて在留特別許可によって「定住者」という在留資格が認められるということは、滞在の正規化を意味するだけではなく、さまざまな社会的権利が認められるようになるということでもある。とりわけ七・三〇通達に該当する女性は基本的に母子家庭となり生活が苦しい。そのため、在留特別許可が認められることによって生活保護が受給できるようになる点は非常に大きな意味をもっている。(3) このように在留特別許可は、非正規滞在者を社会的シティズンシップの制度に包摂することを含意している。

七・三〇通達によって在留資格が認められる女性たちにかんする正式な統計はない。しかし日本人とのあいだに子どもがうまれ、「定住者」の在留資格をもって日本で子どもを育てていくという彼女たちの経験は、国際結婚をして正規に滞在し、その後離婚してシングルマザーとして子どもを育てる移住女性にも共通するものである。両者の違いは、離死別のさいに女性たちに在留資格があったかどうかだけである。そしてこの在留資格の有無の差は、在留資格を更新・変更するさいに配偶者の協力が得られるかどうかに主によっている。つまり法的地位に違いがあっても、日本人の子どもを養育するという点では正規滞在の女性も非正規滞在の女性も同様である。

以上を念頭におき、超過滞在者数、在留特別許可、国際結婚・離婚、子どもの統計から、日本人の子どもをもつ非正規滞在女性の状況をさぐってみよう。ただし結婚・離婚については事実婚など統計に現れない場合も多いと思われる。

まず二〇一〇年超過滞在者数でみると、男性四万六三二四人、女性四万五四五四人となっている。このうち女性の超過滞在者数の国籍をみると、韓国、フィリピン、中国、タイの四ヶ国で約七〇パーセントを占める。一方、男女別の在留特別許可件数の統計はないが、国籍別の統計が入手できる二〇〇六年から五年間の合計でみると、女性の非正規滞在者が圧倒的に多いフィリピン国籍者が、在留特別許可件数の割合において全体の約三〇パーセ

表 6-1　国籍別在留特別許可件数（2006-2010 年総計）

国籍	計（件）
フィリピン	11,389
中国	6,755
韓国・朝鮮	5,523
タイ	2,275
その他	10,034
計	36,272

（注）2006 年のタイ籍の件数は不明のため、その他に含まれる。
（出所）移住連・省庁交渉請求資料。

表 6-2　在留資格別在留特別許可件数（2006-2010 年総計）

在留資格	計（件）
日本人の配偶者等	23,827
定住者	8,526
永住者の配偶者等	2,905
その他	1,013
計	36,272

（出所）移住連・省庁交渉請求資料。

ントを占めていた（表６－１参照）。

国際結婚については、同じく二〇〇六～二〇一〇年の六年間の合計でみると、「夫婦のどちらか一方が外国籍」という国際結婚が一八万六六五四二件、全婚姻数の約五パーセントを占めていた。その国際結婚のうち約七八パーセントが日本人男性と外国籍女性の組み合わせである。女性の国籍別にみると、中国籍が五万九一七〇件（夫日本籍・妻外国籍の全婚姻件数の約四〇パーセント）、フィリピン三万九六二四件（同二七パーセント）が多くなっている。

ただし移住女性の場合、パートナーにたいして従属的地位におかれることが少なくない。二〇〇八年にＤＶを理由に婦人相談所に一時的に保護された女性四六六人のうち外国籍女性は四四一人と全体の九・五パーセントを占めており、[4]日本人女性と外国籍女性の人口比と比較して著しく高い割合になっている。そうした背景もあって、国際離婚件数も九〇年代以降増加し始め、二〇〇〇年代半ばをピークにして同年代終わりまで高い水準にあった。二〇〇六～一〇年の五年間でみると、全離婚件数一二六万八一七四件のうち九万二四六八件、約七パーセントが日本人と外国人の離婚であり、またそのうち日本人男性と外国人女性の離婚が七万四四六〇件と約八〇パーセントを占めた。国籍別では、結婚同様、中国籍女性やフィリピン籍女性の離婚が多い。一方、日本人の父と中国籍、フィリピン籍の母から生まれた子どもは、二〇〇六〜一〇年の合計でそれぞれ二万七一七人、二万一九四〇人だった（以上、厚生労働省『人口動態調査』）。

以上のような国際結婚と離婚、子どもの誕生という文脈のなかで、非正規滞在女性が正規化される最も有効な方法も、日本人男性と結婚するか日本人男性とのあいだの子どもを育てるかになっている。実際、在留特別許可によって認められる在留資格で最も多いのは「日本人の配偶者等」であり、「定住者」がそれに続く（表6－2参照）。「定住者」については、認められる事例は多様で一括りにはできないが、日本人の実子を養育している場合、すなわち七・三〇通達の条件に該当する場合が相当程度を占めると考えられる。

この通達の初適用になったといわれているMさんもその一人だった。Mさんは、日本人男性とのあいだに生まれた二人の子どもと一緒に暮らしていた。男性には別の妻子がいたため、結婚することはできなかった。Mさんの子どものうち次女は、出生前に男性の認知を受けたため日本国籍があったが、長女は男性の認知が出生後になり日本国籍がなかった[5]。こうした状況に対し、Mさんは長女を原告とした国籍確認訴訟を起こしていた。当時、日本人の子どもの親権者である親には「定住者」ビザが認められる場合もあったが、一定しておらず、Mさん母子には在留資格がなかった。Mさん母子を支える会の結成集会の案内には以下のように書かれている。

Mさんの二人の娘の父親は日本人です。法律上の結婚はできなかったが、Mさんとは一緒に暮らしていました。……法律婚をしていないMさんには「日本人の配偶者」という在留資格を得ることができず、「ビザ」がありません。日本国籍がない姉娘も同様に「ビザ」が得られません。でも、どこかおかしくないですか。なぜ日本国籍がないのですか。なぜ日本に住めないのですか。（M母子を支える会 1999）

新聞社の取材を受けたMさんもまた、「娘二人は、日本で生まれ、日本人の血が流れている。二人の母親は私しかいないのに、どうして、あたりまえの親子のように、日本で生活できないのか」と述べている（『産経新聞』一九九六年八月一三日夕刊）。

このように、日本人との「血」のつながりや母親としての役割は、Mさんのみならず当事者自身の実感によるものでもあった。そのうえで支援運動も、こうした当事者の現実をふまえ、母子の在留を求めてきた[6]。当時Mさん母子のほかにも、日本人の子どもを養育する移住女性の在留を求めるケースが相次いでおり、七・三〇通達は、それらの運動を背景に出されたものだった。通達から約一ヶ月後の九月六日、Mさんと長女にも在留特別許可が認められ、在留資格「定住者」が与えられた。こうしてMさん母子は、日本で暮らすことができるようになった。

とはいえ一方で、この通達は、いうまでもなく日本人の実子という「血」のつながりを根拠にしている。そのうえで、日本人の子どもの養育監護を求めるものでもあり、移住女性に日本人の母役割を期待するものである。またこのとき、あくまでも日本人の子どもを自分自身の手で、日本の国内で育てることが求められる。たとえば日本の母子家庭の場合、母親が自分自身の親に子どもの面倒をみてもらうことは「生きるための戦略ストラテジー」ともいえる（阿部 2008: 107）。しかしこの通達では、移住女性が、子どもを出身国の家族に預けて自分は日本で働くという選択肢をとることは、事実上、容認されていない。つまり女性たちは、家族という、シングルマザーにとって非常に重要な社会関係資本を活用できないのである。

以上のように、「日本人の実子養育」による在留特別許可は、移住女性が配偶者への従属から抜け出し、日本で暮らすことを保障する。しかし同時にそれは、彼女たちが、日本人の母役割を演じる限りにおいてなのである。

周知のように、これらの役割は、近代社会が女性たちに求めてきた役割の一つにほかならない。家族・ジェンダー研究が明らかにしてきたように、近代社会は、女性に妻・母としての役割を要請し、それを基盤とした近代家族を制度化してきたのであった（落合 1997）。それはまた近代国家によっても活用されてきたものでもあった（牟田 1996）。非正規滞在女性に認められる在留特別許可もそうした近代国家の要請の一つとして位置づけられるだろう。この点からみれば、非正規滞在という周縁化された位置から抜け出し、社会的シティズンシップの制度に包摂する手段である在留特別許可は、彼女たちのジェンダー化された役割を正統なものとして追認し、固定化させるものともいえる。

三、社会との接点を握られて

前節では、七・三〇通達にもとづく在留特別許可が、非正規滞在女性を社会的シティズンシップの制度に包摂する役割を果たす一方で、彼女たちが生きるジェンダー不平等な構造を是正するのではなく追認するものであることをみてきた。そのうえであらためてNさんの事例に戻ろう。彼女が来日してから二〇年以上たつが、その生活は、いわゆる日本社会にとけ込み地域で安定した生活を送るという、紋切り型の「定住」イメージとはほど遠い。

Nさんはもともと短期滞在の資格で一九八八年に来日した。今は亡き父親が船乗りとして日本に来たことがあり日本は身近な国だったという。滞在後しばらくして在留資格の期限が迫ったが、フィリピンに帰国しても生活のめどがたたなかったので、日本で働き続けた。その後一九九四年にお店で出会った日本人男性とのあいだに長女が生まれた。しかしこのときも男性と結婚することはなく、また子どもの認知をしてもらうこともなかった。その一年後、阪神淡路大震災が起こり当時住んでいた街は大きな被害を受けた。そしてそのあいだに男性は行方がわからなくなったという。

しばらくして、Nさんは現在住んでいる街で暮らすようになった。Nさんはぬいぐるみをつくる工場や飲食店で働き、一人で子どもを育てた。Nさんがお店で働いていたとき、長女はまだ小さかったが一人で夜を過ごしていたという。下の子ども三人は、そのお店に通ってくる日本人男性とのあいだに生まれた。といっても前述のように、男性は養育を放棄していたので、Nさんが仕事に行っているあいだは長女が末っ子の面倒をみていた。そのため長女は学校を休みがちだった。

一方、Nさんは震災の混乱のなかで、自分のパスポートもなくしてしまった。フィリピンから書類を取り寄せようにも、頼れる身寄りはもういないという。そのためNさんは、日本で在留資格がないばかりかフィリピン人であることを証明する書類がなく、子どもたちはフィリピン人としても認められずずっと無国籍状態である。

そのうえNさんには、いざというときに頼れる同国人の友人ネットワークもほとんどなかった。「(日本人と)結婚しているフィリピン人はいばっているから。あなたも結婚すればいいじゃないって言われた」と、その理由を語る。

Nさんの子どもの父親は、別に家族がありNさんと結婚することはなかった。家賃は男性が支払ってくれたが、それが滞ることもたびたびあった。ときには家賃を滞納してNさんたちは大家に立ち退きを迫られたこともある。それにくわえ、携帯電話も男性による契約だったが、こちらも支払いが滞ることがあった。Nさんの家には固定電話はなかったし、パソコンなどもちろんなかったので、携帯電話が使えないことは通信手段がないことを意味した。しかし男性がNさんたちのために毎月していた経済的負担はそれだけである。子どもの父親であるにもかかわらず男性が養育費を支払うことはなかった。あるとき、子どもが「お父さんは、一回お風呂に連れて行ってくれた。あと炊飯器と冷蔵庫を買ってくれた」と話してくれたが、子どもにとって父親の記憶はそれぐらいしかない。

自分で小さな工場を経営している男性は、家に来ることは少なく、人手が足りなくなるとＮさんを電話で呼び出して仕事を手伝わせた。しかしそれは定期的ではなく、給料も前述のように生計を立てるにはまったく不十分だった。その一方で、Ｎさんが別の用事などで、男性からの呼び出しを断ると怒るのだった。そのためＮさんは「いつ呼び出しがあるかわからないから」と別の仕事を探すことも難しかった。

男性はまた、養育費を支払わなかっただけではなく子どもを認知することもなかった。Ｎさんが子どもの認知を頼んでも、男性は「そんなことしたら（自分の）妻が訴えるぞ」と脅して取り合ってくれなかった。またそれ以外でも、何かあると「「不法滞在」で訴えるぞ」「ここはおまえの国じゃない！」とどなった。Ｎさんは「いつも怒られてばっかし」だったという。結局、七・三〇通達がＮさんに該当するといっても、日本人の実子であることを証明するための子どもの認知にあたって、男性の協力を得ることは難しかったのである。とはいえ、このような男性の非協力的な態度を、個人の性格の問題に還元することは適切ではない。実際、同様に日本人とのあいだに子どもがいながら非正規滞在となっている場合、支援団体などが子どもの父親に迫ってはじめて認知を得られることも少なくない。このことは、非正規滞在女性と男性とのあいだに圧倒的な支配従属関係があることを示唆している。

しかしたとえどのようなパワー・バランスのもとにあったとしても、Ｎさんが経済的にも精神的にも頼ることができるのは男性しかいなかったこともまた確かである。みてきたように、Ｎさんは、就労と収入、住居、コミュニケーション手段など生活のあらゆる面で男性に頼らざるをえないような状況におかれていた。つまり男性をつうじてしかほとんど社会との接点をもてないでいたのである。このとき男性が力をもつのは、法的手続きの面にかんしてだけではない。そうした状況と度重なる暴力、そしてときにみせる優しさは、Ｎさん自身を男性に精神的に従属させてしまうのに十分だった。

このようにパートナーの協力が得られずに、長期にわたり非正規滞在になっているNさんの例は決して特異な例ではない。神奈川のNGOで支援を受けたフィリピン人女性も、子どもを五人抱えながらもパートナーが在留資格手続きに協力してくれず非正規滞在のままだった経験を語っている（カラカサン・反差別国際運動日本委員会編 2006: 47; 髙谷・稲葉 2011）。彼女は、パートナーと別れると経済的支えがなくなるかもしれないことを心配していたという。

ここまでみてきたように、非正規滞在女性は、在留資格という国家からの地位の承認がないだけではなく、就労、同国人ネットワーク、子どもの学校など、さまざまな制度や関係から排除または周縁化された状態におかれている。そうしたなかで、非正規滞在女性がもつ社会関係資本はほとんどパートナーとの関係に限られてしまいがちである。それがまたパートナーへの従属をより一層強めてしまう。その意味で、パートナーとの不平等な関係の基底には、他の社会関係からの排除があるといえる。つまり、非正規滞在女性が経験する、男性との関係からの疎外の前提には、男性との関係への（社会からの）疎外がある[7]。言い換えれば、彼女たちは他のさまざまな制度や関係から排除され、男性との関係が生の全域を覆うほど、自らの社会関係が切り詰められがちである。そのうえで、男性との関係から疎外されるのである。

しかしこのような「違法性」が生み出す脆弱性やパートナーへの依存と疎外は、非正規滞在女性の日常生活のなかで自明のものとして生きられている。そしてそれは、子どもたちにとっても同様である。たとえば、カラカサンの女性の子どもは小学校に入る年齢になっていたにもかかわらず、ずっと学校に通っていなかった。その子どもは次のように語っている。

> 学校って存在がこの世にあるなんて知らなかった。漫画の中の世界の物で現実のものとは思っていなかった。

（カラカサン 2010: 19）

同様に、Nさんの長女も、就労している母に代わって弟妹の面倒をみるために学校を休みがちだった。私からみると、母親の困難が子どもたちにしわ寄せされているようにみえるが、しかし長女はいつも弟や妹のことを心配し、母親がいないあいだ子守りをするのは自分の役割だと考えていた。また他の子どもたちも、いつもお腹を空かせていたが、私やNGOスタッフが何か食べないか尋ねても母親の存在を気にかけながら「朝から何も食べていない。でも大丈夫」と答えるばかりだった。ホートンが述べるように、子どももまた、母親の困難や脆弱性をさまざまなかたちで引き受けることで、「違法性」が家族という親密な領域で生きられているのである。もちろんホートンが念頭においていたのは、アメリカにいる母親とエルサルバドルに残る子どもからなるトランスナショナルな家族であり、日本で母子が一緒に暮らす在日フィリピン人女性とその子どもの状況とは大きく異なっている。にもかかわらず、「違法性」が家族の間主観的な経験として共有されているホートンの指摘は、在日フィリピン人母子の状況をよく表しているようにみえる。

前述のように、これまで在留特別許可を求める運動では、非正規滞在者が社会関係を構築し地域社会に溶け込み、安定した生活を送っていることが強調されてきた。しかしその説明では、非正規滞在状態にあることによって、社会関係を構築することが困難になるという別の側面が見えてこない。ところが実際には、さまざまな制約のなかで暮らす非正規滞在者が、社会関係を構築し安定した生活を送ることはそれほど容易なことではない。むしろ不安定な生活のなかで、身近な人への従属を当事者自身が内面化してしまう傾向が強いように思う。

四、「脱出」のプロセスの一契機としての在留特別許可

正規化まで

さてNさんにたいしてサポートを始めたNGOがまずめざしたのは在留特別許可をとることではなかった。何よりも必要だったのはNさんが男性への精神的従属から抜け出すことだった。しかしそれも一朝一夕に達成できるものではない。もともとNさんは、学校から連絡を受けたNGOスタッフが最初に自宅を訪れたときは面会やサポートを拒否していた。それでもそのスタッフはただ自宅を訪問することだけを続けた。「そうは言われてもほっとけへんやん。子どもたちの様子見ても大丈夫って状態じゃなかったし」。スタッフは当時のことをそう語る。それから数年後、Nさんが訪問を拒否しなくなってはじめて、長女の高校受験やパスポートの再取得など具体的なサポートを行うようになった。

同時に、NGOでは、福祉団体やカトリック教会関係の団体に依頼して金銭的なサポートも行うようになった。具体的には、それまで男性が支払っていた家賃や携帯電話料金を支払うことにした。また食糧支援をしてくれるNGOに連絡をとり、定期的に食糧も届けられるようにした。そうしたサポートを行って数ヶ月後、はじめてNさんは男性からの呼び出しの電話を拒否した。このときNさんは、男性から逃れても生きていけると確信できたのである。信頼できる別の社会関係の構築や経済的基盤が確立されてはじめて、Nさん母子にとって男性から離れて生きることが現実のものとして見えてくるということを実感した瞬間だった。Nさんはその後、みちがえるほど元気になった。Nさん自身も次のように語っていた。

体すごい元気。前は（男性に呼び出されて）夜お酒で……何かわからない（状態になっていた）。体もぼろぼろ。今は朝起きて、ちゃんと食べる。すごくよくなった。

ただしだからといって、Nさんがすぐに在留特別許可を求めることができたわけではない。まずパスポートをつくるためにフィリピン大使館に行く必要があったが、Nさんはずっと「（大使館は）何もしてくれない」「こわい」と言ってしぶっていた。数ヶ月かけてなんとか説得をし、大使館に連れ出した。しかし「違法性」を生きる彼女にとって、公的機関は圧倒的な壁として立ちはだかっていたのだろう、大使館で無事事情を話したその帰りも、Nさんはまだ緊張しているのか声がうわずりっぱなしだった。結局、在留特別許可を求めて入管局に赴くことができたのは、その後数年たってからだった。このように、パートナーの男性の支配から脱してからといって、すぐに正規化のプロセスに入ることができたわけではなかったのである。

以上から示唆されることは、非正規滞在女性は、さまざまな社会関係から排除されており、またそうした脆弱性を自明のものとして経験しがちだということである。そしてそれが、正規化のプロセスに入ること自体をも困難にしているように思われる。確かに、非正規滞在者の多くの問題は法的地位に起因している。それゆえ私を含め、彼・彼女らのサポートについては、まず法的側面＝在留特別許可を重視する傾向にある。しかしさまざまな関係や制度から排除され、パートナーに従属するしかない非正規滞在女性にとっては、在留特別許可以前に、社会関係や経済的基盤を構築することが必要である。それらがあってはじめて、彼女たちは、パートナーの支配から脱することをリアルな可能性として実感できるからである。またその後も、「違法性」の自明化された経験を打ち破ることは容易ではない。非正規滞在女性にとって、在留特別許可は、そうした「違法性」の殻を打ち破ってはじめて現実のものとして考えることができるようになるのである。

正規化のあとで

Nさんは子どもたちとともに正規化されて数年たった今、非正規滞在だった頃の思い出にしばしばふれる。それは、警察や入管局に見つかる危険があるので、通りを歩いているときもびくびくしっぱなしだったこと、家賃を払えず居留守を使わなくてはならなかったこと、一つのうどんを半分ずつにして食べなければならなかったことなどだ。

Nさんはもう交差点で警察が立っていても不安に思う必要はない。また家族は、在留資格を得て生活保護が受給できるようになったことで、格段に安定した生活を送ることができるようになった。正規化によって認められた生活保護は「最低生活の保障」というより望みうるベストな生活だといえるものだった（髙谷・稲葉 2011）。こうしてNさん家族は、「違法性」が自明のものとして経験されていた状態から「脱出」したようにみえる。

しかしそれでも、彼女たちの暮らしが社会的に周縁化されたものであることは変わりない。当初は「満足」だった生活保護の暮らしも、子どもが成長し中学や高校に進学するなかで家計が苦しいと感じるようになっている。Nさん自身は、在留資格が出たら堂々と働きたいと思っていたので、正規化された後、ハローワークで仕事を見つけて面接に行ったそうだ。しかしそこの担当者に、「あなた日本長いね、結婚しているでしょ？」と言われ、また無国籍となっている国籍欄を見て「え？　何これ？」という反応をされたのを見て、見下されたように感じ、とても心が痛かったという。結局「もう失礼します」と言って、すごすごと帰ってきたと話す。担当者にとしては何気ない行為だったのかもしれないが、Nさんにとってはやはり傷つく言葉だった。またその後、Nさんは、体調を崩し病院で診察を受けたところ働けない状態であることがわかった。長い困窮生活のなかで身体が蝕まれていたのである。彼女は家にいるより働きたいと思っていたので、「タイミングが悪い、せっかくビザをもらって仕事ができるようになったと思ったら働けないなんて……」と繰り返し嘆く（髙谷 2014）。

こうして現在のNさんの視点からみると、在留特別許可は「脱出」の「終わり」を意味するのではない。むしろそれは、別の困難の「始まり」のようにもみえる。移住母子世帯の暮らしは、日本の母子世帯全体同様、支配的なジェンダー構造に規定されており貧困から抜け出すことは容易ではない（髙谷・稲葉 2011; 髙谷 2015）。それにくわえて、上記のエピソードにあるように、母親が移住女性であることや長期の非正規滞在の経験も、彼女たちを周縁的な存在に押しとどめる効果をもっているだろう。それゆえ、国家の境界を越えることが、即主流社会への編入につながるわけではないのである。

おわりに

本章では、非正規滞在女性が社会のなかでどのように位置づけられ、彼女たちにとって日本人の実子を養育することで在留資格を認められることを明記した七・三〇通達がどのような意味をもつのかを検討してきた。そこで指摘したことは、七・三〇通達は、非正規滞在女性を社会的シティズンシップの制度に包摂し、パートナーに頼らずとも生きていく道を拓くものである。しかしそれは、彼女たちが、日本人の母役割を遂行する限りにおいてであった。それは、すでにそうした役割を遂行している非正規滞在女性の存在を正統化し、その役割に固定化させるものともいえる。

同時に、七・三〇通達自体が子どもの認知＝男性の協力が必要である。これは、男性の支配からの脱出自体が男性の意向に依存していることを意味している。それゆえこの協力が得られなければ、Nさんのように別の脱出の方法を探るしかない。しかしそれは容易なことではない。というのも非正規滞在女性はさまざまな社会関係や制度から排除されており、そのなかでパートナーとの関係がほとんど唯一のセーフティーネットとして機能していることが多いからである。一方で、正規化には、社会関係の構築が必要であり、在留特別許可を求める運動も、非正規滞在者が社会に適応していることを強調してきた。しかしこうした現実は、Nさんのように、「違法性」のなかで生きる非正規滞在女性の困難を見えにくくさせると同時に、彼女たちに矛盾を強いている。というのも正規化は、非正規滞在ゆえに社会関係が極度に限定されてきた彼女たちに、社会への溶け込みを求めることになるからである。Nさんは「違法性」に基礎づけられたパートナーとの支配関係を自明のものとして生きてきた。それゆえNさんがそこから脱出するためには、パートナーとの関係の外で生きることができる実感が得られなくてはならなかった。非正規滞在女性にとって、他の社会関係の構築や経済的基盤の確立などに裏打ちされた、パートナーにたいする従属の内面化からの解放と精神的な恢復があってはじめて、正規化を求めるプロセスが現実のものとして立ち現れてきたのである。

第七章　「子ども」という価値

はじめに

海外においては国際法のほうが優先するんですけれども、国内においては、国内の法律のほうが優先してい て……外国人にたいする法律っていうのは、なんかこう…下に見られていて、日本の法律がなんか先行して いるっていうのがすごい腑に落ちないんです。……本来であればウティナン君は間違いなく在留資格がもら えるって、私たち確信していたんですけども今回の敗訴になりました。[1]

二〇一六年夏、山梨県のある公民館に地域の人びとが集まっていた。この地域に暮らすタイ国籍の高校生ウティナンさんと母親の在留特別許可を求める裁判の地裁判決が出たことの報告集会だった。ウティナンさん母子は二〇一二年に在留特別許可を求めて入管局に出頭したが、一年後、認められないとして、退去強制を通知された。

これにたいし、母子はその決定の取り消しを求めて東京地方裁判所に提訴した。裁判にあたっては、ウティナンさんが通っていた中学校の同級生や保護者、地域の人びと、母子から最初に相談を受けてウティナンさんの学習支援を続けてきたＮＧＯのメンバーが「ウティナンさんの裁判を支える会」（以下、支える会）を結成し、母子の在留を求める署名や裁判費用の募金を集めて活動した。また公判には、バスをチャーターして毎回一〇〜三〇人が傍聴に行き、同級生たちは、裁判官に手紙を書きウティナンさんの在留を訴えた。地域ぐるみの応援によってウティナンさん母子を支えていた。

しかし地裁判決は、母子ともに敗訴だった。この結果を受けて、報告集会で「支える会」の会長が語ったのが冒頭の言葉である。領土問題や東アジアの国際関係にたいして日本政府は「国際法遵守」を強調していることを引き合いに出しながら、外国人の問題については国際法より国内法が優先されている現実に疑問を呈した。国際法をふまえれば、今回の判決は「不当」だというわけである。

一方で、この前提のうえで、「支える会」の事務局長は、判決文の最後に但し書きのように書かれていた以下の内容に注意を促し、「そこに一つの光があるんじゃないかと思っている」と述べた。判決文の該当部分を、少しわかりにくいがそのまま引用してみよう。

なお、本件各裁決後、原告子は、前記のとおり定時制高校に進学するなど、本邦の社会への順応の度合いを高めつつあることがうかがわれ、仮に、今後、原告母が本国に送還された後も原告母に代わって原告子の監護養育を担う監護者となり得る者が現れてそのような支援の態勢が築かれ、原告子自身も本国に帰国する原告母と離れても日本での生活を続けることを希望するなどの状況の変化が生じた場合には、そのような状況の変化を踏まえ、再審情願の審査等を通じて、原告子に対する在留特別許可の許否につき改めて再検討が行われる余地があり得るものと考えられるところである。[2]

つまり判決は、子どもについては、母親以外に監護養育するものが日本におり、日本での生活を希望するならば、在留特別許可を認めるかどうか再検討できるのではないかとしたのである。言い換えれば、母の帰国を前提にしたうえで、子どもの在留の可否について再検討の余地があるのではないかと示唆した。母子を支援してきたNGOの代表のYさんは、この文章について「日本にいることをとるんですか、お母さんをとるんですか、っていう言い方ですよ、あれは」と述べる。[3] そもそも日本か母親か、という選択は、二つの対象の水準がまったく異なっている。その意味で、判決は、選択できそうもないものの選択を子どもに迫っている。しかし後述するように、「支える会」としても、この選択に異議を唱えることはなかった。むしろそのような選択がありうることを判決の前から母子に話していたという。こうして母親は帰国を決め、今後は子どもだけ日本での滞在を求めていくことになった。報告集会でウティナンさんは次のように挨拶した。

今まで傍聴に来てくださったり、募金や署名を集めてくださったり、皆さんに力を貸していただいたことに本当に心からお礼を言いたいと思います。ありがとうございます。これからは山梨県で一人で生きていくことになりますが、とても悲しくつらいことであります。が、誰でもいつかは親と離れて生きると思います。僕の場合、それが人より少し早くなっただけで、前向きに考えれば乗り越えることができると思います。[4]

続いて母親も「ありがとうございます」と一言挨拶をし、二人で深々と頭を下げる。「がんばれよ」という励ましの声と大きな拍手、すすり泣きの声で会場が包まれた。

このような非正規滞在家族が正規化を求め、親子が分断される例は、日本ではこれが初めてではない。過去にも親が帰国し子どもだけが日本に残る結果となったものが複数ある。そのなかで二〇〇九年に生じたフィリピン人家族のケースは、今回のケース同様、社会的な関心を集めた。非正規移民の子どもについては、大人とは異なるリスクにさらされがちな子どもの脆弱性に関心がよせられてきた（Bhabha 2009; Bhabha ed. 2011）。他方、日本における非正規移民の子どももそうした脆弱性に直面する一方で、彼・彼女らは、一般的に大人より正規化を優先されてきた。本章では、主に上記の二つのケースを中心に、なぜ大人と子どもにたいする対応の違いが生じ、家族の分断という結果がもたらされるのかを考察する。第一章でみたように、非正規滞在者の正規化は人権や居住の論理にもとづいていると指摘されてきたが、日本の場合、道徳的価値の強調と「同情」の論理が力をもっている。本章ではこうした戦略が、大人と子どもにたいする「同情」のヒエラルキーを導き、結果として家族の分断を正当化することになってきたことを明らかにする。つまり大人と子どもにたいする対応は、道徳的価値にもとづいて差異化され、前者の追放と後者の在留の正当化につながっている。それゆえ合法／不法を区分する主権の境界は、道徳の境界でもある。

一、非正規滞在家族の正規化と権利運動

非正規滞在家族の正規化をめぐる状況

これまでみてきたように、合法／不法への対応の区別がさまざまな制度・非制度領域に浸透するとともに、二〇〇〇年代半ばになって政府や自治体は「不法滞在者」半減政策を実施し、取り締まりを強化するようになった。こうしたなかで非正規滞在者は、在留資格をもたずに暮らすことがより困難になり、正規化を求める要求も強く

なった。そこで一九九九年、東京のＮＧＯであるAsian People's Friendship Society（ＡＰＦＳ）が「在留特別許可一斉行動」を実施し、複数の非正規滞在家族らが在留特別許可を求めて出頭し、大きな注目を集めた（A.P.F.S. 編 2002; 駒井ほか編 2000; Mizukami 2010）。また関西を中心に、同時期、主に中国帰国者の家族の正規化を求める運動が起こった[5]。ＡＰＦＳの運動が新しい運動として捉えられた一方で、関西の運動は第三章の終わりにふれた「密航者」の家族の正規化を求める運動とも一部連続性をもっていた[6]。

さてこれまでみてきたように、入管局は、在留特別許可を法務大臣の「裁量」によるものと位置づけており、その許可の基準を明確には示そうとはしてこなかった。しかし実質的には、特定のカテゴリーの非正規移民が正規化され、その範囲は徐々に広げられてきた。まず、九〇年代前半には、日本人と結婚した非正規滞在者が正規化されるようになり[7]、つづいて前章でみたように、九〇年代半ばには日本人の実子を監護養育する場合も正規化の対象となった。しかしこれらはいずれも日本人との家族的つながりをもつ人びとだった。これにたいし、その後、家族全員が非正規滞在というケースが出てくるようになった。こうしたなかで、ＡＰＦＳが実施した集団出頭の結果、日本で生まれるか、あるいは幼少の頃来日した中学に通っている子どもがいる家族が正規化され、これ以降、実務的にはこの基準にもとづく非正規移民家族の正規化が定着するようになった（金 2013）。ＡＰＦＳの代表（当時）は、この正規化キャンペーンについて、集団的な行動によって、他の非正規滞在者の正規化にもつながり、また政府と交渉できるようになったと述べている（吉成 2004）。この運動は、非正規滞在家族の正規化のみならず、法務大臣の裁量の範囲を少しでも狭めることをもめざしていたのである。

実際、この数年後には、入管局のウェブサイトで在留特別許可の「許可事例」「不許可事例」が毎年公表されるようになり、また二〇〇六年には第一章でみたように「在留特別許可に係るガイドライン」が公表された。「ガイドライン」は、具体的には、在留特別許可の許否判断のさいに考慮する事項を「積極要素」と「消極要素」に区分して明示した。そのうち「積極要素」の一つとして、「人道的配慮を必要とする特別な事情があるとき」があげられ、具体的には「本邦への定着性が認められ、かつ、国籍国との関係が希薄になり、国籍国において生活することが極めて困難な場合」と例示された。この後、この例示が、非正規滞在家族が在留特別許可を求めるさいの根拠として使われるようになった。

家族の分断

前述のように、支援運動をきっかけに非正規滞在家族の正規化が認められるようになった。しかしその後しばらくして、家族のなかで子どもと大人にたいする判断が分かれるケースに注目が集まるようになった(8)。このなかで、大きな社会的関心を集めた前述のフィリピン人家族のケースとタイ人母子のケースについて概要を確認しておこう。

フィリピン人家族のケースは、両親はどちらもフィリピン出身であり、九二年と九三年にそれぞれ偽造パスポートで日本に入国し、九五年に子どもが生まれた。子どもが小学生のときに母親が摘発され、家族に退去強制令書が発付された。これにたいし、家族はその取り消しを求めて提訴し、最高裁まで争ったが、敗訴した。しかし敗訴が確定したときには、子どもは中学一年生になっていた。状況の変化が考慮された結果、〇九年に子どものみ在留特別許可が出された。

一方、タイ人母子のケースは、母親は九五年に人身売買で日本に入国し、課された借金を返済した後も働き続けた。二〇〇〇年に、タイ人の父親とのあいだに子どもが生まれたが、幼い頃に父親とは別れた。その後、母子は各地を転々として暮らし、子どもは学校に通っていなかった。子どもが一一歳のときに自治体の不就学調査で所在がわかり、ＮＧＯの支援を受けるようになった。子どもは小学校の勉強がわからず、また集団での生活に慣れていなかったため、NGOによる学習支援を受けた後、中学二年生から通学するようになった。その後、高校受験にも合格し現在は定時制高校に通っている。前述のように、在留特別許可を求めて出頭したが認められず、提訴したものの二〇一六年六月に東京地裁で敗訴した。その後、子どものみ控訴したが、同年一二月に東京高裁で敗訴した。(9) 二〇一七年一月現在、入管局にあらためて在留特別許可の判断を求める再審情願を提出している。

人権にたいする「断念」

この二つのケースを前述の「ガイドライン」にもとづいて判断することは難しい。フィリピン人家族のケースは摘発が先行し、当時子どもがまだ小学生だったことが消極的に判断されたと考えられる。またタイ人母子のケースは、子どもが小学校に通っていなかったことが否定的な要素となったかもしれない。一方で、類似のケースで正規化されたケースもある。(10) とはいえ、入管局は、類似とみえるケースで判断が異なる場合もあるとしている。前述のように、在留特別許可の判断基準の不明確さという批判にたいして「ガイドライン」が公表されたのだが、にもかかわらず、入管局は、「ガイドライン」はあくまで例示であって一義的な基準ではないこと、それゆえ法務大臣の裁量を狭めるものでもない、という立場を堅持したままだからである。

こうした入管局の姿勢が明確に現れたのが、フィリピン人家族のケースのときだった。このケースについては、家族が外国人記者クラブで記者会見を行い海外メディアで報道されたことをきっかけに、国連の移住者の人権に関する特別報告者（当時）のホルヘ・ブスタマンテ氏から、日本政府にたいしこのケースに関する問い合わせがなされた。特別報告者は、子どもの権利条約に基礎づけられた「子どもの最善の利益という法的原則を履行するためになんらかの手段」（傍点引用者）をとっているか、子どもの家族結合権、年代にあう社会関係を築く権利、両親の法的地位にもとづく差別から保護される権利を保障するよう日本政府に照会したのである。(11) 特別報告者と日本政府のあいだで複数回のやりとりがなされたが、政府の最終的な回答は次のようなものだった。

慣習的な国際法の原則によれば、外国人が別の国家に受け入れられるかどうか、あるいは非差別的な取り扱いを認められる基準を充たしているかどうかは、完全にそれぞれの国家の立法政策の裁量によるものである。(12)

ここには、マクリーン判決でお墨付きを得た日本政府の見解が端的に表れている。特別報告者は、子どもの権利条約を、締約国に遵守の義務を発生させる「法的原則」として捉えているのにたいし、政府は、外国籍者の滞在／追放を決定するのは国家の完全な裁量であり、条約は遵守の義務を発生させるようなものではないとしている。(13)政府にとっては、出入国管理の場面では、条約よりも主権が上位で優先されるべきものなのである（渡辺 2010）。また裁判所も現在までこうした政府の立場を容認し、(14)条約の遵守を求める声も市民運動の域を超えた大きな世論とはなってこなかった。(15)

ハンナ・アレントは第二次大戦時に大量に発生した難民について、国民国家の後ろ盾を失い人権しか頼ることのできなくなった存在が現れたときにこそ人権の無効性があらわになったとして、人権にたいする懐疑を示した（Arendt［1951］1968＝1972）。これにたいし、セイラ・ベンハビブは、――まだ限界はあるものの――第二次大戦後の人権に関する条約や規範、制度の発展に希望を見いだしている（Benhabib 2004＝2006）。しかし日本の状況は、アレントの懐疑がそのまま当てはまるようにみえる。本章の冒頭でみたウティナンさん母子の「支える会」代表の言葉もこうした政府の立場を捉えたものといえよう。前述のYさんも次のように述べる。

（子どもの権利条約の）条文化されたところで闘っても多分日本の裁判は勝てない。……それで勝てるんだったらみんな勝ってるでしょ、Cさん〔本章でも言及しているフィリピン人家族の名前〕にしたって。みんな勝ってないとおかしい[16]。

Yさんは、ウティナンさんのケースについても「条文化されているのでいえば、すべて不当ですよ。母子分離になっちゃうし」と指摘する。しかし日本では、子どもの権利条約の条文をそのまま訴える、言い換えれば、子どもの権利や人権という主張だけではとおらないと認識している。第一章でみたように、非正規滞在者の包摂の論理の一つは「人権」として捉えられてきた。しかし具体的なケースに着目すると、むしろ人権NGOでさえ、人権にたいする「断念」から出発している。そしてこの「断念」から始めたとき、NGOの主張は、道徳の水準で展開されることになる。Yさんは上記の語りに続けて、ウティナンさんのケースを争うときの戦略として「〔条文化されたもので闘えないとすると〕私たちは何かっていうと、あのウティナンがおかしいでしょうっていう、その論理をやっぱりしっかりつくっていかないといけない」と「あの」を強調しながら述べる。

この「あのウティナンがおかしいでしょう」ということは、ウティナンさんの人格や活動の素晴らしさ、生活歴の困難さなどを強調することによって、彼がいかに日本にいるべき存在であるかを示し、社会の「同情」を引き出そうとすることである。つまりある特定の人の在留を認めるべきという主張は、当人にたいして人びとが「同情」を感じるような価値にもとづいてなされるようになる。こうした訴え方は、ウティナンさんのケースに限ったものではない。むしろこれまでみてきたように、NGOや支援者、メディアは、人権をそのまま強調するよりも、さまざまな価値にもとづき具体的な非正規滞在者の正規化を主張してきた。そのなかには前章でみたように、日本人との「血」のつながりに価値をもたせる場合もある。しかし家族全員が非正規滞在の場合、当事者の評価にあたって道徳が基準となりがちである。

第一章でみたように、アイファ・オングは、東南アジアの移住家事労働者を支援するＮＧＯの考察をとおして、そこでは、彼女たちを保護する言説は権利よりも道徳の言葉によっていることを指摘していた。すなわちＮＧＯは「（移住者の）法的地位としての人権を引き合いに出すことはなく、むしろ女性の身体の道徳的な値打ちについての基本的な文化的価値にアピールしている」という（Ong 2006: 212 = 2013: 313）。オングは、こうした女性の身体をめぐる言説は、人権よりも「アジア社会からの道徳的同情」を引き出すことができるとして、人権とローカルな文化を対置させ、前者の普遍性を主張する議論に疑問を呈する（Ong 2006: 212s = 2013: 314）。しかし同時に、こうした人道主義的なアピールは、ディディエ・ファッサンが指摘するように優先的に救われるべき人を選別することで「人間の生の価値を序列化されたかたちで差異化する」ことにもつながる（Fassin, 2007: 519; cf. Fassin 2012, ch. 9; Willen, 2010）。実際、これからみるように、非正規滞在家族のケースの正規化を求める論理は、そのなかで子どもを強調することによって、大人と子どもへの「同情」への差異化を生み出し、家族の分断を正当化することにつながってきた。次節以降では、この論理について具体的に検討してみよう。

二、統合のメルクマールとしての教育

一九九九年、前述のようにＡＰＦＳと非正規滞在者は、在留特別許可を求めて入管局に出頭するとともに、集会、デモ、入管局前での座り込みなどをつうじて存在を可視化させた。このなかには、日本で生まれたり幼少期に来日をした子どものいる家族がいたが、ＡＰＦＳは、キャンペーンをつうじて子どもたちが日本の学校に通い、日本語しか話せないことを強調した。また同時期の関西の運動では、生徒の強制送還に直面した教師やこのテーマに関心をもつ学生、ＮＧＯ、弁護士、移住者らが「『外国人の子どもたちの在留資格問題』連絡会」を形成し、

『先生！日本で学ばせて！』という本を出版して世論を喚起しようとした（外国人の子どもたちの「在留資格問題」連絡会編 2004）。この本のタイトルに明確に表れているように、この運動では、子どもたちが学校に通っていること、子どもの教育の権利を焦点化していた。その主な根拠とされたのが、日本政府が九四年に批准した国連の子どもの権利条約である。他の移民受け入れ国における非正規移民の正規化運動によってもこの条約はしばしば戦略的に用いられてきた（Freedman 2011; Laubenthal 2011）。

しかし同時に、日本では、子どもの教育を権利として捉えるのみならず、社会への統合を示すメルクマールとしても強調されてきた。たとえば先にふれたＡＰＦＳの集団出頭に際しては研究者の共同声明が出されたが、そこでは「子どもたちの場合、日本の保育園や学校で学び、日本語しか話せず、また日本人の子どもたちと親しい友人関係を築いているという意味で、日本社会に実質的に統合されて」いると述べられていた（駒井ほか編 2000: 102）。また入管局も、〇九年に改定された「ガイドライン」において、在留特別許可を認めるさいの「積極要素」の一つとして、国内の初等・中等教育機関に在学している子どもがいることを明記したように、子どもの就学を「定着性」の指標と捉えている。つまりここでの「定着性」とは居住の長さ以上のものを意味している。

この「ガイドライン」に就学年数の長さは書かれていなかったが、ウティナンさん母子を初期から支援してきた前述のＹさんは、子どもが小学校に通っていなかったことは、在留特別許可の判断にあたって壁になりうると当初から考えていたという。そこで裁判をすると決めたときには、子どもの学校や地域を巻き込んで、「定着性」をアピールする戦略をとることに決めた(17)。冒頭にみたように、ウティナンさんが通う中学校の保護者らが中心になって「支える会」が結成され、自治会の協力を得て署名や募金が集められた（図７－１参照）。このとき自治会が「地域の子どもは地域で育てる」と掲げていたことが大きな力になったという(18)。またウティナンさんの事情を知った同級生も署名を集めたり、裁判長に手紙を書くなど大きな支えになった。実際、ウティナンさんが中

ウォン・ウティナンさんの裁判を支える
署名とご寄付のお願い

甲府市立南西中学校３年生のウォン・ウティナンさんと母のロンサンさんに、２０１４年８月１日入国管理局は退去強制の裁決をしました。二人はタイに強制送還される危機に直面しています。ウティナンさんのお母さんはタイ人で超過滞在者でした。そのため、ウティナンさんは生まれた時から在留資格のない状態で生活してきました。彼は、２０１１年山梨県の新しい公共支援事業（外国籍不就学児童調査）で、就学していない子どもであることが判明し、それ以後県の事業とボランティアの学習支援を受け、２０１３年４月より甲府市立南西中学校の２年生に入学し、生まれて初めて公教育を受けられるようになったのです。中学校では、多くの友達が出来、演劇部やバスケットボール部に所属して、少年らしく暮らせるようになってきました。７年間も公教育を受けたことが無かったのですが、彼の頑張りは素晴らしく、高校の入試を受けられる学力を獲得しました。友だちも知識も日本で得てきたウティナンさんにとって、日本以外での生活は考えられません。

このままでは、暮らしたことも行ったこともなく、一人の友達もいないタイに送還されてしまいます。ウティナンさんは「裁判で闘ってでも日本に居たい」と決めています。２０１３年に成立した子どもの貧困対策の推進に関する法律は「第１条　この法律は、子どもの将来がその生まれ育った環境によって左右されることのないよう（後略）」と謳っています。私たち、ウティナンさんに関わってきた大人たちは、日本で生まれ育ち、懸命に努力してきたウティナンさんの未来（高校に通い日本で暮らしたい）が環境で左右されることのないよう強く願っています。ウォン・ウティナンさんの裁判を支える会を結成して、金銭面や嘆願書の署名活動等により彼の育ちを支えていきたいと思います。時間がありませんが、署名は３０００筆、募金は裁判費用として必要な１５０万円を目標に取り組んでまいります。どうか趣旨をご理解いただき、署名活動と募金へのご協力をお願いいたします。

ウォン・ウティナンさんの裁判を支える会

代表：竹木勝
呼びかけ人：[redacted]

事務局連絡先：甲府市[redacted]
電話：[redacted]　ＦＡＸ：[redacted]

振込先口座：ウォン・ウティナンさんの裁判を支える会
ゆうちょ銀行　記号１０８８０　番号１１６６７７８１
または郵便振替口座 00200-4-102482

図 7-1 「ウォン・ウティナンさんの裁判を支える会」が署名と寄付を募った際の文書。「支える会」の代表には、ウティナンさんが通っていた中学校の PTA 役員の一人がなり、呼びかけ人には中学校保護者 8 名、自治会関係者 5 名など計 22 人が名を連ねた。地域中心に協力を呼びかけ、4 ヶ月弱のあいだに目標を大幅に超える 1 万 5000 筆以上の署名が集まった

学校に通うようになったことは地域や学校のなかでの社会関係を築くきっかけになったが、運動は、その社会関係を「定着性」の象徴として正規化を求める根拠として提示したのである。

すでに述べたように、非正規移民は、常に追放される危険を感じながら生きており、その社会関係や行動は制約され、また仕事もインフォーマルなものが多く搾取されやすい。ＮＧＯにつながるまでのウティナンさん母子の生活もまさにそのようなものだった。彼女たちは、各地を転々とし、タイ人コミュニティのなかで目立たないように暮らしてきた。ウティナンさんは、小さい頃、外にあまり出ないように言われ、また名前もそのときどきで異なる呼び方をされていたという。このように、母子は日本社会と切り離された生活を送っていた。さらに母親自身もタイで小学校しか出ていないこともあり、子どもの出生届、国籍、小学校入学の手続きなどを自力ですることは難しかったと思われる。くわえて、ＮＧＯのスタッフは、これまで支援した他のケースもふまえて「母子だと経済的に不安定になりやすい」と指摘する[19]。非正規滞在の男性の場合、長年一ヶ所の工場に勤め、そこでも責任のある仕事を任されていたというケースもある（樋口 2007; 鈴木 2009）。一方、非正規滞在女性、とりわけ子どもを抱える母親の場合、明確なデータはないものの前章でもみたように、安定した仕事に就くケースは非常に少ないのではないかと思われる。そもそも日本では母子家庭は、貧困率が高く、社会的に周縁化されがちだが、母親が外国籍で在留資格がない場合、その程度はより一層強まると考えられるだろう。

くわえて母親が外国籍の場合でも、前章でみたように子どもの父親が日本人だった場合とそうでない場合は正規化の可能性は大きく異なる。その父親が母子とほとんど一緒に暮らしていなかったとしても「血」の要素が評価されるからである。これにたいし、両親とも外国籍の場合は、正規化の判断にあたって「定着性」という基準に頼るしかない。しかし母子の生活をふまえるならば、この基準は、そこでふれたように彼女たちにとってパラドキシカルな状況を強いている。つまり非正規滞在の状態は、それだけ移住者を社会から周縁化しがちである。

にもかかわらず、正規化にあたっては、社会にいかに溶け込んでいるかという「定着性」が求められるのである。

確かに、前述のように、ウティナンさんがＮＧＯの支援を受けて学校に通うようになって、社会関係が形成され、「定着」した生活を送ることが可能になった。しかし同時に、子どもの教育に焦点をあてる支援は、大人と子どもにたいする支援の違い、同情の違いをもたらしていた。「支える会」も名称を「ウティナンさんの裁判を支える会」とし、「日本で生まれ育ち、懸命に努力してきたウティナンさんの未来（高校に通い日本で暮らしたい）が環境で左右されることのないよう強く願っています」「友達も知識も日本で得てきたウティナンさんにとって、日本以外での生活は考えられません」[20]と、子どもをクローズアップした訴えをしていた。こうして子どもは学習支援を受けて学校に通うようになった一方で、母親はそのような支援を受けることはなく日本語を十分に話せないままだった。前述のＹさん自身、こういうケースの支援は子ども中心に行っているという。

このように、非正規滞在家族の正規化を求める運動は、子ども中心に行われている。そのときの正当化の根拠として、本節でみてきた子どもの教育にくわえて、子どもが日本で生まれ育っていることが引き合いに出される。この点は、次にみるようにナショナルな文化と価値を習得していることへの積極的な評価につながっている。

三、ナショナルな文化と価値の習得

ウティナンさん母子の支援を行ってきたＮＧＯは、「外国人人権ネットワーク」と銘打っている。その名称が示すように日本人と「外国人」という区分を前提としている。一般的に、日本社会では、「移民」や「エスニックマイノリティ」より「外国人」という言葉がよく用いられる。この「外国人」という言葉は、本質的でしばしば人種的な響きをもつ「日本人」を前提とし、それと対となる言葉である。つまりこの言葉は、日本人／外国人という区分を本質的なものとして捉えている以上、「純粋な日本人」を想定せざるをえない。それゆえたとえば、外国にルーツをもちつつ日本国籍をもつ人びとは「日本人」に含まれず、「外国人」とされることもある。

しかし同時に、日本では「外国人」という言葉は、民族的ルーツを肯定する表現として捉えられている部分もある。実際、ウティナンさん母子を支援するＮＧＯに限らず移住者権利団体は、「外国人」という言葉を肯定的に用い、そこにかかわる人びとも、日本人と「外国人」の明確な区別を保持している（Lie 2001: 48）。彼・彼女らは、日本人にたいする同化を否定的なものとして捉えるからこそ、日本人と明確な区別を前提とする「外国人」という言葉を採用するのである。ジョン・リーは、この背景には、戦前の日本帝国の忌まわしい記憶があると指摘する（Lie 2001: 133）。周知のように、アジア太平洋戦争中において、多民族性は日本帝国の不可避の要素として称揚されていた。しかしそれは、朝鮮人をはじめとする帝国内のマイノリティを、日本人を優位とする序列を維持したまた同化する思想だった。その後、敗戦によって多民族の記憶はまたたくまに消去され、日本は「単一民族」であるという考えが支配的になった（小熊 1995; Lie 2001）。同時に、戦後の価値観にもとづき、戦前の日本帝国の歴史や思想は否定すべきものとなった。ＮＧＯにかかわる人びとはそうした価値観を体現しており、それゆえ彼・彼女らが用いる「外国人」とは「日本人」への「同化」を否定する表現なのである。

しかし、非正規滞在の子どもの自己イメージは、こうした純粋性と結びついた「日本人性」という信念にたいする矛盾をついているようにみえる。というのも彼・彼女らのなかには、日本での成長を通じて、「日本人」としてみなすようになっていく場合もあるからである。たとえば、本章で取り上げてきたフィリピン人家族の子どもは「私は１００パーセント日本人」と述べ[21]、タイ人母子の子どもも「自分は日本人だと思っていました」と語った[22]。また幼少期に来日し、高校生のときに前述のＡＰＦＳの正規化キャンペーンに参加した非正規滞在の子どもは、入管局に提出する書類に、自分の状況と感情を次のように書いている。

僕が日本にきたときは多少の穀粒にすぎなかった。〔……〕僕はこの土地に適合し、日に日に成長した。寒いときも暑いときも、僕の根はこの土地に深く沈み、そして広がった。すべてのぼくの存在はこの日本にある。〔……〕僕には何の罪もない。（一九九九年に集団出頭した子どもの作文、駒井ほか編2000: 21–22より引用）

この手記は、少年にとって「血」にくわえて「自由意志」もまた帰属を規定するものではないことを示している。彼の両親は「日本人」ではないし、また「僕には責任がない」と書いているように、彼は日本にいることを自分で意志したわけではない。それゆえ彼の境遇に彼自身の責任があるわけではない。しかし同時に、彼は「すべてのぼくの存在はここ日本にある」ともいう。言い換えれば、彼、そして他の非正規滞在の子どもにとって、「血」あるいは「自由意志」は、社会のメンバーであることを決めるわけではない。むしろ成長のプロセスをつうじて、彼・彼女らは、ある社会のメンバーだと自分をみなすようになっていく。

こうした子どもたちの自己認識を受け止めたNGOは、「同化」という言葉を注意深く避けつつも、非正規滞在者が日本語を話し日本の慣習になじんでいることを強調するようになった。彼・彼女らは、日本社会のなかで社会関係を築き、実質的にはそのメンバーになっているというわけである。これは言い換えれば、「日本人性」を文化的に定義するということでもあり、それを基準にすることによって、その文化に馴染んでいるとみなされる移民に包摂的に機能する。こうした状況は日本だけではない。フランスやアメリカでも、移民にたいする敵対的な感情が強まるなか、非正規移民の正規化の主張は、彼・彼女らが受け入れ国のナショナルな規範に合致していることを強調するようになっているという（Nicholls 2013）。

他方で、こうしたナショナルな文化や価値の習得を強調する主張は、非正規滞在の子どもと大人にたいする関心のギャップを導くことにつながっている。というのも、子どもはしばしば大人より流暢に日本語を話し、「日本的」な慣習を身につけているからである。ある支援者は、「退去強制と現在の生活からの引き離しは、大人より子どもに大きな影響を与えている。子どもは日本以外は知らない。彼・彼女らは、日本の学校に行き、母語として日本語を話し、日本の習慣、文化、価値を身につけて育つ」と、子どもと大人の「日本」への馴染み方の違いを強調する（筑波 2004: 8–9）。このように、「日本」的な価値観や習慣の習得が正規化の基準となるとき、それらをより身につけている子どもこそが、正規化に値するとみなされがちである。つまり日本社会に溶け込んでいることを強調すればするほど、非正規滞在の子どもとその親のギャップはより大きくなる。こうしてナショナルな文化と価値の獲得を強調することもまた、子どもと大人にたいして「ヒエラルキー化された同情」（Fassin 2007）を導いているといえよう。

四、「責任のない」子ども対大人の「責任」

「犯罪者化」への応答における親子の差異化

前節までにみた、子どもの教育とナショナルな文化と価値の獲得にくわえて、子どもの「責任のなさ」の強調もまた、子どもと大人の取り扱いの差異化を導いている。フィリピン人家族のケースでは、最高裁判決が出たのち、入管局は、家族にフィリピンへの帰国を促したが、家族は、娘が日本での学校生活を続けられるよう望んだ。しかし政府は、家族が一緒に日本で暮らすことを認めず、日本の学校で勉強しているという理由で娘だけが日本に残ることを認めたのは前述のとおりである。

最終的な段階になって、入管局は父親を収容し一週間の猶予を与えて家族一緒にフィリピンに帰国するか、娘だけを日本に残すかを決めるよう家族に告げた。このとき入管局は、この間に家族が決定しなければ、娘と母親も収容し家族を退去強制させると付け加えた。この家族のケースを担当していた弁護士によれば、最終的に娘だけを日本に残すという決断を家族がした理由は、娘を収容させたくないということだった（渡辺 2010）。家族を「収容可能性」と「追放可能性」（De Genova 2007）に直面させることによって、政府は、家族にたいし「自らの意志」で、娘を残し両親が帰国するという決断をするよう強いたのである。

家族全員の滞在を求めるNGOや支援者、多くのメディアにたいし、政府も子どもだけの滞在を残すことを「人道的配慮」として位置づけていた。つまりこのとき、ウィリアム・ウォルターズがいうように「人道」の意味自体が争点になっていた（Walters 2011）。しかし概していえば、家族全員の滞在を求める主張のなかでも、子どもの強調、具体的には子どもはその境遇にかんして責任がないことが強調されていた。この主張は前節でみたように、子ども自身の主観にも合致している。同時に、それは、「責任のない」子どもにたいして親の「責任」を厳しく問うことにつながり、結果として子どもと大人にむけられる同情を差異化することになった。

とりわけこのケースはメディアの注目を集めた結果として、ネット右翼や行動する保守運動の標的になった。排外主義運動の代表格となってきた「在日特権を許さない市民の会（在特会）」は、家族が暮らす自治体でデモ活動を行い、家族全員の悪質性と追放を主張した。保守系雑誌の書き手も「父母は断じて無辜の市民ではないし、長女も「本人の落ち度」という点では、父母と隔たりはあるが、「彼女が犯罪を犯していたこともまぎれもない事実である」と述べていた（安藤 2009: 263–265）。九〇年代の研究では、日本では、外国人や民族的マイノリティにたいする差別があるにもかかわらず、人種主義は、他国と比較して重要な問題とはなっていないことが指摘されていた（Howell［1996］2005）。しかし在特会は、このデモ活動をきっかけに会員を増大させたといわれており、現代日本における、人種差別を公然と主張する排外主義運動の出現とみなされてきた（樋口 2014; 安田 2012）。

こうした主張に対抗するために、NGOは、娘の「責任のなさ」をさらに強調することになった。一方、家族の悪質性と追放を強調する保守派の主張におそらく影響されて日本政府は、両親の「不法入国」を犯罪行為として示すことになった。それ以前は、非正規滞在者の正規化の可否の判断にあたって、彼・彼女らが在留資格を有していない経緯が「不法入国」であろうと、「超過滞在」であろうと変わりはなかった[23]。また現実にも、「不法入国」と「超過滞在」の区別は、移住者の現実を反映しているとはいえない。「不法入国」は、当該移民が来日前に出身国で「真の」パスポートやビザを入手できないときにしばしば利用される手段である一方で、「超過滞在」でも「短期滞在」や「観光」のビザで入国し働く場合は、最初から日本での就労を目的としている場合も珍しくない。つまり「不法入国」も「超過滞在」も実態としての差異はほとんどないのである。

にもかかわらず、この家族の正規化をめぐる議論のなかで、「不法入国者」は、「超過滞在」とは異なり、最初から法を破ろうとする意図をもっていたがゆえに悪質であるという言説が生み出され、両親の「悪質性」が強調されていった。前述のように、「不法滞在者」の「犯罪者化」はすでに日本社会に広くひろまっていたため、政府は、こうした「犯罪者」に厳格に対応しているという姿勢を示す必要があったのかもしれない。

ただし政府の実際の意図を明らかにすることは、本章での目的ではない。むしろここで言及しておきたいのは、「自由意志」という考えが、追放／正規化を決める線引きの主要な要因になっていることである。繰り返しになるが、このケースでは娘にたいする多くの同情が集まった一方で、両親の「悪質性」や「犯罪者性」が強調された。両親については、たとえ日本で一〇年以上暮らし社会関係を築いていたとしてもその点が強調されることはなかった。むしろ最初の「自由意志」による「不法入国」と子どもの「不法」な地位に責任があるとみなされ「犯罪者化」されたのである。このような両親の「犯罪者化」は、「かわいそうな」子どもが両親と引き離されることにたいする「同情」の余地を狭めてしまったように思われる。つまり子どもへの「同情」が集まるとき、子どもが親と引き離されることにたいしても「同情」が引き起こされる可能性も考えられるが、両親が「犯罪者

第3種郵便物認可　朝日新聞

ウティナン君「日本にいたい」

高校受験控える甲府生まれの15歳

不法滞在のため国外退去処分

不法滞在のため国外退去処分を受けた甲府市内に住む中学3年生、ウォン・ウティナン君(15)とタイ人の母親を支援する運動が広がっている。甲府市生まれのウティナン君は日本語しか読み書きできず、通う中学校の保護者らが日本で生活できるよう訴えている。3月1日にはチャリティー落語会を企画しており、保護者らは「子どもが自由に学ぶ環境を奪わないで」と呼びかける。

ウティナン君は2000年に甲府市で生まれた。タイ人の母親(42)は、「レストランの仕事を紹介する」などとだまされて1995年に日本に来た。来てみると、身に覚えのない借金を背負わされており、在留資格がないまま働かざるを得なかったという。ウティナン君が生まれてからも、不法滞在の発覚を恐れて2人で愛知県や長野県などを転々。ウティナン君は小学校にも通えなかった。

「どうしても学校に通わせたい」と思った母親は2011年夏、外国人を支援する甲府市のNGO「山梨外国人人権ネットワーク・オアシス」を訪ねた。11歳になっていたウティナン君は日本語を読んだり話したりできたものの、文字は書けなかった。「オアシス」のボランティアによる学習教室などで猛勉強。1年間で小学校5年分の知識を身につけた。

ウティナン君は「問題が解けるようになることが楽しかった。時間を気にせず、ずっと勉強し続けた」と振り返る。13年春に甲府市立南西中に2年生で編入。バスケットボール部と演劇部で活躍してきた。

在留特別許可を申請するため13年夏ごろ、母子で東京入国管理局に出頭したが、約1年後に国外退去処分を言い渡された。タイで暮らしたことも訪れたこともないウティナン君は処分に驚き、家で涙を流したという。母子は今年1月、処分取り消しを求めて東京地裁に提訴した。

ウティナン君は「タイには知り合いもいないし、母が仕事に就けるか分からない。生まれ育った日本で暮らしたい」。進学を希望し、3月に県立定時制高校の受験を控える。

「学ぶ環境奪わないで」支援の輪　タイ人母へも

「オアシス」のボランティアと勉強して、高校受験に備えるウォン・ウティナン君(左)=甲府市愛宕町

裁判を支えるのは、ウティナン君が通う南西中の保護者たちだ。保護者9人を中心に昨年12月「ウォン・ウティナンさんの裁判を支える会」ができた。

同会ではこれまでにもチャリティーバザーなどを開いて、嘆願書の署名や裁判費用の募金への協力を呼びかけてきた。3月1日には落語家の三枝亭二郎さんによる落語会を企画している。

竹本勝代表(60)は「ウティナン君は素直で明るい子。タイに帰っても友達がいないと思うと、協力しないわけにいかないと思った」と話す。

落語会は3月1日午後3時開演。甲府市中央2丁目のカトリック甲府教会講堂で。入場料は大人1千円、高校生500円、小中学生100円。入場料は裁判費用の支援金に充てられる。定員150人。問い合わせはオアシス(080・6787・7440)まで。

(北見英城)

図 7-2　ウティナン君に焦点をあてて本人と「支える会」の訴えを伝える新聞報道（『朝日新聞』2015 年 2 月 28 日山梨全県、2 地方）

化」されている状況は、そうした親との分離にたいする「同情」を集まりにくくさせたのではないだろうか[24]。いわば両親と子どもの「生の価値」が「差異化」され（Fassin 2007）、家族の分断を正当化することにつながった。

一方、不法滞在者の「犯罪者化」という社会の支配的なまなざしは、ウティナンさん母子の「支える会」の活動でも子どもの「責任のなさ」を強調することにつながった。「支える会」のメンバーが署名集めを始めたとき、「かわいそうだと思うけど、そうはいっても法律を守らないとだめ、日本は法治国家だから」という反応があったという。そこで支援者は、署名集めのお願い文にウティナンさん自身が自らの生い立ちや生活歴、当時の思いを綴った文章を掲載した。また経過報告に兼ねて「法治国家だから不法滞在者は退去強制なの?」「親子で帰った方が幸せなの?」という疑問に答える説明の文章を地域で回覧した。そうして「ウティナンには何の罪もない」ことを強調しようとしたという[25]。

以上のように、同情にもとづくポリティクスにおいて、子どもの「責任のなさ」の強調は、大人と比較して子どもの正規化を優先させることにつながってきた。つまりここでは、「責任のない」子どもがシティズンシップ――周縁化されたものではあるものの――に値する一方で、「意志」と「責任」をもつ大人は、シティズンシップに値しないとされている。これは、近代的な政治的シティズンシップのアイデアの逆転ともいえる。

近代の古典的な考え方では、意志と責任をもつ個人こそが真の政治的主体だと考えられてきた。このような考え方は、子どもは受動的で無垢という点で大人と区別され、それゆえ脆弱であるというロマン主義のアイデアと結びつき、一九〜二〇世紀をつうじて子どもの保護を促進してきた(Cunningham 2005: 185＝2013: 251–253)。しかしその後、受動的な子どもという見方は、二〇世紀をつうじて徐々に修正されてきた。そうした子どもの修正的な捉え方が典型的に示されたのが、子どもの権利条約であり、そこには「子どもの保護だけではなく、子どもの生に影響を与えうるいかなる決定についても彼・彼女の声が聞かれる権利」が盛り込まれている。つまり今や子どもは、ある部分では、「ある種の自律への権利をもつ人」としてみなされるようになっている。このように、自律や自己決定、意思をもつ存在こそが、社会の主体であるという近代的な考え方を前提にしたうえで、近代の初期とは異なり、子どもをそうした自律や意思をもつ存在としてみなされるようになっている。

しかし日本における非正規滞在者の正規化における主張は、こうした理念の広がりとはまったく異なっている。そこでは、むしろ子どもは、「責任がなく」受動的だからこそ日本の滞在資格あるいは社会のメンバーに値するとみなされるのである。

母親の「資質」と子どもの将来

前述のように、ウティナンさん母子の生活も以前からかなり不安定だったが、裁判をするということは、その生活が先の見えないかたちで継続するということでもある。というのも裁判中は、退去強制命令が一時的に停止される「仮放免」という決定が出されるが、入管局は「仮放免」中の就労を禁止しているからである。かといって生活の保障はないため、周囲の支援によって暮らすしかない。ウティナンさんも近所の人にお弁当をもらいにいったり、生活困窮者に食糧を支援するフードバンクの支えで食をつないでいるという。

そしてこうした生活の不安定さは、その責任を負うはずの母親の「資質」にたいする疑問にもつながってしまう。母子から最初に相談を受け、それ以降支援の中心的な役割を担ってきたYさんは、裁判をしても「地域になじもうと」せず、「言語的な努力」もしない母親に疑問を呈する。また母親だったら、たとえ入管局に禁止されたとしても「どっかに働き口を探して、定着性を高めよう」とすることが必要ではないかとも考えている。もちろん母親は、父親が二人のもとを去った後もウティナンさんをずっと一人で育ててきたのであり、彼女がいたことでウティナンさんが「すごく素直でいい子」に育ったとも考えている。くわえて母親自身が、前述のように、タイで小学校までしか出ていないことによる困難もあると推測している。それゆえ母親自身が「必ずしも悪いわけではない」。しかしそれでもなお、「現在の日本の制度上の問題とか、子どもの立場にたった場合」、「子どもの養育能力」という点で母親に疑問を抱かざるをえないという。このようなYさんの考えは、非正規滞在で母子家庭であるがゆえ、さまざまな制約のなかで暮らすウティナンさん母子の生活の不安定さの原因を、母親の「資質」に還元してしまっているようにもみえる。

しかし同時に、Yさんの考えは、ウティナンさんの将来の自立までを想定した思いから出たものでもある。Yさんは、ウティナンさんが中学二年生に編入するまでの二年間、学習支援教室に皆勤で出席し、当初は小学校一

～二年レベルだった学習能力を飛躍的に伸ばした努力を高く評価する。そして、このようなウティナンさんのことを思えば思うほど、「責任のある」親がその「責任」を果たしていないことにたいする疑念と、「責任のない」子どもへの共感という、母子それぞれにたいする同情がヒエラルキー化されてしまう。

ただしこうした母親にたいする「疑念」は、Yさん自身が振り返るように、当初「支える会」やNGOのなかで「異端」の立場だった。NGOや「支える会」ではむしろ、最初は、母子ともに在留を求めていこうとする声が強かったからである。しかし地裁判決が出たとき、他の支援者も、今後も母子で在留を求めていくことは困難だと判断した。この時点で家族の結合権を強調することは、二人で帰国という結論につながりかねないからである。「支える会」の代表は、「俺は、親子だからできれば一緒に残したいなっていう気持ちはあったんですけど……そういう結果になったからお母さん、お母さんって言ったらウティナン君も一緒に帰らないといけなくなるから……」[26]と苦渋の決断だったことを明かす。

また「支える会」が最も懸念していたことは、上でみたような不安定な生活状況に、高校二年生になったウティナンさんをこれ以上とどめておくのはよくないということだった。それゆえ地裁の判決が出る前から、もし敗訴した場合、母親は帰国しウティナンさんだけ控訴する手段があることを示唆していた。子どもだけで控訴するほうが正規化の可能性が高まり、結果も早く出るだろうと、ウティナンさんの将来を考えてのことだった。ウティナンさんを支えてきた中学校の先生は、「時間が大切。早く結果がほしい。ウティナンの今の状況が続くのはよくない」と、ウティナンさんの生活が早期に安定することの重要性を強調する。[27]ウティナンさん自身、先行きの見えないことからくる不安や困難を次のように語る。

今、やりたいこととか、学校でやっているんですけど……そういうときは結構困りますね。まだやりたいことわからないし……（同級生は）働いているし、やりたいこともはっきりしているので。……僕の場合はそれがないので。多分、みんなは小さい頃とかそういうの考えていたと思うし、僕は、小さい頃は本当に何もやってなかったので、学校に行ってなかった分、そういうことも考えていなかったので。で、大きくなってこんなことがあったので、余計考えるのが難しくなった、考えにくくなった。(28)

この地にいられるかどうかもわからない状況で、将来のことを考えることは難しい。そのうえ、裁判をとおして、大きな決断をいくつもしなくてはならなかった。前述のように、「人権」で争うことができないということは、ウティナンさんの人格で争うということだ。それは、ウティナンさんに自らの「がんばり」や「道徳性」を人前で訴え、支援のお願いをするということである。それがどれほど勇気がいることかをYさんは次のように語る。

やっぱりウティナンくんが、……勇気をもって……学校で、同級生の前でアピールできたから。だからそれができなければ裁判をやらないよって私は伝えてあったので。……お母さんもそうだし、ウティナンさんもそうだけど、われわれもそうですけど、人を助けるっていうのはね、割にちょっとしたことでできるんですけど、助けてくださいっていうのはすごく勇気がいるんですね。だからそれが言えないと、この裁判は勝てないな、って思ってはいたんですね。(29)

ウティナンさんはその期待に応えて、友達の前で自らの境遇を話し、周囲の人びとに「お願い」をした。実際、地域で集めた署名文にあわせて掲載したウティナンさん自身が書いた「お願い文」にはかなり反響があったという。その終わりの部分は、「僕は、僕を手助けしてくれたり勉強を見てくれた人たちに恩返しができるとすれば、高校に進学して、勉強を続け、立派な大人になり、真面目にしっかり働いて、僕のように困ってる人がいたら手助けできる人になることだと思います。お願いします」と結ばれていた。[30] これにたいし、「自分の厳しい境遇にもかかわらず、逆にまわりの人たちを思いやり、心を砕くウティナンに対して、多くの地域の人や保護者、生徒が心を打たれたんじゃないかと思う」と「支える会」のメンバーは言う。[31]

このように、ウティナンさんの人格は、人びとの共感を集め支援運動に広がりをもたらした。しかし同時に、このように道徳の水準で争うことは、支援運動や周囲が当事者に「道徳的存在」であることを要求することでもある。それはウティナンさんにとっても簡単なことではなかった。

この状況。……何かつらい、何かをするときすごい考えたり、そういうの、あんまり考えたくもないし。普通、みんなと一緒、普通に暮らせて勉強とか、そういう何か普通の生活を、みたいな。……どこで将来何しようみたいな、どこで仕事をするか、大学行くか、みたいな、そういうだけの感じがいいなと思う。裁判のことはあんまり考えたくない。[32]

だからウティナンさん自身も今の状況が「早く終わってほしい」と思っている。しかし同時に、これまで母親とずっと一緒に暮らしてきた彼にとって、母親が帰国し自分だけが残って裁判を続けるというのは「つらい決断」だった。

（お母さんと）離れる、今まではずっと離れるってことは考えてなくて、考える必要もないのかなって。このままずっと一緒にいれることができるかもしれない、そう考えていたんですけど、まあ、考えてなかったので、そういうことは……。(33)

と、言葉を詰まらせる。ウティナンさんはつらいことは考えないようにしていたが、前述のように、地裁で負けたとき、ウティナンさんだけ控訴する方針に「支える会」は傾いていった。それは、すでに述べたように、ウティナンさんの将来を考えてのことだ。しかしウティナンさん自身は、最後までその答えを割り切って出せたわけではなかった。「そういう話を前々から何回も聞かされていたので、ずっと考えていて……本当は嫌なんですけど……それしかないのかなって……考えてもわからないから……」と、今も自らを何とか納得させようとしているようにみえる。結局、最終的には、母親自身が「私が帰れば、僕〔ウティナンさん〕がいられるんだったら帰ってもいいよ」と決断したという。

おわりに

本章は、現代日本における非正規滞在家族の分断ケースを考察してきた。これまでみてきたように、家族の正規化を求める運動は、人権の「断念」から始めざるをえない。それは、争いを人道の次元に限定することであり、タイ人母子のケースの場合、子どもの「がんばり」や人格を強調した訴えとなっていた。そして実際、こうした訴えは、期待に応えた本人の行動の成果もあって人びとの同情を惹きつけ、子どもの将来を案じた多くの人びとのコミットメントを生み出してきた。

一方で、これは、線引きをし、追放されるものをつくりだすポリティクスは、価値基準なしには機能しないということでもある。そのなかで本章でみた非正規滞在家族のケースにおいては、道徳こそが線引きの基準として機能し、親の追放と子どもの在留という分断を正当化していた。具体的には、子どもの教育やナショナルな文化と価値の習得、さらに子どもの「責任のなさ」が強調され、それは同時に、日本で教育を受ける対象から除外され、「日本的」な文化や慣習を子どもほどには身につけていないとされる大人との差異の強調につながっていた。くわえて非正規滞在の親は、入国経緯によって「犯罪者化」されたり、親としての「資質」を問題視されていた。

こうした道徳の強調の背景には、前述のように、主権権力の裁量を前提とする日本政府の移民への対応にくわえ、非正規移民にたいする敵対的な環境が広まっている状況がある。支援運動は、そうした状況を前提にして戦略と主張を組み立てざるをえない。しかし同時に、こうした戦略と主張は、非正規滞在家族の分断の正当化にもつながっているのである。

終章

社会的・歴史的存在としての非正規移民と境界

線引きと追放をめぐる争い

本書は、戦後日本における非正規移民の追放と抵抗のポリティクスの考察をとおして、戦後日本の境界が作用する文脈とその線引きの論理および効果を明らかにしてきた。これまで、戦後日本の境界については歴史的な観点から扱われることが多かった。そこでは社会内部で人びとを区分し序列化する境界については議論されてきたものの、その社会を枠づけようとする外側の境界については、戦後の一時期をのぞいて十分対象化されてこなかった。一方、日本の非正規移民研究については、社会学的な考察がなされてきたが、このとき彼・彼女らをつくりだす線引きは自明視されたり、静的なものとして捉えられ、その論理や効果はほとんど明らかにされてこなかった。

実際、ある国家に暮らす人びとのシティズンシップは複数の境界によって差異化されているが、このうち外国籍者を合法／不法に区分し、非正規移民を構築するのは国家の境界である。つまり非正規移民は、国家の境界からは排除されつつも社会のメンバーであるという点で、国家と社会のメンバーのズレを浮き彫りにする存在である。逆にいえば、国家の境界の線引きは、社会のメンバーを国家のメンバーに合致させようとする。この線引きは、第一章で検討したように、主権の作用によるものであり、追放という物理的サンクションをもつ法によって担保されている。つまりこれは、法という技術を利用し線引きと追放を行う主権によって引かれる境界である。さらにこの主権は、日本の文脈で捉えた場合、バトラーがグアンタナモ収容所に見いだした特徴と同様、行政によって担われている。すなわちこのとき行政は、自らが超越的な主権であるかのように振る舞い、法を恣意的に活用しようとする。しかし実際には、主権は超越的なものではない。というのもこの線引きと追放は、特定の歴史的・社会的文脈において争われ、作用するからである。

以上の前提にもとづき本書では、国家による非正規移民の追放とそれにたいする移住者や支援運動の抵抗のポリティクスに着目し、その作用を歴史的にたどってきた。つまりこのポリティクスを、社会を枠づけようとする国家の境界作用が争われる場として捉え、どのような社会的・歴史的文脈で境界が引かれるのか、またその線引きはどのような論理にもとづいているのか、さらにその効果は何かを考察することによって、戦後日本の境界を浮き彫りにすることをめざしてきたのである。

追放と抵抗のポリティクスを規定する構造

前述のように、社会を枠づけようとする国家の境界は、法として作用し追放という物理的サンクションをともなっている。日本では、この法は入管法とよばれているが、行政の裁量が大きいという特徴をもっているのだった。具体的には、誰を追放し、誰をメンバーとして認めるか、ということが明確な基準として決められているわけではない。たとえば、日本国民として認められるかどうかの基準は、原則として「国籍法」にもとづいており基準は明確である。(1) これと比較すると、非正規移民のうち誰を正規化するかについては曖昧な基準しか定められていない。結局、追放と正規化にかんする最終的な権限は、入管法によって入管局という行政部門に委ねられている。この入管法によって規定された追放と正規化の構造は、東アジアにおける冷戦を背景にした占領期にその原型が定められ、その後も大きく変更されることはなく現在にいたっている。すでにみたように、一九七〇年代末以降、日本はいくつかの人権条約を締結し、そのなかには、出入国管理の場面での主権権力を一部限定する規定が含まれている。しかし日本政府は、そうした規定を留保したり、あるいは有効なものとして扱わず、司法もそれを追認してきた。つまり彼らは、出入国管理の局面における超越的な主権という神話に固執してきた。

にもかかわらず、こうした非正規移民の線引きと追放をめぐっては、移住者や支援団体による争いが時代にかかわらず提起され、他のさまざまなアクターも巻き込んだポリティクスが実践されてきた。つまり線引きと追放は、超越的な主権の作動というよりも、こうしたポリティクスに影響を受け特定の文脈で行使されるものである。具体的には、この追放と抵抗のポリティクスは、「誰がこの社会のメンバーとして認められるべきか」、すなわち社会のメンバーシップをめぐる争いとして繰り広げられてきた。

さて本書でみてきたように、こうした争いにおいて、追放にたいする抵抗の実践がとってきた戦略は、追放の危険にさらされている非正規移民が、日本においてさまざまな社会関係を有していることや日本との歴史的つながりをもっていること、言い換えれば、その法的資格にかかわらず社会のメンバーとして生きていることを強調することだった。もちろんそこで言及される非正規移民の社会性や歴史性の具体的な内実は、多様である。しかしどのケースにおいても、非正規移民を抽象的な人間一般として捉える以上に、それぞれの非正規移民に応じた社会性や歴史性を強調することに重心がおかれていた。言い換えれば、線引きや追放にたいする抵抗は、非正規移民を具体的な存在として捉えることによって社会のメンバーであることを示そうとしてきた。

またこのとき、本書でみてきたように、その戦略は、非正規移民の正規化を求める場合と労働や医療、地域生活など特定領域における非正規移民の権利を求めることをつうじて、線引き自体に抵抗する場合の二つに区分できる。それぞれの戦略と効果について、まず正規化を求める運動から振り返ってみよう。

主権に組み込まれる社会性・歴史性

出入国管理を主権権力の排他的な権限と位置づけ、正規化を法務大臣の裁量と定める追放と正規化の構造は、第一章で論じたように、植民地支配の終結と東アジアの冷戦を背景に、外国人を「敵」と捉える思考に根ざしている。そしてこの構造は、今日まで継続し、正規化を非正規移民の権利としてではなく恩恵として位置づけてきた。この構造を前提としたうえで運動は、対象となる非正規移民と日本との社会的・歴史的な具体的なつながりを強調し、彼・彼女らがすでに社会のメンバーであることを示すことによって、正規化を求めてきた。

植民地支配にもとづく関係性

こうした正規化のなかには、まず植民地支配に起因する関係性を強調する論理がある。一九七〇年代頃まで「密航者」のほとんどは朝鮮半島出身者だったが、彼・彼女らは、日本の植民地支配を体現する歴史的存在だった。第二章でみたように、占領期、朝鮮半島と日本にまたがる生活圏に暮らしていた人びとの移動は「不法化」された。そのため、日本に移動してきた者は「密航者」となり、彼・彼女らや、日本で暮らしていたものの法令に違反して懲役刑を受けた者をＧＨＱや日本政府は追放しようとした。その後、一九五二年のサンフランシスコ平和条約締結以降、韓国政府は、日本から追放された朝鮮人の一部の引き取りを拒否するようになった。その結果、日本の収容所は、「追放すべき」と決められた人びとであふれるようになり、国会でも問題として取り上げられることになった。こうして「誰が正規化されるべきか」、言い換えれば「誰が社会のメンバーとして認められるべきか」という議論が公のものとなった。このとき戦後直後だったこともあって朝鮮人の日本とのつながり、日本政府の責任は前提として共有されていた。とはいえ、このとき追放と正規化の構造自体は前提とされ、旧植民地出身者のなかでも日本人との家族的つながりがあるものなど特定の対象のみ正規化が要求された。そのとき に前提とされた価値は、「日本的」な人情や戦後の価値観などないまぜになったものだった。また、こうした植民地支配に起因するつながりと責任という感覚は、日韓条約締結を契機に一旦忘却された。「完全かつ最終的解決」が、人の移動とそれにむきあう人びとの意識にも反映されたといえよう。さらに、退去強制事由となる法令違反者の懲役刑の期間がより長期化されたこともあって、この条約締結をきっかけに実際にも正規化される数は減少した。くわえてこの頃「密航」も減少したとされ、その影響もあって送還される人も減少していたが、人びとの想像力のなかでも日本という国民国家が、内部のメンバーの同質性を前提とし確固とした境界をもつ「島国」として定着していった。

しかし、こうした想像力を打ち破ったのも「密航者」の存在だった。すなわち、六〇年代後半から七〇年代にかけて、日本の市民運動は、「密航者」との出会いをつうじて、自由や民主主義を標榜する〈戦後日本〉という価値空間が植民地支配を忘却し、植民地の「他者」を排除したものであることを認識するようになった。そのうえで、「密航者」の正規化を植民地支配責任という観点から要求すると同時に、追放と正規化の構造自体をも問いに付した。このとき「密航者」は、抽象的存在や単なる法的カテゴリーではなく、植民地支配の歴史を体現する存在として人びとの前に現れたのである。このように、「密航者」を歴史的・社会的存在として捉えることは、植民地支配責任や、〈戦後日本〉における忘却への自覚と結びついていた。つまりそれは、戦前の忘却の上に成立してきた〈戦後日本〉の境界を問い直し、時空間のつながりのなかにそれを位置づけ直す実践だったともいえる。その意味で、社会性や歴史性にもとづく主張は、法によって体現される国家の境界を問い直し、押し広げる機能をもっている。

家族・「血」・ジェンダー

一方、第四章で述べたように、一九八〇年代以降は、旧植民地以外からの非正規移民が増加するようになった。こうしたなかで、植民地支配責任と結びつけて、追放と正規化の構造を問題化する視点は徐々に困難になっていった。一方、彼・彼女らの正規化は、まずは日本人との結婚や日本人の実子の監護養育を根拠としてなされるようになっていった。ここからわかるように、日本人との家族形成や日本人との「血」のつながりは正規化にあたってとりわけ重視されている。同時に、非正規移民の社会性の強調は、しばしば彼・彼女らに「社会のメンバーに値するもの」として、社会の規範的価値に沿った道徳的な要求を課すことにつながっている。たとえば結婚や実子養育のケースでは、正規化される非正規滞在者が女性であるケースが圧倒的に多いと考えられる。彼女たちは、生活のなかですでに妻役割や母親役割を担っていることも少なくないが、この基準にもとづく正規化は、そうした社会で期待されている役割を担っている非正規滞在女性を評価し、正統化する効果をもっている。一方で、そうした規範的価値によって期待される役割を遂行していない非正規滞在者については、支援運動のなかでも同情をむけられにくくなる。つまり運動もまた、非正規滞在者がこうした役割規範にもとづいて彼・彼女らを評価することがある。

「子ども」という価値

その後、九〇年代末からNGOが、家族全員が非正規滞在であるケースの正規化を求めるようになり、その一部が実際に正規化されるようになった。こうしたケースの場合、日本人との家族形成や生物学的つながりを前提にできない以上、より一層非正規移民の社会性が強調されることになる。このとき正規化を求める要求において焦点になったのが「子ども」である。

具体的には、子どもの教育、日本の文化と価値の習得、「責任のなさ」が正規化要求の根拠となっていた。このうち子どもの教育は、子どもの権利条約があるように高い規範的正当性を有している。しかし同時に、日本の文脈では学校教育をつうじた社会への統合の側面が強調されていた。つまり統合の装置としての学校への包摂が、日本社会に馴染んでいることの象徴として捉えられているのである。これは、日本の文化と価値を習得している存在として子どもが強調されるということとも関係している。そして、こうした論理にもとづいて正規化を要求する場合、非正規滞在の子どもの社会性の強調は、ナショナルな文化や価値を身につけた者こそ正規化に値するという主張や、その対比として、しばしば大人がそうした価値を十分に身につけていないことへの問題視とつながっていく。というのも日本で教育を受けている子どもと比較すると、そうした機会のない大人は日本語能力などが十分でないことが多いからである。こうして子どもの日本社会への同化の強調は、逆に日本の文化や価値を十分に身につけていないとみなされた大人にたいする同情の差異化につながっていた。さらに、「不法滞在者」が「犯罪者化」されるなかで強調されるようになった子どもの「責任のなさ」も、子どもへの同情と非正規滞在状態を放置していた大人の「責任」への批判という対比につながっていた。

以上のように、子どもの「教育」「同化」「責任のなさ」の焦点化は、いずれも子どもへの同情を引き起こし、社会のなかで訴求力をもつ訴えとなってきた。しかし一方で、これらの論理にもとづく子どもの強調もまた、対比される存在としての大人との差異化につながっていた。こうして子どもと大人にたいする「同情のヒエラルキー」が生じ、結果として子どもだけの正規化を正当化することにも結びついていた。

社会性・歴史性と道徳的基準

以上からわかるように、非正規移民の正規化は、彼・彼女らの社会性や歴史性にもとづいた正規化要求がなされ、実際にもそれらを考慮した正規化がなされている。こうした正規化を求める運動は、非正規移民が、社会的・歴史的存在としてすでに社会のメンバーとして生きているという認識にもとづいているといえるだろう。またそれは、すでに述べたように、法にもとづく国家の境界を実質的に押し広げてきた。とはいえ一方で、恩恵にもとづくという正規化の構造を前提にしたとき、こうした正規化要求は「誰が正規化されるべきか」、言い換えれば「社会のメンバーとして値するのは誰か」という問いを（暗黙のうちに）引き受けることになる。この点において、一九五〇年代の国会審議と現代の正規化を求める支援運動の主張や世論とのあいだに大きな差異はない。つまりそれらは、社会のメンバーが備えるべき資質をめぐる争いの地平にのったうえで、その資質を備えている根拠として非正規移民の社会性や歴史性をクローズアップする。

そしてこのとき問われていることが、メンバーシップという規範である以上、そこで言及される社会性や歴史性、特に社会性は、社会的事実としての提示以上に、しばしば社会のメンバーとして身につけるべき資質という道徳的な意味を帯びることになる。つまり非正規移民の社会性の強調は、彼・彼女らが社会のメンバーとして望ましい存在かどうかを道徳的に評価することと結びつきやすい。本書でみてきたように、このとき要求されるメンバーとしての資質は、社会の規範的価値から無縁ではない。むしろその規範的価値にもとづき、そうした価値に適合するとみなされた非正規移民は、正規化に値するとされる一方で、そうした価値に適合しない／できないとみなされた非正規移民の追放を正当化することにもつながっていた。つまり、社会性への言及は、非正規移民のなかで、社会の規範的価値にもとづく資質を身につけているとされる者とそうでない者という差異化を生み出し、後者の追放を正当化する論理としても機能しうる。

これは、道徳の基準が人びとの共感を得られるかどうかにもとづくと考えたアダム・スミスの指摘のように（スミス 1790＝2013）、道徳による境界は、共感・同情に値する存在とそうでない存在のあいだに引かれがちだということでもある。つまり支援者や世論の「同情」に値するかどうかという感情を基盤に、マジョリティによるマイノリティの評価が行われ、同情のヒエラルキーにもとづいて非正規滞在者のなかで正規化に値する者とそうでない者が区分される。またこのときしばしば、マジョリティによる同情は「われわれ」感情にもとづいている(2)。つまり「われわれ」に近いとみなされた非正規移民ほど共感され、そうではない存在ほど共感に値しない者とされる。たとえば、正規化を求める運動では、子どもによる日本の言葉や慣習の習得、立ち居振る舞いなど「日本的」とされる文化への同化が積極的に評価されていた。非正規移民の道徳的な評価は、「われわれ日本人」を前提にしたうえで、「われわれ」との距離という基準によって非正規移民を区分するのである。

以上のように、正規化要求における非正規移民の社会性の強調は、ホスト社会のマジョリティの共感・同情に支えられ、「われわれ」が前提とする規範的価値にもとづいた、非正規移民の道徳的評価と結びつくことが珍しくない。

それにくわえて、社会性の強調は、矛盾した状況を非正規移民に強いることにもつながっていた。すなわち第六、七章でみたように、非正規移民は、国家の境界からの排除によって、社会関係が極度に限定され、さまざまな社会的資源にアクセスできない脆弱な位置におかれがちである。またそのなかで、社会で期待される役割を果たせない場合も珍しくない。というよりもむしろ国家の境界による排除は、非正規移民を正統なメンバーとして認めないということを、法というそれ自体が道徳的正当性として機能する基準をもって表明している。にもかかわらず、社会性の強調は、しばしば彼・彼らに、社会に溶け込み、またその社会の規範的価値にしたがう道徳的な存在であることを要求する。つまりこれらの論理は、非正規移民を社会関係から排除された状態におきつつ、その社会の規範的価値に依拠して道徳的存在であることを求めるという、彼・彼女らをきわめて矛盾した状況におく論理ともなりうる。(3)

抵抗運動における支援者と当事者

以上のような道徳の論理にもとづく支援運動はまた、支援者と当事者の関係をも規定してきた。ファッサンは、そもそも同情は力のある者から力のない者に向けられるという点で不平等な関係を前提にしているという（Fassin 2012: 4）。しかしその不平等な関係性をどのように理解するかは、支援運動の対象や時代によって異なっている。本書でみてきたように、支援運動のなかには、当事者との「出会い」をつうじて自らと当事者を規定する構造やその構造における自らの優位な立場性の認識にもつながる場合があった。そしてそうした認識が、自らや自らが属する社会の責任という論理で、支援者の支援運動へのかかわりを根拠づけ、支援運動自体をも駆動させてきた。たとえば、朝鮮人の「密航者」支援をつうじて、彼らを植民地支配の歴史を体現した存在として認識するようになり、またそれが、植民地支配とその戦後の継続にかんする日本の責任への自覚にもつながっていた。あるいは、八〇年代末から九〇年代初頭にかけては、アジアからの非正規滞在者の移動の背景に日本の経済進出の影響を見いだそうとする運動があった。これらは、非正規移民を歴史性や構造的な不平等を身体化させた存在として捉え、その「非正規性」をただ個人の責任に還元するのではなく、構造的な観点から理解しようとするものだった。そうした歴史や構造にたいする責任という論理はまた、支援運動を根拠づけ、社会としての対応を要求してきた。

こうした論理は、支援運動における「支援者」と「支援される者」という不平等な関係を前提にしつつも、「支援者」のポジショナリティにたいする自覚にもとづき、両者の異なる関係性を希求しようとするものだったともいえるだろう。非正規移民の「違法性」をただ個人の責任に還元しがちな状況のなかで、こうした認識の転換が重要であることは間違いない。

とはいえ、これによって、両者のあいだの構造的な不平等が変更されるわけではない。また、九〇年代後半以降は、こうした歴史性や構造的矛盾を体現した存在としての非正規移民という認識自体が徐々にリアリティをもたなくなっていった。一方で、それに代わりうる「人権」という抽象的な権利の言説は、前述のように構造的に限界づけられてきた。こうして支援運動は、あくまでも支援者から当事者への「同情」にもとづく「贈与」として位置づけられがちになる。しかしそれは結局、あらゆる「贈与」同様、支援者と当事者の不平等な関係をより強化してしまう側面がある。

主権を相対化する社会性・歴史性

以上のように、非正規移民の正規化と追放を根拠づける論理と効果をみてきた。そこでは、彼・彼女らの社会性や歴史性にもとづいて正規化要求がなされていた。それは、その場が正規化か追放かという争いである以上、最終的には線引きにしかならない。つまりこの抵抗は、線引きと追放としての主権を前提にしたうえで、その線引きの範囲をより外側にしていこうとする運動といえる。

しかし、社会性・歴史性に依拠する支援運動の抵抗は、そうした正規化を主張するものだけだったわけではない。もう一つの戦略として、第五章でみたように、特定領域における権利を求めることによって線引き自体に抵抗するという場合もあったからである。これらの運動は、追放というサンクションをもつ法——具体的には入管法——による線引きを超越的な主権作用として機能させること自体を問いに付してきた。つまり労働や医療、地域生活の分野で生じた抵抗は、この入管法を主権としてではなく、一つの法として限定させようとするものだった。これらの運動は、入管法を、他の領域やその領域で機能している法にたいし超越的なものとして機能することを停止させ、ただ出入国管理という領域にかかわる法として限定させようとしてきたのである。このときそれぞれの運動は、「不法滞在者」という出入国管理によって規定されるカテゴリーとは異なる社会的カテゴリー、たとえば、非正規移民を「労働者」や「患者」「住民」というカテゴリーをもって非正規移民を捉えていた。こうしたカテゴリーの使用は、彼・彼女らがおかれている、出入国管理とは異なる文脈があることを指し示しているのだった。つまりこれらの運動は、「不法滞在者」というカテゴリーにたいし、別の社会的カテゴリーを対置することによって、前者の想定する現実とは異なる社会的現実の存在を提示していた。そしてその場における主権権力の線引きに抵抗し、国家の境界が無効化する場を構築してきた。

これは言い換えれば、その場では、国家の境界作用を機能させないということでもある。もちろんそれは、「労働者」のなかには線引きが生じないという意味ではない。むしろ第五章でみたように、「労働者」のなかにも分断はある。しかしそこでは「不法就労者／合法就労者」という区分よりも、出身地域や労働形態による区分が、社会的境界として意味をもっていた。しかもそれは、実践のなかで乗り越えられることもあり、より動態的なものとして機能していた。

文化人類学者のフレドリック・バルトは、境界線、すなわち一本の線を用いて、あるものと別のものの区別を概念化するという認識図式は、西欧の農村社会の影響を大きく受けたものだと指摘する（Barth 2000）。西欧社会における農民にとって、自らの土地とは「境界の徴によって囲われ、定義づけられた一片の大地」であり、「世帯やその生活手段を囲う境界を創り出すもの」である。このような農民と彼・彼女らが所有する区切られた土地という観念が、「われわれにとっての境界の意味のプロトタイプを喚起」し、それは、近代国家の国境という観念にも引き継がれたという（Barth 2000: 23–24）[4]。つまり自らが所有し、隣接する土地から区別される囲われた土地という原初的なイメージは、ホームランドである国家——それは国境をともなうものである——という形象に投影され、ヨーロッパにおけるネーションの概念を形づくってきたというのである。

このようにバルトは、国境を西洋中心的な認識図式と捉え、それが「国家の支配的なイメージを提供している」と指摘する（Barth 2000: 29）。また、こうした国境を重視した国家の捉え方は、近代国家による難民や庇護希望者の取り扱いにも影響を与えているという。というのも難民や庇護希望者という、そこに含まれる人と含まれない人が明確に区分されるという境界づけられたカテゴリーは、単に人びとを区分するというのではなく、特定の権利や資格の基礎ともなっているからである。こうした境界づけられたカテゴリーの導入は、人びとにさまざまな便益を配分することが求められる近代国家の性格を反映しているとも考えられる（cf. Walzer 1983 = 1999）。しかしバルトは、このような境界づけられたカテゴリーの導入は、人びとの紐帯や社会関係という社会性を参照することなく社会のメンバーを定義するという犠牲を払っていると指摘する（Barth 2000: 29）。

こうした境界づけられたカテゴリーが社会性にもとづくカテゴリーと認識図式を異にしているというバルトの主張は、本書でみてきた労働や医療、地域生活の分野における支援運動の抵抗戦略をよく説明する。というのも、それらは、社会性にもとづいてメンバーを定義し、それをつうじて「不法滞在者」という主権によるカテゴリー化を拒否してきたからである。このとき社会性、言い換えれば人びとの紐帯や社会関係は、彼・彼女らが織りなす社会的相互作用によって形成されている以上、それを一本の線で区切ることはできないだろう。第一章でみたように、国家の境界は、社会を枠づけようとするものとして作用するのだった。これにたいし、ここでなされてきた抵抗運動は、社会性にもとづくカテゴリーを基盤に国家の境界作用が無効化される場をつくることによって、その作用を否定しているのである。くわえてこれらの運動は、こうした社会性にもとづくカテゴリーに依拠して国家の便益を配分することを主張し、労災保障など非常に限定的ではあるもののそれが認められる場合もあった。つまりこれは、境界づけられたカテゴリーにではなく、社会性にもとづくカテゴリーによっても分配は可能であることをも示しているといえないだろうか。

もちろん非正規移民を、社会的カテゴリーによって捉えることによって、主権を相対化する戦略は、完全に主権権力を無効化するわけではないし、実質的にもこの戦略を採用した運動は、九〇年代末以降より困難になっていった。しかしそれでも、この運動の想像力と実践の歴史は、主権の絶対性という観念を揺さぶり、この場に暮らすすべての人びとの空間としての社会を肯定するものとして、これからも参照されうるだろう。

註

序章

（1） たとえば、ある非正規移民について「在特（在留特別許可のこと）がとれた」という言い方がなされる。ただし正確には、在留特別許可によって特定の在留資格が付与される。

（2） 日本の公式文書や支援現場では「在留資格」とよばれている。また支援者や移住者は「ビザ」とよぶことも珍しくないが、いわゆる「査証」とは別である。本書では、文脈に応じて互換的に用いている。

（3） 正確には、一切の入国審査を受けていない「不法上陸者」と虚偽のパスポートなどを用いて入国審査を通過した「不法入国者」がいるが、ここではまとめて「不法入国者」としている。

（4） たとえば、二〇一四年に退去強制手続をとった入管法違反事件一万六七六件のうち、「不法残留」は七七・五パーセント、「不法入国」七・九パーセント、「資格外活動」四・〇パーセントとなっている。「不法残留」が圧倒的多数を占める状態が長年続いている（法務省入国管理局『二〇一五年版 出入国管理』）。

（5） Morris-Suzuki（2010）によると、一九五九年にある新聞は、非正規移民の数として、入管局は五万～六万人と推定したのにたいし、警察は二〇万人程度と見積もっていると書いていた。また少し時代が下がるが、一九七六年の法務省入管局による『出入国管理』は、「密航者」は主に阪神地区、京浜地区に「潜伏」しており、その数はこれらの地区を中心に数万人に達すると見積もっている（法務省入国管理局 1976: 121）。

（6） 非正規移民は、自らの出頭または摘発によって入管局による退去強制手続に入る。その最終段階として退去強制令書が発付されたとき、その執行が送還となる。詳細は第一章参照。つまり「強制送還」といっても、上記のように自分で入管局に出頭して帰国する者も含まれていることに注意が必要である。出頭と摘発の割合は正確にはわからないが、八〇年代末から九〇年代初頭に来日して帰国したバングラデシュ人とイラン人に調査した樋口直人によると、帰国理由として「入管に捕まった」という割合はバングラデシュ人で約五〇パーセント、イラン人で約二〇パーセントである（樋口 2007: 214-215）。イラン人は「家族のため」の帰国が最も多い割合である。また、二〇〇四年以降は、こうした自ら帰国する人びとを念頭におき、入管局に出頭した「超過滞在者」で一定の条件を満たした者は、退去強制手続の一部を省略した「出国命令」によって出国が可能になった。たとえば二〇一四年には被送還者が五五四二人だったのに対し、出国命令を受けた者は二五九二人であり、相当数の者が利用していることがわかる。本章のグラフにはこの数は含めなかった。

(7) ここでは森田([1955]1975)の数字を参照した。一方で、篠崎(1955)は別の数字を掲げている。特に一九四六年と五〇年は大きな数字の開きがあり、森田、篠崎の順に記すと、四六年は二万四八七六人と一万五九二五人、五〇年は一〇五八人と二三一九人(一二月のみ)となっている(森田[1955]1975: 87; 篠崎 1955: 187)。戦後の混乱期でもあり、読み取りには注意が必要だろう。

(8) 詳細は第一章参照。

第一章

(1) 前述のように、今日、こうした国家の領土を越えたトランスナショナルな社会が形成されている。しかし同時に、そうしたトランスナショナルな社会を分断しようとする主権の作用も無視できない。こうして社会は重層化し、ある位相は国家の領土を越える一方、別の位相は国家の領土内に収まるかたちで存在する。

(2) テッサ・モーリス＝スズキは、高度成長期は、日本の歴史のなかで「移民の出入りの際立って少ない時期」だったと指摘している。そのうえで、この頃の経験が一般化され、「入ってくる移民も出ていく移民もひじょうに少ないきわめて自己完結的な国」という日本のイメージの基礎となっているのではないかと示唆する(モーリス＝スズキ[2003]2010: 138, cf. Barthram 2000)。宮本常一も日本を「島国」として論じているが、同時に、戦前と戦後の違いを次のように記している。「……海の喪失はいまもなおつづいている。九州へいくたびにそのことを思う。昭和10年頃には七尾や敦賀にはウラジオストックとの間を往復する船がいつもとまっていたし、下関には関釜連絡船が碇泊していた。門司には台湾をはじめ、東南アジアへの船がいつも港をうずめていた。また長崎からは上海への船が毎日のように出ていた。その地に住むものにとっては、心の中にいつも海の彼方の世界があった。そしてそうした港を中心にした地帯に住む人びとの心は、いまよりももっと自由で奔放なものがあったし、海の彼方の国々やそこに住む人たちに対しても親しみをもっていた」(宮本常一[1969]1973)。この背景には、冷戦下における戦前の記憶の忘却や東アジア全体における「国民」の論理の強まり(文 2015)、当時の近隣諸国との関係などが互いに絡みあいながら存在しているだろう。

(3) ここで道徳とは、広い意味で「善悪を区分する規範」のことを意味している。それは個人の意図や行為、人格を対象にする場合もあれば、共同体を対象にする場合もある。現代において道徳は多元化しており、社会秩序を支えるものとして唯一(あるいは総体としての)道徳を想定することは難しい(三上 2003)。にもかかわらず本書のように、社会の周縁に焦点をあてると、道徳——一元的なものではないにしても——が社会の境界の機制として作動している。

（4）二〇一六年三月一一日、法務省報道発表資料「平成二七年末現在における在留外国人数について（確定値）」（http://www.moj.go.jp/nyuukokukanri/kouhou/nyuukokukanri04_00057.html、二〇一六年八月三一日閲覧）。登録者数を国籍別でみると、戦後長期にわたり韓国・朝鮮籍が最も多かったが、二〇〇七年以降中国籍が最も多くなり、二〇一五年には六六万五八四七人と在留外国人の約三割を占める。その後、韓国、フィリピン、ブラジル、ベトナムとつづく。また在留資格別では、「永住者（一般永住者）」が約七〇万人、旧植民地出身者とその子孫が大半を占める「特別永住者」が約三五万人と、両者で四七パーセントを占め、つづいて「留学」「技能実習」となっている。

（5）「外圧」の影響によってベトナム難民の受け入れを決めたことが、閉鎖的な日本の民族的マイノリティへの対応の変化をもたらしたことから、田中宏はこの受け入れを「黒船」とよんだ（田中 2013）。

（6）蘭信三は、戦後における人の移動の第一の転換点を一九七〇年代に位置づけている。この時期、東アジアの冷戦体制の変化によって、「中国残留日本人」に代表されるように「「戦後処理」としての人の移動」が再開されたこと、またベトナム難民の受け入れが始まった。これらの経験は、「八〇年代後半からのグローバル化のなかでの人の国際移動の急激な展開を準備した」と指摘する（蘭 2013: 64-66）。同じ論考で蘭は、沖縄では、戦後も海外への移民が一定のボリュームをもって継続した点で、本土とは異なる移動の経験をしてきたことを論じている。

（7）ただし韓国からの非正規の移動のなかには質的な変化を見出すことができる。入管局は、一九七六年の『出入国管理』において、韓国からの「密航」は、昭和三〇年代までは「戦前我が国に居住していた者が家族ぐるみで再渡航するケース、親子兄弟ら離散家族の呼び寄せ、あるいは親を頼って入国するケース等」が多かったが、「昭和四〇年代に入ってからは、我が国に職場を求めるいわゆる出かせぎケースが主流となってきている」と指摘していた（法務省入国管理局 1976: 120）。その後、一九八九年に韓国で海外渡航が自由化して以降は、「密航者」はほとんどみられなくなった一方で、韓国からの超過滞在者が増加することになった（高 2000）。このように「密航」から「新しい」移住者への変容は、日本側の要因だけではなく送り出し国側の要因とも関係している。

（8）本文で取り上げている研究以外に、Horton 2009; Willen 2007, 2010; Bloch *et al.* 2011のほか、Menjívar & Kanstroom eds. 2014, Part2、De Genova & Peutz eds. 2010 所収の各論文なども参照。

（9）また樽本は、「国民」（樽本の表現では「一流市民」）と「デニズン」のあいだに「二流市民」（完全な市民権を所持しているものの実質的には十分に享受できていない者）も区分している（樽本 2007; 2012）。

（10）こうしたシティズンシップを説明的に論じる議論にくわえて、規範的な観点からの議論もある。セイラ・ベンハビブは、非正規移民らの普遍的な人権保障を重視する一方で、民主政体がもつ境界の画定の権限も擁護する。すなわち民主的な自己統治には、その法の効力が及ぶ範囲＝領土の画定が必要であり、そこからメンバーシップを定める必要が生じると考えるのである（Benhabib 2004: 219＝2006: 202）。一方、ジョセフ・カレンズは、メンバーシップの決定をそれが民主的決定であることをもって正当化することはできないと論じる（Carens 2013: 6–7）。というのもたとえば、一九世紀末アメリカで制定された中国人排斥法や二〇世紀のドイツでユダヤ人からシティズンシップを奪ったニュルンベルク法は、たとえ民主的決定にもとづく主権国家の判断だったとしても現在では正当化されえないからである。

（11）フーコーによると、この権力は、「殺すための権力」である主権権力とは異なる「生きさせるための」権力であるが、同時に、死へと廃棄する。このとき、生きさせる人口と死へと廃棄する人びとを区分するのが人種主義である（Foucault 1997＝2007）。つまりフーコーにとって、人種主義とは「権力が捉える生の領域に断絶を導入する方法」である。言い換えれば、人種主義は、人類のなかに、人種という区分を導入することによって、誰（どの人種＝人口）を生きさせるか、逆に誰（どの人種）を「死へと廃棄する」かを弁別するように働く。それは、「生きさせる」ための生‐権力が働く社会において、「別の者を死に至らしめる権力のための不可欠な条件」であり、「生‐権力のエコノミーにおいて死の機能を保証」している。この「死へと廃棄する」というのは、物理的な殺人のみならず「まったく間接的な殺人」の場合、すなわち「死に曝すこと、ある者に対して死の危険を増大させること、あるいは単に、政治的な死、追放、拒絶といったようなこと」も含むという（Foucault 1997: 228–229＝2007: 255）。フーコーは、人種主義についてはこれ以上展開しなかったが、ここで生／死への人口の振り分けが人種主義にもとづくという点は重要である。

（12）主権を境界の画定と捉えるアガンベンの議論は、カール・シュミットの影響を受けている。シュミットは大地のある部分を「一定の秩序において区分し確定する」ことに法／ノモスの原初的な原理を見いだした（Schmitt 1950＝2007: 56）。エティエンヌ・バリバールも、シュミットによる「例外状態について決断・決定を下す」という主権の定義をこのノモスの原理と結びつけて理解することが必要だと指摘する。すなわち「シュミットにとって、主権は常に境界上で成立し、何よりもまず境界設定において行使される」という（Balibar 2001＝2007: 320）。

（13）ノモスとは人為的なもの、ここでは法を指す。一方、ピュシスとは自然を意味する。

（14）このように、非正規移民を「剝き出しの生」と捉えたアガンベンの議論については、政治的存在としての非正規移民を強調する研究からの批判がある（McNevin 2006; Rygiel 2011; Walters 2008）。ただし De Genova（2010）がいうように、難民あるいは非正規移民にたいするアガンベンの見方は、これらの研究が想定するより両義的である。すなわちアガンベンは、難民や非正規移民は「人間と市民の同一性、生まれと国籍との同一性を破ることによって」「主権の原初的虚構を危機にさらす」「政治的形象」だともみなしている（Agamben 1996＝2000, 1995＝2003）。アガンベンによると、国民国家は、「生まれを自らの主権の基礎におく国家」のことを意味し、「生まれがただちに国民となり、二つの間にはいささかの違いもない」という虚構にもとづいている（Agamben 1996 = 2000: 21）。しかし、難民あるいは非正規移民は、彼らの生まれがシティズンシップにつながらないという、その存在をもって生まれと国民の結びつきが虚構であることを明るみに出し、主権を「危機」に陥れる。それゆえ、彼は、難民あるいは非正規移民は、「国民国家の原則に根本的な危機をもたらすと同時に、カテゴリーの刷新をもたらす方法を示す限界概念」を体現していると論じる。つまりアガンベンによると、難民あるいは非正規移民という形象は、主権の内にある矛盾に挑戦する潜在性をもっている。それゆえアガンベンの議論は、難民や非正規移民を非政治的存在である「剝き出しの生」に閉じ込めるものというよりも、既存の政治／非政治という区分をも批判的に捉え直す契機ももっているといえるだろう。

（15）第七章で言及する非正規滞在家族は、子どもが収容されることを防ぐために、両親は帰国を決めた。また第三章で取り上げる孫振斗さんは長期にわたって大村収容所に収容されていたが、そのときの心境を面会にきた支援者にたいして次のように語っていた。「入管につかまってしもうたらもう一、なんせ、こっちがまいってしまって帰ると言い出すのを待っているんですよ……。入管というところは人間をだめにしてしまう所ですよ……」（中門 1976: 5）。このように収容は、被収容者をして「自発的に」追放に応じさせられてしまうものとして機能している。De Genova（2007）も参照。

（16）アメリカ人英語教師のマクリーンが、ベトナム反戦運動に参加したことを理由として在留期間の更新が認められなかったことは国の裁量権の濫用であるとして訴えた裁判。一九七八年に最高裁は、外国人の在留の許否にかんする国の広範な裁量を認めた原審を支持し、原告の敗訴が決定した。

（17）ただしこのシュミットの議論は、当時の日本においてなぜ朝鮮人が主要な「敵」として捉えられたのかについては説明しない。その背景には主に、冷戦下の反共政策にくわえ、植民地支配における日本人と朝鮮人という支配従属関係の転換という状況があったと考えらえる。詳細は本書第二章および第四章第四節参照。

（18）フリーマンは、移民管理における主権権力の機能を経験的に分析するために、移民政策をめぐる決定権の場と国境を越える人の移動にかんする国家の権限に着目している（Freeman 1998）。

（19）バリバールは、非正規移民の正規化運動を「民主主義政治の当事者」としてのシティズンシップの実践であり、市民権が「上からのみ与えられるものではなく、その本質的な部分は下から形づくられる」ものであることを端的に示していると論じる（Balibar 1998: 25 = 2000: 34, 2001: 89 = 2007: 111）。現代の非正規移民の追放にたいする抵抗運動や正規化を求める運動の研究として、本章註14にあげた文献のほか Coutin（2003）; 小井土（2014）; Laubenthal（2011）; Nyers（2003）; Nicholls（2013; 2014）; Hondagneu-Stelo and Ruiz（2014）; Friedman *et al.*（2014）など。一方、日本の運動についての研究として、Shipper（2008）や Roberts（2003）などがある。

第二章

（1）エドワード・ワーグナーは、日本政府は、「占領軍が朝鮮人に与えようと思っていた自由と平等を朝鮮人が享受することを妨げるのに懸命」であり、そのため「警察による威嚇と監視が広く行われた」と述べる。そのうえで、日本の新聞と公衆も、こうした情勢に協力的であり「敵対宣伝と差別行為によって朝鮮人を以前の劣等地位に引きとめようとした」と指摘している（ワーグナー 1955: 57）。

（2）一九四九年には、首相の吉田茂もマッカーサーに、原則としてすべての朝鮮人を本国に送還すべきとする手紙を書いていたという（飛田［1986］2016: 73）。

（3）鄭は、朝鮮人在監者を占領軍が釈放、送還しようとしたことに対して、自らの裁判の威信が失墜しかねないとして司法省が強く反発したことを例にあげている。

（4）外国人登録令の前段として、四六年に大阪で、居住証明と朝鮮人登録が検討されていたが、その目的も、「密航者」を取り締まることだった。居住証明は、「密航」ではないと確認された朝鮮人に警察が居住証明書を発行することを主とする制度だったが、強い反対により実施されなかった（鄭 2013: 67-69）。

（5）占領期における「密航」とその統制については近年研究がすすんでいる。たとえば、福本（2013）：挽地（2005）：小林（2007）：モーリス＝スズキ（2005a, 2005b）：Morris-Suzuki（2010）：オーガスティン（2012）：朴（2013）を参照。

（6）その後、一九四八年には済州島で四・三事件が生じ、また五〇年からは朝鮮戦争が始まった。そうした戦災から逃れてくる者も珍しくなかった（藤永 2012; 伊地知・村上 2008; 金 2015; 高 1998）。

（7）この警戒の背景には、当時、朝鮮半島における米軍と左翼勢力との対立が激化していたことがあった。こうしてＧＨＱのなかに、在日朝鮮人を治安という観点で捉える見方が強まり、日本政府と連携して強硬政策を行うようになった。一九四八年には、ＧＨＱを後ろ盾とした文部省は、朝鮮人も日本の公私立中学校に就学せねばならないことなどを含む通達を出し、その後朝鮮学校の閉鎖措置を決め民族教育の弾圧を行った。これに対し、朝鮮人の激しい抵抗が行われたが、ＧＨＱは神戸で「非常事態」宣言を出して鎮圧した。また大阪では、学校閉鎖に抗議する集会とデモに警察が発砲し、一人の朝鮮人少年が死亡した（阪神教育闘争）。また四九年には、在日本朝鮮人連盟（朝連）に対する、「団体等規制令」の適用による解散命令が出された（文［1995］2005; 小林 2006; 鄭 2013）。

（8）この入管局の方針は、在日韓国人の法的地位が日韓会談でまだ確定していないことによる暫定的なものだった。日韓会談は、ちょうど同時期の五一年から予備会談が始まったが、そこにおいても日本政府は、在日韓国人に、退去強制事由を含む入管令を適用することを韓国側に認めさせることにこだわっていた（小林 2011）。

（9）当時、朝鮮人の運動も、日本国籍の一方的な喪失に抗議することはなかった。在日朝鮮人にとって、日本の支配から脱し「独立国家の一員としてあること」は「積年の悲願」だったからである（文 [1995]2005: 194）。文京洙は「国籍を、「一民族一国家」という観念を超えて、ある国家領域に生まれ育ったものには当然付与されるべき「権利・義務の束」として理解するような視点は、この当時では、日本人はもとより朝鮮人の側にもなかった」としている（文 [1995]2005: 194-195）。また外村大は、こうした国家と民族の結びつきの契機を朝鮮戦争に見いだしている（外村 2004: 440）。すなわち朝鮮戦争は、在日朝鮮人のなかに「国家に対する意識」としてのナショナリズムを強めると同時に、日本人に在日朝鮮人が「祖国を持つ存在」だということを気づかせることになったという（外村 2004: 440-441）。実際、左派系在日朝鮮人運動でも、自らを朝鮮民主主義人民共和国の在外公民として位置づけ日本の政治への関与を内政干渉として控えるようになっていった。こうして五〇年代は、「在日朝鮮人にまつわるあらゆる問題が「国民」の論理に収斂されていく過程」であり（文 2013: 93）、また日本においては、「日本国を構成するのは日本民族のみ」という「単一民族国家論」が一般化した（外村 2004: 444）。同時に、これは「在日朝鮮人の日本社会への帰属の回避・参加の抑制による日本人との摩擦の回避」にもとづいており、この枠組みを外村大は「民族関係の五五年体制」とよんでいる（外村 2011）。本書第三章も参照。

（10）またこのとき、大村収容所に収容されていた「不法入国者」の引き取りは、李ラインを越えて操業していたことで拿捕、釜山に抑留されていた日本人漁夫の解放との「交換」でもあった（挽地 2010）。

第三章

（1）当時、在日朝鮮人の生活保護受給率は高く、貧困状態で暮らす人は珍しくなかった。政府は、生活保護の受給によって退去強制にすることは運用上ないとしていたが、現場のケースワーカーのなかには、退去強制になる可能性があるとしてその受給を思いとどまらせたり、朝鮮人のあいだでもそれに怯えて生活保護の受給を控えたりする動きが生じたとされる（金 2015）。退去強制事由からこの条項が削除されるのは、一九八一年になってからである（田中 2013）。

（2）日本に暮らす朝鮮人は、外国人登録が始まった当初はすべて「朝鮮籍」として登録された。その後、韓国政府の要請もあり「韓国籍」がつくられ、希望する者は朝鮮籍から韓国籍への移行が認められた（森田 [1955]1975: 82-84）。日韓条約によって韓国籍のみ「協定永住」が認められた後も韓国籍と朝鮮籍では、日本の在留の条件がさまざまな形で差異化されてきた。なおここでいう「朝鮮籍」は、国籍ではなく符号であるというのが日本政府の一貫した説明である。

（3）なお協定発効から六年を過ぎて生まれた三世以降の世代の法的地位は二五年以内にあらためて日韓で協議することと定められた。

（4）海上保安庁は、一九六五年には「日韓交渉の進展に伴い増加が予想される韓国からの集団的密航事犯等を中心として密航事犯の捜査を強化した」としている（海上保安庁 1966）。一方で翌年については、「日韓の国交回復によって正規入国の機会が多くなったこと、韓国官憲の密航取り締まりが強化されたことなどもあって、それまでのほぼ半数」に激減したことを指摘している。ただしその翌年には増加している（海上保安庁 1968）。その後も日韓両国で「不法入国」取り締まりの対策は行われていた。韓国では、一九七四年に「不法出国事案根絶のための責任制」が実施され、全国の治安機関による取り締まり、沿岸住民による申告体制の整備などが盛り込まれたとされる（法務省入国管理局 1976: 146）。

（5）また法律一二六号該当者についても日韓条約以前は、退去強制事由に該当する事実が発生しても在留特別許可が認められていたが、「日韓条約」以降、その条項を全面的に適用するようになっていると捉えられていた（在日朝鮮人の人権を守る会 n.a.: 12）。

（6）こうしたなかで、日本人がかかわる運動の草分けとして、一九六〇年代半ばに形成された「在日朝鮮人の人権を守る会」がある（田中 2002）。

（7）たとえば在日コリアンの差別撤廃運動の端緒として取り上げられることの多い日立就職裁判（一九七〇年、外国籍であることを理由に日立製作所から解雇された在日韓国人二世の朴鐘碩さんが、その取り消しを求めて提訴し、勝訴した裁判）は、慶応大学で「反入管闘争」を行っていた学生グループが、原告の朴さんに偶然出会ったことがきっかけとなって始まった（高波 1974）。

（8）その後、七一年、七二年、七三年にも上程されるが、結局は成立しなかった。

（9）金東希のその後の消息はわかっていない。

（10）当時、東アジアは冷戦の真っ只中であり、韓国からに限らず、国籍国の政権を批判して日本に亡命を求めてくるケースが複数あった（宮崎 1970; Morris-Suzuki 2010）。しかし日本はまだ難民条約は批准しておらず、亡命を認めていなかった。

（11）これは、しばしば入管局の裁量の大きさを表す表現として引用される元入管局の高官が記した言葉「外国人は煮て食おうと焼いて食おうと自由」と響き合うものだろう（池上 1965: 167）。

（12）一九六九年の第一号は、「任錫均を支持する会」の機関紙として出されたが、その後飯沼の個人雑誌として二〇号まで発行された。その後は鶴見が引き継ぎ、二七号まで刊行された。なお「大村収容所を廃止するために」というサブタイトルは鶴見俊輔の提案だったという（飯沼 ［1981］1994）。

（13）以下、孫さんの経歴は、主に平岡（1972）、中島編（1998）にもとづく。特に裁判支援の運動過程については、中島編（1998）が詳しい。

（14）手帳裁判福岡地裁第八回口頭弁論（「本人尋問」）一九七四年一月三〇日。

（15）この後、特別在留許可を求める陳情書は複数回出された。

（16）提訴時には、福岡県は手帳交付の判断を保留していたので、交付要求訴訟だったが、七二年七月に県が手帳交付を却下した後、一旦訴訟を取り下げ、同年一〇月に、却下処分取り消し訴訟として再提訴された。
（17）平岡はその後もこのテーマを追い続け、「ヒロシマ」の思想を問い続けている（平岡 1996: 2011）。一九九一年に広島市長になった平岡は、最初の「平和宣言」で、日本の植民地支配や戦争に言及し、「アジア・太平洋地域の人びとに、大きな苦しみと悲しみを与えた。私たちは、そのことを申し訳なく思う」と述べた。これは広島市として初めてアジアに発したメッセージだった（平岡 1996: 64）。同時に、核兵器使用が国際法違反であることを指摘し、原爆投下の責任を追及している。
（18）二〇一五年三月七日、田中宏さんインタビュー。
（19）手帳裁判福岡地裁第七回口頭弁論（証人尋問）一九七四年一月二九日。
（20）退令裁判佐賀地裁唐津支部（最終陳述）一九七一年一月二三日。（孫さんを救援する市民の会 1971: 13）。
（21）原爆医療法に国籍条項が設けられなかった背景は、よくわかっていない（川口 2006）。
（22）メモ「孫振斗　討論 NO. 1・一九七一年三月七日」大阪市民の会のメンバーだった飛田雄一さん提供資料。このとき孫さんと同じ船に乗り捕まった他の「密航者」への対応が念頭におかれていたと思われる。つまり被爆した孫さんの治療要求に照準をあわせることが、結果として他の「密航者」の切り捨てにつながるのではないか、と考えられた。なおその後、裁判の過程で船長も長崎で被爆していたことが明らかにされた。
（23）「反入管全国通信」第一一号、一九七一年七月一〇日。
（24）「〈孫さんに治療を！〉大阪市民の会・通信」一〇号　一九七三年八月。「討論　大阪市民の会会員」の猪瀬氏の発言。
（25）二〇一五年八月二〇日平岡敬さんインタビュー。
（26）二〇一五年三月八日、山本晴太さんインタビュー。
（27）韓国では、故人が生前中にお世話になった人や思い入れのあった場所を霊柩車でまわる習慣があり、それにならったという。二〇一五年三月八日、山本晴太さんインタビュー。
（28）二〇一五年八月二〇日、平岡敬さんインタビュー。
（29）当時の「密航者」および支援運動については、法務省入管局（1976）、高（1998）、合田悟さん追悼集編集委員会（2011）、吉岡（1974）参照。また二〇一六年七月九日、李恩子さんインタビュー。

＊本章および次章の記述については、註に記した方にくわえて、松田素二さん、中島眞一郎さん、寺口淳子さん、寺口瑞生さん、ＮＰＯ法人東大阪国際共生ネットワークにも情報を提供いただいた。

第四章

（1）「資格外活動事犯」とは、自身が有する在留資格では認められていない活動をした場合（その多くが就労することが認められていない在留資格でありながら、就労しているケース）を指す。

（2）「資格外活動がらみ不法残留事犯」とは、資格外活動をしつつ、かつ当該在留資格で認められた在留期限が切れている場合を指す。

（3）当時、このイメージをさらに強化させたのが、就学生ビザの発給を求めて約二万人が上海領事館に殺到した一九八八年の「上海事件」と一九八九年の「偽装難民」事件（同年五月末から四ヶ月ほどのあいだに、三三件、二九五〇人の「偽装難民」を乗せた船が九州沿岸に押し寄せていた）だった。両者とも、本来は出稼ぎ目的の人びとであるとされ、同じように日本をめざす人びとが周辺諸国に無数にいることをイメージさせるのに十分だった。

（4）もともと在日朝鮮人の研究をしていた内海愛子は、当時所属していた日本朝鮮研究所発行の『朝鮮研究』に初めて書いた論文が日韓条約締結後の「アジア人技術者導入」だった（内海 1970）。内海によると、これを読んで、アジア太平洋資料センター（後述）のメンバーが連絡をしてきたという。一方で、一九七〇年前後の入管法改定にあたって内海らが開催していた勉強会には、その後、日本とアジアの関係についての運動を担うことになった松井やよりも参加していたという。このように、在日朝鮮人というイシューと日本とアジアの関係というイシューに取り組む運動には、人的・組織的重なりや関係性があった。内海愛子さんインタビュー、二〇一五年八月四日。

（5）内海愛子さんインタビュー、二〇一五年八月四日。

（6）こうしたアジア進出と移住労働者の流入が本格的に結びつけられて論じられるのは、後述するように、一九八〇年代に入り「ニューカマー」の来日が急増してからである。しかし一九六五年の日韓条約以降、特に一九七〇年代に入ってから増加した、東アジア・東南アジア諸国からの研修生の受け入れが、低賃金労働力の代替となっている点はすでに一九七〇年に指摘されていた（内海 1970; 落合 1974）。

（7）周知のように、ＰＡＲＣは研究者や市民、ジャーナリストらが一緒になって研究会を立ち上げ、バナナやエビなど身近なモノを通して、「北」で暮らす人びとの生活が「南」とつながっていることを具体的に示す活動を行った。

（8）一九七四年に小田実らが主催し、国内外の活動家が参加したアジア人会議（「経済開発と環境の将来に関するアジア人会議」）が開催された（小田編 1976）。これは「一九六〇年代後半から始まったアジアをめぐる市民運動の一つの結実」であり（水溜 2012b: 139）、アジアの女たちの会の呼びかけ人となる松井やより、富山妙子、加地永都子も参加した。ただし水溜真由美によると、会議全体としては、女性の視点が欠落しており、会議三日目に富山妙子の提案で女性問題分科会が開催されたという。

（9）これは、一九七七年三月一日、つまり「朝鮮の女たちが、日本の支配に抵抗し生命をかけた三一独立運動の記念すべきこの日」に宣言された。
（10）実際、「アジアの女たちの会」の中心メンバーであった松井やよりが、九〇年代に慰安婦問題をめぐり提起した民衆法廷は、アカデミズムにおいてもポストコロニアルの主要な実践の一つとして注目を浴びた。
（11）「アジアの女たちの会」の役員をつとめたもりきかずみさんへのインタビュー（二〇一二年一月七日）。また伊藤（2011）、水溜（2012a, 2012b）も参照。
（12）ただし当時の視点は、現在から振り返ってみれば、日本社会における高度成長の達成への自信を、ナショナルな社会の枠組みを越えた視点、すなわちその成長が他地域の従属に支えられているという点から問い直そうとするものであると同時に、その問い直し自体が「先進国」という自覚に裏付けられているという矛盾に充ちたものであった。
（13）それ以外に「アジアの女たちの会」が取り組んだ国内の移住者にかかわるイシューとして国籍法の問題がある。当時の国籍法では、父系血統主義ゆえ、外国人男性と日本人女性の子どもは出生時に日本国籍を取得できなかった。これを、日本のジェンダー不平等を象徴する問題と考えた国籍法改定をめざす運動が取り組まれるようになった。このメンバーを中心に一九八〇年「国際結婚を考える会（以下、考える会）」が立ち上げられ、国籍法改定運動の中心を担った（小林 2009）。また一九七九年に国連で採択された女性差別撤廃条約を日本が一九八五年に締結したこともあり、同年、改正国籍法が施行され、国籍法の父系血統主義は両系血統主義に改められた。考える会はまた、日本人と国際結婚をした外国人が日本での定住を認められるにあたって、ジェンダーによる差別があることも問題にした。当時、日本人男性と結婚した外国籍女性は、入国や定住、帰化が容易に認められる一方で、日本人女性と結婚した外国籍男性にはそれが認められず、自立した生計が必要とされていた。つまり「女は結婚すれば家を出る」すなわち「外国人と結婚したら日本を出ていく」こと、夫が妻を扶養する義務があるということが当然とされていた（アジアの女たちの会 1979）。このような、社会の支配的なジェンダー構造にもとづくジェンダー化されたメンバーシップ規範に対し、アジアの女たちの会は、異議を申し立てたのである。
（14）当時、人身売買の被害者である女性が店の経営者である別の移住女性を殺害するという同様の事件が、複数起きていた。
（15）姜在彦・飯沼二郎・大沢眞一郎・小野誠之・鶴見俊輔（1991）における小野誠之の発言。ただし実際には、韓国への送還についても一九七〇年にはすでに集団送還以外に、自費出国や運送業者による送還が目立つようになっていた（法務省入国管理局 1976: 138）。
（16）とはいえ永住者に再入国許可を求めていること自体が、国際条約違反として批判されている。
（17）一九八九年一一月一〇日衆議院法務委員会における米澤慶治法務大臣官房審議官の発言。（http://kokkai.ndl.go.jp/SENTAKU/sy

ugiin/116/0080/11611100080002a.html, 二〇一六年七月二五日閲覧)。

(18) 実際、改定法施行以前から働いていた人への罰則の適用は除外された。

(19) 一方で、労働力の確保を求めていた中小企業の圧力に対応するため、一九九三年に「外国人技能実習制度」が創設された。これは、従来からある研修制度に後続する制度であわせて「外国人研修・技能実習制度」とよばれた。同制度では、決められた職種であれば、合計三年(開始当初は二年)の「研修生・技能実習生」の受け入れが可能になった。一方で、低賃金労働などの批判を受け、二〇一〇年には、研修制度と技能実習制度は別々に運営されることになった。これによって、中小企業で働く外国人労働者は技能実習生として最初から労働法の適用を受けることが可能になったが、職場移転の権利が認められていないなど抜本的な解決にはいたっていない。

(20) 九〇年代初頭に行われた稲上毅らの調査においてもこの点は指摘されている(稲上・桑原・国民金融公庫研究所 1992: 153-154)。また『朝日新聞』二〇〇八年八月一七日朝刊における元雇用主の回想でもこの点が指摘されている。一方、『警察白書』では、九〇年に初めて「外国人労働者」についての特集が組まれたが、その内容は宣言的なものにとどまっていた。

(21) 『朝日新聞』でも九〇年四月二〇日に「外国人労働者に連帯の輪を」という社説が掲載されている。また、改定法施行後の七月三一日から「査証ヲ　いま外国人労働者は」という一〇回の連載が組まれ、非正規滞在者の合法化可能性を探った。

(22) まず九〇年、それまでは五四年の厚生省通達にもとづき、非正規滞在者にも準用されていた生活保護が口頭指示により、永住者・定住者などに限定されることになった。つづいて九二年には、国民健康保険法の適用範囲が入国時点で一年以上の在留資格をもつか、その見込みがある者に限定された。これ以前は、事実上一年以上滞在してしまった者、(治療などで)滞在することになる者で、外国人登録をしている者にも加入が認められていた。

(23) 『朝日新聞』でも、非正規滞在者の存在は「不法就労」対策と人権の「ジレンマ」として捉えられるようになっていた(『朝日新聞』一九九二年二月一九日社説)。その後さらに、「不法就労をなくすために」というタイトルのもと、「不法滞在は認めぬとの姿勢」の必要性が強調され、合法化については明言されなくなっていた(『朝日新聞』九三年六月二〇日社説)。

(24) 『朝日新聞』では、地方・全国版をあわせると、八八年から毎年「外国人労働者」を特集した連載が組まれていたが、九三年から九六年は途絶えている。

(25) この推計値には、労働者として認められていない研修生は含まれていない。さらに二〇〇六年には、外国人労働者数約九二・五万人のうち「不法残留者」数は約一七万人であり、その割合は約一八パーセントとなった(http://www.mhlw.go.jp/houdou/2008/05/h0530-1.html、二〇〇九年一〇月一九日閲覧)。

(26) 入管法違反者のうち、就労していた者は、毎年およそ八割とされている(法務省入国管理局『出入国管理』各年版)。

(27) アメリカで起きた「9・11」もこうした傾向に拍車をかけた。ディディエ・ビゴは、移民のセキュリティ化は「9・11」以前から続く長期的なものであり、そのなかで「9・11」は「脅威に抗する闘いという名のもとに、特定の人びと、とりわけ彼・彼女らが移動する人びとならば、その潜在的な振る舞いをプロファイリングすることを正当化するという考えを強化した」と指摘する（Bigo 2006）。

(28) 詳細については明石（2010: 216 – 226）。

(29) この「基本計画」は、「我が国に入国・在留する外国人の状況を明らかにした上で、出入国管理行政の指針その他必要な施策を定める」ことが九〇年の改定入管法で定められたことにもとづき、一九九二年に初めて発表されたものである。その九二年の「第一次基本計画」には「不法就労」の防止が盛り込まれていたが、二〇〇〇年の「第二次基本計画」では焦点は非正規移民の「滞在」そのものになった。

(30) 佐藤裕は、この石原氏の発言を「われわれ」というカテゴリーをつくりだす差別として分析している（佐藤 2005）。

(31) この石原氏の「被害者」としてのメンタリティは、〇八年にアメリカで行った尖閣諸島の「国有化宣言」へとつながっており、アジアにおける地政学的な変化にたいする彼の認識にもとづいているようにもみえる。周知のように、石原氏は、九〇年代初頭には「NO！といえるアジア」としてアメリカに対抗心を燃やしていた。それと比較すると、自らを「被害者」として位置づける点は同じだが、対抗の相手が大きく反転している。

(32) 「テロの未然防止にかんする行動計画」（国際組織犯罪等・国際テロ対策推進本部、〇四年一二月）。また〇七年入管法改定では、テロの未然防止と「不法入国者」対策を目的に、外国人の入国時の指紋採取と写真撮影の義務化が導入された。

(33) それ以外に、関連するものとして、法務省入国管理局「第三次出入国管理基本計画」（二〇〇五年三月）、自由民主党政務調査会「新たな入国管理政策への提言」（二〇〇五年六月）など。また度重なる入管法改定でも、「不法滞在者」が治安に与える影響が大きな根拠とされた。

(34) 具体的には、「不法滞在者」の摘発専門部隊の設置（法務省）や、「不法滞在」捜査専門の「不法滞在対策室」および「不法滞在対策官」の発足（警察庁）がなされ、入管と警察の連携や合同摘発が積極的にすすめられるようになった。実際、この間に入管法違反で入管および警察によって摘発された人数は増加している。〇四年の入管および警察による摘発者数は、計二万五九九四八人であり、同年の入管法違反事件総数の五割弱を占めるにいたっている。

(35) 実際には前述のように、九三年以降、非正規滞在者の数は減少している。にもかかわらず、このような項目が公的調査に盛り込まれたこと自体の問題も大きい。この調査では、治安に関する情報の入手方法として、九五・七パーセントが「テレビ・ラジオ」と回答しており、ここからも「不法滞在者」というイメージが、メディア空間のなかで広まっていったことが示唆される。

（36）〇四年から〇八年の在留特別件数を合計すると四万九三四三件となる。ただし実際には、毎年新しく非正規滞在になる者もいるので、「半減」のうち何割が正規化によるものかを正確に計算することはできない。

第五章

（1）二〇〇五年一〇月二四日。

（2）二〇〇〇～〇四年の加入者の国籍は、インド三八パーセント、パキスタン二四パーセント、バングラデシュ二〇パーセント、スリランカ八パーセントとなっている。（全統一作成資料各年「新規加入者」データによる）。今日、全統一のように移住労働者を組織化している労働組合の数は、正確な統計はないが少数にとどまると考えられる。全統一が活動を始めた九〇年代初頭には、移住労働者の労働相談を行うユニオンが少なからずあったが（コミュニティ・ユニオン全国ネットワーク編 1993）、彼らの組織化につなげられた団体は限られていた。

（3）九二年、九三年には労働組合や市民団体が中心となって、「労災白書」を作成している。

（4）労働省通達「外国人の不法就労等に係る対応について」（一九八八年一月二六日）。また「不法就労」外国人が労働基準監督機関に申告、相談を行った場合、当該機関は権利の救済に努め、入管局への通報は行わないという対応も示された（一九八九年十月三一日基監発第四号「入管法上不法就労である外国人労働者の入管当局への情報提供について」）。このような行政機関の通報義務については、入管法六二条第二項に定められている一方で、「当該行政機関に課せられている行政目的が達成できないような例外的な場合には、当該行政機関において通報義務により守られるべき利益と各管署の職務の遂行という公益を比較衡量して、通報するかどうかを個別に判断することも可能」との見解が示されている（二〇〇三年一一月一七日法務省管総第一六七一号「出入国管理及び難民認定法第62条2項に基づく通報義務の解釈について（通知）」）。民主主義国家における移民にかんする倫理を論じるジョセフ・カレンズは、一般的な人権を保障する責任を有する者によって集められた情報は、移民法の行使の目的に使用されてはならないこと、つまり移民法の行使と一般的な人権の保障の間に「防火壁」を築くべきことを主張しているが（Carens 2013）、日本における通報義務の除外もこの「防火壁」戦略の一つといえる。

（5）全統一作成資料二〇〇一～〇六年「新規加入者」のデータによる。

（6）労働基準法第三条は「使用者は、労働者の国籍、信条又は社会的身分を理由として、賃金、労働時間その他の労働条件について、差別的取扱をしてはならない」と定めている。組合は、移住者の在留資格を「社会的身分」として捉え、在留資格の有無にかかわらず「労働者の権利」は保障されると主張してきた。

（7）全統一では、ミーティングや行事での参与観察とともに、スタッフおよび元スタッフ五人、メンバーの移住労働者一二人に約一

〜三時間程度の聞き取りを行った。移住労働者の国籍はインド四人、パキスタン三人、バングラデシュ三人、ガーナ、セネガル各一人であり、すべて男性である。またそのうち四人は日本人との婚姻などにより在留資格をもつ。なお本書で引用したスタッフや移住労働者の語りは、聞き取りや私的な場での会話にもとづいている。全統一外国人分会の活動については、鳥井氏本人による詳しい説明がある（鳥井 2004）。

（8）労働運動研究においても、既存の労働運動にとどまらず、社会的領域にも活動の範囲を広げる「社会運動的労働運動」が注目され、その重要な参照項としてアメリカの移住労働者運動が取り上げられている（鈴木 2005; 高須 2005）。全統一をはじめとする移住労働者の組合運動は、日本における「社会運動的労働運動」として位置づけられる。実際、アメリカの移住労働者運動の牽引役であるケント・ウォンさんは来日時に、全統一をはじめとする日本の移住労働者を組織化する労働組合と交流している。

（9）アピチャイ・シッパーは、移住労働者は概して「労働者の連帯や労働運動を強化するためではなく、雇用主との特定の労働争議の解決を求めてユニオンに参加する」と結論づけている（Shipper: 2008: 94; 小笠原ほか 2001: 174; 小ヶ谷ほか 2001: 46）。しかし継続的な参加者の割合が低いことは移住労働者に限ったことではない。むしろそれは、多くのコミュニティ・ユニオンに共通する特徴である（熊沢 1996; 高木 2000）。

（10）二〇〇八年三月三〇日メンバーミーティングでの発言。

（11）二〇〇八年三月一三日「生活と権利のための外国人労働者実行委員会」会議の場での発言。

（12）二〇〇六年六月二七日インタビュー。

（13）全統一の三つのあいことばは、everybody is different（ちがいをみとめよう）、all are united（ひとりじゃない）、positive approach（できることからはじめよう）である。

（14）二〇〇八年四月二七日、筆者との会話。

（15）ただしAさん、Fさん、Lさんともに大卒であり、中心的なメンバーの学歴は高い。

（16）調査当時は、元研修生で、帰国までのあいだに限られるものの中心的メンバーになっているものもいた。

（17）二〇〇八年四月二七日メンバーミーティングでの発言。

（18）大脇雅子参議院議員（当時）「外国人の医療と福祉に関する質問主意書」（二〇〇〇年四月二八日）および「答弁書」（同五月二六日）。

（19）文部科学省初等中等教育局長通知「外国人児童生徒教育の充実について（通知）」（二〇〇六年六月二二日）。非正規滞在者の就学にあたっては居住地確認が壁になる場合があったが、この通知では「居住地等の確認を行う必要がある場合には、〔……〕一定の信頼が得られると判断できる書類による確認とするなど、柔軟な対応をすること」とされた。

(20) ここでのアイデンティティとは、「社会生活へと参加していくときに私たちが帯びる、さまざまなカテゴリーを指すもの」である(小宮 2011: iii)。

(21) 八〇年代末に「外国人労働者」の受け入れが問題になったとき、労働省(当時)が提起した「雇用許可制」にたいし、入管局は猛反発をしてこれを葬り去った(濱口 2010)。濱口桂一郎が指摘するように、このとき入管局は「外国人労働者問題は労働問題に非ず」として自らの権限を確保した。ここにも、外国人にたいして「主権権力」として自らを位置づけようとする入管局の執念が表れている。

(22) 権利運動は、「人権」をすべての法律に優先するものとして位置づけているとも考えられるが、それが明示的でない場合も少なくないので、図には入れなかった。たとえば、労働領域においては、人権よりも労働法について言及されることのほうが多い。

第六章

(1) 本章は、二〇〇六年一二月より二〇一〇年四月まで行っていたNさん家族への支援における参与観察および支援者への聞き取りに主にもとづいている。また二〇一二年以降、数回の補充調査を行い、情報をアップデートした。それ以外に、二〇〇七年一月より二〇〇九年一二月までに行った在日フィリピン人女性三〇人への聞き取りも適宜参照した。このうち一二人に非正規滞在の経験があり、また二六人は日本人とのあいだの子どもがいる。

(2) 本章の統計は、当時の状況がわかるように原則として本章の調査を行っていた期間に当たる二〇〇〇年代後半のデータを用いており、情報のアップデートは行わなかった。

(3) ただし厳密にいえば、外国籍者の場合、生活保護は不服申立ての権利が認められておらず、十全な権利として確立されていない。

(4) 二〇〇九年一一月一六日　移住連・省庁交渉のさいの厚生労働省提出資料にもとづく。ただしこの数字は婦人相談所における保護人数であり、DV被害者数を直接指すものではない。

(5) 二〇〇八年六月四日に、最高裁で、父母の婚姻の有無と認知の時期によって国籍取得の可能性が変わる国籍法に対する違憲判決が出された。これにともない国籍法改正が行われ、二〇〇九年一月一日以降は、日本人と外国籍母が婚姻関係にない場合でも出生後による認知でも国籍が取得できるようになった。

(6) しかし同時に、運動には、たとえば母役割の遂行など「模範的」なケースを強調するという側面もある。もちろんそれは、「模範的」なケースによって、ある基準が拡大し、それが他のケースにもよい影響を及ぼすことを想定してのことである。しかし一方で、在留特別許可の基準が一定程度確立したのちは、運動団体が当事者を事前に選択し、許可の可能性がある場合のみ対応するということもある。ある支援者は「なんか自分が入管みたい」と語っていたが、このとき運動団体は、規範を問い直すというよりも規範に追随し、それを補強する役割を担ってしまう。

（7）「への疎外」「からの疎外」という発想は、真木悠介（真木［1981］2003）に示唆を受けた。

（8）前述のように、Nさんはフィリピン大使館に相談に行ったが、フィリピン国籍を保持していることを証明する資料がなく、結局認められなかった。

第七章

（1）二〇一六年七月一六日ウティナンさんの裁判報告会。

（2）平成二八年六月三〇日判決。平成二七年（行ウ）第四一号、第五六号　退去強制令書発付処分取消等請求事件。

（3）二〇一六年八月九日インタビュー。

（4）二〇一六年七月一六日ウティナンさんの裁判報告会。

（5）一九九四年に「中国残留邦人等の円滑な帰国の促進並びに永住帰国した中国残留邦人等及び特定配偶者の自立の支援に関する法律」が制定され、中国帰国者が急増した。中国帰国者の家族として呼び寄せられたもののなかには、中国で、養子など血のつながりがないものの帰国者と同じ家族として暮らしていた者も珍しくなかった。しかしそうした家族が「偽装」として摘発されるケースが相次いでいた。

（6）その代表が東大阪で牧師として「密航者」や非正規滞在者の支援に関わってきた合田悟牧師である（合田悟さん追悼集編集委員会 2011）。

（7）この例としてシャヘド・関口（2002）。

（8）実際には、二〇〇〇年頃から主に関西の中国帰国者家族のケースでは子どもだけが残る場合があった。しかし本章で取り上げるフィリピン人家族およびタイ人母子のケースは社会的な注目を集め、その判断をめぐってさまざまな議論がなされた。

（9）高裁判決では、前述の地裁判決にあった但し書きのようなものはなく、子どもということで特段の考慮はなされなかった。また子どもは再審情願を提出しており、進行中のケースである。本章では、このケースについては、二〇一六年一二月までの主に世論や支援運動における子どもと母親への対応の違いに焦点をあてているが、あくまで途中段階での解釈となっていることを断っておきたい。

（10）実際、タイ人母子をＮＧＯは、これまでの在留特別許可にかんする許可事例のなかの具体的なケースを類似ケースとして示し、母子は在留特別許可が認められる可能性がきわめて高いと説明していた（『オアシス会報』第三四号、二〇一五年六月）。

（11）A/HRC/11/7/Add.1 20 May 2009, 'PROMOTION AND PROTECTION OF ALL HUMAN RIGHTS, CIVIL, POLITICAL,

ECONOMIC, SOCIAL AND CULTURAL RIGHTS, INCLUDING THE RIGHT TO DEVELOPMENT Report', submitted by the Special Rapporteur on the human rights of migrants, Jorge G. Bustamante. Addendum: COMMUNICATIONS SENT TO GOVERNMENTS AND REPLIES RECEIVED.（https://documents-dds-ny.un.org/doc/UNDOC/GEN/G09/133/38/PDF/G091338.pdf?OpenElement、二〇一六年八月一六日閲覧）。

（12）Para. 291, A/HRC/11/7/Add.1 20 May 2009, 'PROMOTION AND PROTECTION OF ALL HUMAN RIGHTS, CIVIL, POLITICAL, ECONOMIC, SOCIAL AND CULTURAL RIGHTS, INCLUDING THE RIGHT TO DEVELOPMENT Report' submitted by the Special Rapporteur on the human rights of migrants, Jorge G. Bustamante. Addendum: COMMUNICATIONS SENT TO GOVERNMENTS AND REPLIES RECEIVED.（https://documents-dds-ny.un.org/doc/UNDOC/GEN/G09/133/38/PDF/G091338.pdf?OpenElement、二〇一六年八月一六日閲覧）。

（13）実際、子どもの権利条約のなかで退去強制と関係する第九条一項と第一〇条一項について、出入国管理業務には影響しないという解釈宣言を行っている（平野 2004）。また日本弁護士連合会 website「子どもの権利に関する条約　日本の批准状況」（http://www.nichibenren.or.jp/activity/international/library/human_rights/child_ratification.html、二〇一六年八月一六日アクセス）も参照。

（14）ウティナンさん母子の裁判でもマクリーン判決にもとづいた判断がなされている。

（15）フィリピン家族のケースについては、国内の全国紙五紙が社説で取り上げ、家族が日本に一緒にいられるよう認められるべきだと主張した。しかしこのときに子どもの権利条約に言及したものは一紙のみだった（『朝日新聞』二〇〇九年三月一二日、『毎日新聞』二〇〇九年三月一三日、『日本経済新聞』二〇〇九年三月一三日、『産経新聞』二〇〇九年三月一三日、『読売新聞』二〇〇九年三月一五日）。

（16）二〇一六年八月九日インタビュー。

（17）フィリピン人家族のケースでも家族が居住していた蕨市議会は前回一致で家族の在留を求める決議を出している。

（18）「支える会」代表インタビュー二〇一六年七月一七日。

（19）二〇一六年七月一六日インタビュー。

（20）ウティナンさんの裁判を支える会「ウティナンさんの裁判を支える署名とご寄付のお願い」。

（21）「私は１００パーセント日本人」『産経新聞』（二〇〇九年二月一二日）。

（22）ウティナンさんの裁判を支える会「ウティナンさんの裁判を支える署名とご寄付のお願い」のなかの「ウティナンさんからのお願い」より引用。

（23）前述の在留特別許可の許可事例、不許可事例は、どちらにも「不法入国」「超過滞在」が含まれており、そこに差異をもうけているようにはみえない。
(24) 法務省は、親子の引き離しについては「こちらが引き離すわけではなく」、子どもについては「当人が望むなら〔……〕残っていただいても構わないということで、〔……〕本人の選択で」あるとしていた（二〇〇九年三月六日「法務大臣閣議後記者会見」における法務大臣の発言）。
(25) 二〇一六年八月九日「支える会」事務局長インタビュー。
(26) 二〇一六年七月一七日インタビュー。
(27) 二〇一六年七月一六日インタビュー。なお、「仮放免」中は、就労の禁止にくわえて、県外に出るさいに入管局の許可が必要である。
(28) 二〇一六年八月一〇日インタビュー。
(29) 二〇一六年八月一〇日インタビュー。
(30) ウティナンさんの裁判を支える会「ウティナンさんの裁判を支える署名とご寄付のお願い」のなかの「ウティナンさんからのお願い」より引用。
(31) 二〇一六年八月九日「支える会」事務局長のインタビュー。
(32) 二〇一六年八月一〇日インタビュー。
(33) 二〇一六年八月一〇日インタビュー。

終章

(1) ただし一九五二年における旧植民地出身者の日本国民からの離脱は、この法にもとづくものではなかった（大沼 2004）。
(2) この点は、古屋哲氏から指摘を受けた。
(3) ジョセフ・カレンズは、正規化の基準について、ホスト社会の住民との家族形成など優先されるべきケースがあることを認めたうえで、それでも非正規移民が当該社会に居住してきた時間を第一の根拠とすべきと提案している（Carens 2013）。というのも一般に、人は時間の経過によって当該社会のメンバーになるのであり、時間は社会的メンバーシップの指標となるからである。本書の観点からすれば、この時間という指標は、あらゆる非正規移民にとって客観的で平等な指標となる点が重要である。もちろん具体的に何年居住すれば正規化が認められるかは議論がわかれるだろうが、時間という基準の導入によって、主権権力の裁量が限定され、同時に、境遇や道徳的評価によって非正規移民の正規化に差異化が生じるという点も免れる。それゆえ日本でも、非正規移民の居住期間のみにもとづく正規化を求めていくことは実践的な提案として考えられる。

（4）実際、近代以前の社会では、国家と国家の境界は、「輪郭のばくぜんとした空間」であり一本の線として把握できるものではなかった（村井 2014: 25; cf. Thongchai 1994）。村井章介はそうした国家と国家のあいだにあって、線では表現できない空間を「境界域」として表現している。

参考文献

＊日本語訳は変更している部分がある。
＊引用にあたっては旧仮名遣いを改めている。

阿部彩、2008、『子どもの貧困』岩波書店。
阿部浩己、2014、『国際人権を生きる』信山社。
Agamben, Giorgio, 1995, *Homo Sacer: Il Potere Sovrano e la Nuda Vita*, Torino: Einaudi.（＝2003、高桑和巳訳『ホモ・サケル――主権権力と剝き出しの生』以文社）
Agamben, Giorgio, 1996, *Mezzi senza Fine*, Torino: Bollati Boringhieri.（＝2000、高桑和巳訳、『人権の彼方に――政治哲学ノート』以文社）
アジアの女たちの会、1977、『アジアと女性解放』一。
アジアの女たちの会、1979、『アジアと女性解放』七。
明石純一、2010、『入国管理政策――「１９９０年体制」の成立と展開』ナカニシヤ出版。
Anderson, Bridget, Matthew J. Gibney, and Emanuela Paoletti, 2011, "Citizenship, Deportation and the Boundaries of Belonging", *Citizenship Studies*, 15(5): 547–563.
安藤慶太、2009、「カルデロン一家「お可哀相に」報道の欺瞞」『正論』四四八号、二六二‐二六九頁。
A.P.F.S.編、2002、『子どもたちにアムネスティを――在留特別許可取得一斉行動の記録』現代人文社。
蘭信三、2013、「戦後日本をめぐる人の移動の特質――沖縄と本土の比較から」安田常雄ほか編『シリーズ戦後日本社会の歴史４　社会の境界を生きる人びと――戦後日本の縁』岩波書店、四二‐七〇頁。
蘭信三編、2013、『帝国以後の人の移動――ポストコロニアリズムとグローバリズムの交錯点』勉誠出版。
Arendt, Hannah, [1951]1968, *The Origins of Totalitarianism*, New York: Harcourt, Brace & World.（＝1972、大久保和郎・大島かおり訳『全体主義の起原２』みすず書房）
浅野豊美、2004、「折りたたまれた帝国――戦後日本における「引揚」の記憶と戦後的価値」細谷千博ほか編『記憶としてのパールハーバー』ミネルヴァ書房、二七三‐五一三頁。
オーガスティン、マシュー、2012、「戦後占領期日朝間における人流と国境管理」『朝鮮史研究会論文集』五〇。
Balibar, Etienne, 1998, *Droit de Cité: Culture et Politique en Démocratie*, Le Moulindu Château: Éditions de I'Aube.（＝2000、松葉祥一訳『市民権の哲学』青土社）
Balibar, Etienne, 2001, *Nous, Citoyens déEurope?: Les Frontières, LéÉtat, Le People*, Paris: La Découverte.（＝2007、松葉祥一・亀井大輔訳『ヨーロッパ市民とは誰か――境界・国家・民衆』平凡社）
Barth, Fredrik, 2000, "Boundaries and Connections," Anthony, P. Cohen, ed., *Signifying Identities: Anthropological Perspectives on Boundaries and Contested Values*, London and New York: Routledge, 17–36.
Barthram, David, 2000, Japan and Labor Migration: Theoretical and Methodological Implications of Negative Cases, *International Migration Review*, 34(1): 5–32.
Bauman, Zygmunt, 1998, Globalization: *The Human Consequences*, Cambridge: Polity Press.（＝二〇一〇、澤田眞治・中井愛子訳、『グローバリゼーション――人間への影響』法政大学出版局）
Beck, Ulrich, 1997, *Was ist Globalisierung?: Irrtümer des Globalismus-Antworten auf Globalisierung*, Frankfurt am Main: Suhrkamp.（＝2005、木前利秋・中村健吾監訳『グローバル化の社会学――グローバリズムの誤謬 グローバル化への応答』国文社）
Benhabib, Seyla, 2004, *The Rights of Others: Aliens, Residents, and Citizens*, Cambridge: Cambridge University Press.（＝2006、向山恭一訳『他者の権利――外国人・居留民・市民』法政大学出版局）
Bhabha, Jacqueline., 2009, "Arendt's Children: Do Today's Migrant Children Have a Right to Have Rights?", *Human Rights Quarterly*, 31, 410–451.
Bhabha, Jacqueline., ed., 2011, *Children without a State: A Global Human Rights Challenge*, MA: MIT Press.
Bigo, Didier, 2001, "Migration and Security", Christian Joppke and Virginia Guiraudon eds., *Controlling a New Migration World*, London: Routledge.
Bigo, Didier, 2002, "Security and Immigration: Toward a Critique of Governmentality of Unease", *Alternatives: Global, Local, Political*, 27: 63–92.
Bigo, Didier, 2006, "Security, Exception, Ban and Surveillance", in Lyon, David, ed., *Theorizing Surveillance: The Panopticon and Beyond*, Devon: Willan Publishing, 46–68.
Bigo, Didier, 2008, "Globalized (in)security" in Didier Bigo and Anastassia Tsuoukala eds., *Terror, Insecurity, and Liberty*, London: Routledge, 10–48.
ビゴ、ディディエ、2014、「国境概念の変化と監視体制の進化――移動・セキュリティ・自由をめぐる国家の攻防」森千香子・エレン・ルバイ編『国境政策のパラドクス』勁草書房、一三九‐一六七頁。
Bloch, Alice and Liza Schuster, 2005, "At the Extremes of Exclusion: Deportation, Detention, and Dispersal," *Ethnic and Racial Studies*, 28(3): 491–

512.

Bommes, Michael and Andrew Geddes eds., 2000, *Immigration and Welfare*, London: Routledge.

Butler, Judith and Gayatri, C. Spivak, 2007, *Who Sings the Nation-State? Language, Politics, Belonging*. Calcutta: Seagull Books.（＝2008、竹村和子訳『国家を歌うのは誰か?――グローバル・ステイトにおける言語・政治・帰属』岩波書店）

Butler, Judith, [1990] 1999, *Gender Trouble: Feminism and the Subversion of Identity*, New York: Routledge.（＝1999、竹村和子訳『ジェンダー・トラブル――フェミニズムとアイデンティティの攪乱』青土社）

Butler, Judith, 2004, *Precarious LIfe: The Powers of Mourning and Violence*, London: Verso.（＝2007、本橋哲也訳、『生のあやうさ』以文社）

Carens, Joseph, H. 2013, *The Ethics of Immigration*, NY: Oxford University Press.

鄭栄桓、2013、『朝鮮独立への隘路――在日朝鮮人の解放五年史』法政大学出版局。

コミュニティ・ユニオン全国ネットワーク編、1993、『ユニオン・人間・ネットワーク――コミュニティ・ユニオン宣言PART Ⅱ』第一書林。

Cornelius, Wayne, A., *et al.* eds., 2004, *Controlling Immigration: Global Perspective, 2nd edition*, Stanford: Stanford University Press.

Coutin, Susan Bibler, 2003, *Legalizing Moves: Salvadoran Immigrants' Struggle for U. S. Residency*, Michigan: The University of Michigan Press.

Cunningham, Hugh, 2005, *Children and Childhood in Western Society Since 1500, 2nd edition*, London: Longman.（＝2013、北本正章訳『概説 子ども観の社会史――ヨーロッパとアメリカからみた教育・福祉・国家』新曜社）

De Genova, Nicholas P., 2002, "Migrant 'Illegality' and Deportability in Everyday Life", *Annual Review of Anthropology*, 31: 419-47.

De Genova, Nicholas, 2007, 'The Production of Culprits: From Deportability to Detainability in the Aftermath of "Homeland Security"', *Citizenship Studies*, 11(5): 421-448.

De Genova, Nicholas, 2010, "The Deportation Regime: Sovereignty, Space, and the Freedom of Movement", in De Genova, Nicholas and Nathalie Peutz ed., *The Deportation Regime: Sovereignty, Space, and the Freedom of Movement*, Durham & London: Duke University Press, 33-65.

De Genova, Nicholas and Nathalie Peutz eds., 2010, *The Deportation Regime: Sovereignty, Space, and the Freedom of Movement*, Durham & London: Duke University Press.

Fassin, Didier, 2001, "The Biopolitics of Otherness: Undocumented Foreigners and Racial Discrimination in French Public Debate", *Anthropology Today*, 17(1): 3-7.

Fassin, Didier, 2007 "Humanitarianism as a Politics of Life", *Public Culture* 19(3): 499-520.

Fassin, Didier, 2009, "Another Life is Possible", *Theory, Culture & Society*, 26(5): 44-60.

Fassin, Didier, 2011, Policing Borders, Producing Boundaries. The Governmentality of Immigration in Dark Times, *Annual Review of Anthropology*, 40: 213–226.
Fassin, Didier, 2012, *Humanitarian Reason: A Moral History of The Present*, California: University of California Press.
Foucault, Michel, 1976, *La Volonté de Savoir* (*Volume 1 de Historie de la Sexualité*), Paris: Galimard.（＝1986、渡辺守章訳『性の歴史１　知への意思』新潮社）
Foucault, Michel, 1997, *Il Faut Défendre la Société: Cours au Collège de France. 1975–1976*, Paris: Gallimard.（＝2007、石田英敬ほか訳『社会は防衛しなければならない』筑摩書房）
Freedman, Jane, 2011, "The Réseau Education Sans Frontières: Reframing the Campaign against the Deportation of Migrants", *Citizenship Studies* 15(5): 613–626.
Freeman, Gary P., 1998, "The Decline of Sovreignty? Politics and Immigration Restriction in Liberal States", Christian Joppke, ed., *Challenge to the Nation-State: Immigration in Western Europe and the United-States*, Oxford: Oxford University Press, 86–108.
Friedman, Marie, M. *et al.*, 2014, "Challenging Laws: Faith-Based Engagement with Unauthorized Immigration," Cecilia Menjívar and Daniel Kanstroom eds., *Constructing Immigrant "Illegality": Critiques, Experiences, and Responses*, Cambridge: Cambridge University Press.
藤永壮、2012、「第二次大戦後における済州島民の日本への「密航」について」津波高志編『東アジアの間地方交流の過去と現在――済州と沖縄・奄美を中心に』彩流社、一四三－一六四頁。
福本拓、2008、「アメリカ占領下における朝鮮人「不法入国者」の認定と植民地主義」蘭信三編『日本帝国をめぐる人口移動の国際社会学』不二出版、一四七－一七五頁。
福本拓、2013、「アメリカ占領期における「密航」朝鮮人の取締と植民地主義の継続――佐世保引揚援護局における「密航者」収容所に着目して」蘭信三編『帝国以後の人の移動――ポストコロニアリズムとグローバリズムの交錯点』勉誠出版、四七七－五一〇頁。
古屋哲、2014、「国境再編における国家の暴力――出入国管理、警察、軍事」森千香子・エレン・ルバイ編『国境政策のパラドクス』勁草書房、一〇五－一三八頁。
外国人の子どもたちの「在留資格問題」連絡会編、2004、『先生！日本で学ばせて！――強制送還される子どもたち』現代人文社。
外国人差別ウォッチ・ネットワーク編、2004、『外国人包囲網』現代人文社。
外国人地震情報センター編、1996、『阪神大震災と外国人――「多文化共生」の現状と可能性』明石書店。
外務省政務局特別資料課、1950、『現代日本・朝鮮関係史資料第６輯　在日朝鮮人管理重要文書集　１９４５～１９５０年』湖北社。

合田悟さん追悼集編集委員会、2011、『共生への思い――合田悟牧師　東大阪・草の根40年の歩み』自費出版。

Guiraudon, Virginie and Christian Joppke, 2001, *Controlling a New Migration World*, New York: Routledge.

浜井浩一・芹沢一也、2006、『犯罪不安社会　誰もが「不審者」』光文社。

濱口桂一郎、2010、「日本の外国人労働者政策――労働政策の否定に立脚した外国人政策の「失われた20年」」五十嵐泰正編『労働再審②越境する労働と〈移民〉』大月書店、二七一－三一三頁。

Hammar, Tomas, 1990, *Democracy and the Nation State*, Avebury: Gower Dub. Co.（＝一九九九、近藤敦監訳『永住市民と国民国家――定住外国人の政治参加』明石書店）

原尻英樹、1997、『日本定住コリアンの日常と生活――文化人類学的アプローチ』明石書店。

旗田巍、1969、『日本人の朝鮮観』勁草書房。

飛田雄一、1980[2016]、「サンフランシスコ平和条約と在日朝鮮人」『心に刻み石に刻む――在日コリアンと私』三一書房、一四八－一六六頁。

飛田雄一、1986[2016]、「ＧＨＱ占領下の在日朝鮮人の強制送還」『心に刻み石に刻む――在日コリアンと私』三一書房、二〇〇－二一七頁。

樋口直人、2006、「〈研究動向――分野別研究動向（移民・エスニシティ・ナショナリズム）〉国際社会学の第2ラウンドにむけて」『社会学評論』五七巻三号、六三四－六四九頁。

樋口直人、2007、「「ガテン系」への道――労働への適応、消費への誘惑」樋口直人・稲葉奈々子・丹野清人・福田友子・岡井宏文、『国境を越える――滞日ムスリム移民の社会学』青弓社、八三－一一四頁。

樋口直人、2014、『日本型排外主義』名古屋大学出版会。

挽地康彦、2005、「大村収容所の社会史（1）――占領期の出入国管理とポスト植民地主義」『西日本社会学会年報』三号、八五－一〇二頁。

挽地康彦、2010、「ポストコロニアルな交換の政治――退去強制と在留特別許可の歴史社会学」近藤敦ほか編著『非正規滞在者と在留特別許可――移住者たちの過去・現在・未来』日本評論社、一七－三四頁。

平岡敬、1972、『偏見と差別　ヒロシマそして被曝朝鮮人』未來社。

平岡敬、1983、『無援の海峡　ヒロシマの声　被曝朝鮮人の声』影書房。

平岡敬、1996、『希望のヒロシマ―市長はうったえる』岩波書店。

平岡敬、2011、『時代と記憶　メディア・朝鮮・ヒロシマ』影書房。

ひろたまさき、1990、「解説　日本近代社会の差別構造」ひろたまさき校注『日本近代思想22　差別の諸相』岩波書店、四三六－五一六頁。

ホッブズ、[1651]1964『リヴァイアサン（二）』岩波書店。

Hondagneu-Sotelo, Pierrette, and Jose Miguel Ruiz, 2014, "'Illegality' and Spaces of Sanctuary: Belonging and Homeland Making in Urban Community Gardens, Cecilia Menjívar and Daniel Kanstroom, *Constructing Immigrant "Illegality": Critiques, Experiences, and Responses*, Cambridge: Cambridge University Press.

Horton, Sarah, 2009, "A Mother's Heart is Weighed Down with Stones: A Phenomenological Approach to the Experience of Transnational Motherhood", *Culture, Medicine, and Psychiatry*, 33(1): 21–40.

法務省入国管理局、1959、『出入国管理とその実態』。

法務省入国管理局、『出入国管理』（一九六四、一九七一、一九七六、一九八一、一九八七、一九九三、一九九八、二〇〇三年以降各年）

法務省大村入国者収容所編、1970、『大村入国者収容所二十年史』。

Howell, David, L., [1996]2005, Ethnicity and Culture in Contemporary Japan, in Michael Weiner (ed) *Race, Ethnicity and Migration in Modern Japan: RoutledgeCurzon Library of Modern Japan, Volume 1 Race, Ethnicity and Culture in Modern Japan*, London: Routledge, 103–118.

玄武岩、2013、『コリアン・ネットワーク――メディア・移動の歴史と空間』北海道大学出版会。

市場淳子、2005、『新装増補版　ヒロシマを持ちかえった人々「韓国の広島」はなぜ生まれたのか』凱風社。

市場淳子、2011、「「唯一の被爆国」が生んだ在外被爆者」『岩波講座アジア・太平洋戦争４　帝国の戦争経験』三七七－四〇四頁。

市野川容孝、1996、「安全性の政治――近代社会における権力と自由」大澤真幸編『社会学のすすめ』筑摩書房、八九－一一九頁。

市野川容孝、1997、「安全性の装置：権力論のための一考察」『現代思想』二五巻三号、一二四－一三七頁。

市野川容孝、2006、『社会』岩波書店。

伊地知紀子・村上尚子、2008、「解放直後・済州島の人びとの移動と生活史――在日済州島出身者の語りから」蘭信三編著『日本帝国をめぐる人口移動の国際社会学』不二出版、八七－一四五頁。

五十嵐泰正、1999、「元日本就労パキスタン人労働者の移動の軌跡」『移民研究』六号、二一－四一頁。

五十嵐泰正、2001、「ネイション・『家族』・外国人――在留特別許可付与をめぐる動きをきっかけとして」『ライブラリ相関社会科学７　ネイションの軌跡』新世社、一六三－一八二頁。

飯沼二郎、[1972]1994、「わたしにとっての朝鮮問題」『飯沼二郎著作集　第四巻　市民運動研究』未來社、二一一－二二三頁。

飯沼二郎、[1981]1994、「雑誌「朝鮮人」を出しつづけて」『飯沼二郎著作集　第四巻　市民運動研究』未來社、二二四－二三三頁。

飯沼二郎、1982、『見えない人々在日朝鮮人』日本基督教団出版局。

移住労働者と連帯する全国ネットワーク、2010、『Migrants'ネット』、一二六号
池上努、1965、『法的地位２００の質問』京文社。

稲上毅・桑原靖夫・国民金融公庫研究所、1992、『外国人労働者を戦力化する中小企業』中小企業リサーチセンター。

伊藤ルイ、1974、「孫さんへの手紙」『朝鮮研究』一三六号、四-一一頁。

伊藤るり、1992、「「ジャパゆきさん」現象再考」伊豫谷登士翁・梶田孝道編『外国人労働者論』弘文堂。

伊藤るり、2011、「自分の痛覚をもって、世界と繋がるフェミニズム」『新編日本のフェミニズム9 グローバリゼーション』一-四四頁。

伊豫谷登志翁、2007、「方法としての移民——移動から場をとらえる」伊豫谷登志翁編『移動から場所を問う——現代移民研究の課題』三-二三頁。

伊豫谷登志翁、2001、『グローバリゼーションと移民』有信堂高文社。

Joppke, Christian, ed., 1998, *Challenge to the Nation-State: Immigration in Western Europe and the United-States*, Oxford: Oxford University Press.

海上保安庁、1966、『海上保安白書』。

海上保安庁、1968、『海上保安白書』。

梶田孝道、2001、「三つのシティズンシップ——「三つのゲート」論による整理」ＮＩＲＡ・シティズンシップ研究会編著『多文化社会の選択』日本経済評論社、三-二四頁。

川口悠子、2006、「原爆被害と戦後日本のナショナリズム——「周縁化された被爆者」を通して」同時代史学会編『日中韓ナショナリズムの同時代史』一六五-一九四頁。

川上厳、1965、「出入国管理の歩み（十二）——昭和時代の出入国管理制度」『外人登録』一〇〇号、二五-三一頁。

カラカサン〜移住女性のためのエンパワメントセンター、2010、『移住（外国人）母子家庭の子どもの実態と支援に関する調査——ＤＶや虐待などの暴力にさらされた子どものケア』未出版。

カラカサン・反差別国際運動日本委員会、2006、『移住女性が切り拓くエンパワメントの道——ＤＶを受けたフィリピン女性が語る』解放出版社。

カラバオの会編、[1990]1993、『仲間じゃないか、外国人労働者——取り組みの現場から』明石書店。

Kanstroom, Daniel, 2007, *Deportation Nation: Outsiders in American History*, Massachusetts: Harvard University Press.

Kanstroom, Daniel, 2012, *Aftermath: Deportation Law and the New American Diaspora*, NY: Oxford University Press.

加藤聖文、2013、「引揚者をめぐる境界——忘却された『大日本帝国』」安田常雄ほか編『シリーズ戦後日本社会の歴史4　社会の境界を生きる人びと——戦後日本の縁』岩波書店、一六-四一頁。

河合幹雄、2004、『治安悪化の法社会学』岩波書店。

警察庁、1988、『警察白書』。

警察庁、1988、『警察白書』。

菊池龍三、1991、「不法就労者の人権保護をめぐって」『外交フォーラム』三五号、五六-五七頁。

Kil, Sang Hea and Cecilia Menjívar, 2006, "The "War on the Border": Criminalizing Immigrants and Militarizing the U. S.-Mexico Border", in Ramiro Martinez Jr. and Abel Valenzuela Jr, *Immigration and Crime: Race, Ethnicity, And Violence*, New York: New York University Press, 164–188.

金耿昊、2015、「一九五〇年代前半における在日朝鮮人生活保護受給者の急増とその背景——在日朝鮮統一民主戦線の「生保闘争」を中心に」『在日朝鮮人史研究』四五号、一〇九-一三五頁。

金竜介、2013、「日本で生まれた子どもの退去強制」東京弁護士会外国人の権利に関する委員会行政訴訟研究部会編著『入管訴訟マニュアル』現代人文社、七四-七五頁。

金時鐘、2015、『朝鮮と日本に生きる——済州島から猪飼野へ』岩波書店。

金太基、1997、『戦後日本政治と在日朝鮮人問題——ＳＣＡＰの対日朝鮮人政策　１９４５-１９５２年』勁草書房。

姜在彦・飯沼二郎・大沢眞一郎・小野誠之・鶴見俊輔、一九九一、「《座談会》考える場としての在日」『朝鮮人』二七号、五-二八頁。

小林英夫、2001、『戦後アジアと日本企業』岩波書店。

小林知子、2006、「未済の帝国——在日朝鮮人の戦後」倉沢愛子ほか編『岩波講座アジア・太平洋戦争4　帝国の戦争経験』二〇九-二三四頁。

小林聡明、2007、「帰還・密航・送還——ＧＨＱ占領期における在日朝鮮人の移動とメディア」『東アジア近代史』一〇号、五二-七五頁。

小林淳子、2009、「１９８２年入国管理法の「配偶者ビザ」新設をめぐるジェンダーの交錯——「国際結婚を考える会」の対抗的運動を事例として」『女性学』一七号、七四-九一頁。

小林玲子、2011、「日韓会談と「在日」の法的地位問題——退去強制を中心に」李鍾元他編『歴史としての日韓国交正常化Ⅱ　脱植民地化編』法政大学出版局、二九七-三二四頁。

児玉晃一、2010、「在留特別許可をめぐる裁判例の傾向」近藤敦ほか編著『非正規滞在者と在留特別許可――移住者たちの過去・現在・未来』日本評論社、一三一－一四四頁。

児玉晃一・関聡介・難波満、2012、『コメンタール出入国管理及び難民認定法２０１２』現代人文社。

高鮮徽、1998、『20世紀の滞日済州島人――その生活過程と意識』明石書店。

高鮮徽、2000、「「出稼ぎ目的」の「密航」者と在留特別許可――済州島島人を事例に」駒井洋ほか編『超過滞在外国人と在留特別許可――岐路に立つ日本の出入国管理政策』明石書店、二六－三五頁。

小井土彰宏、2003、「はじめに」小井土彰宏編著『移民政策の国際比較』明石書店、一五－二八頁。

小井土彰宏、2014「グローバリズムと社会的排除に抗するアメリカでの非正規移民運動――監視機構の再編と新自由主義的排除メカニズムへの対抗戦略の諸相」『社会学評論』六五巻二号、一九四－二〇九頁。

駒井洋、1990、『外国人労働者をみる眼』明石書店。

駒井洋・渡戸一郎・山脇啓造編、二〇〇〇、『超過滞在外国人と在留特別許可――岐路に立つ日本の出入国管理政策』明石書店。

小宮友根、2011、『実践の中のジェンダー――法システムの社会学的記述』新曜社。

河野哲也、2014、『境界の現象学――始原の海から流体の存在論へ』筑摩書房。

近藤敦、2001、『外国人の人権と市民権』明石書店。

厚生労働省、2010、「人口動態調査」。

熊沢誠、1996、「コミュニティ・ユニオンの明日」『社会主義と労働運動』二十巻五号、一－一六頁。

Laubenthal, Barbara, 2011, "The Negotiation of Irregular Migrant's Right to Education in Germany: A Challenge to the Nation-State", *Ethnic and Racial Studies*, 34(8): 1357–1373.

Lie, John, 2001, *Multiethnic Japan*, Cambridge: Harvard University Press.

M母子を支える会、一九九九、『国際婚外子の国籍確認訴訟　経過報告と裁判資料集』未出版。

前田雅英、2003、『日本の治安は再生できるか』筑摩書房。

真木悠介、[1981]2003、『時間の比較社会学』岩波書店。

Marshall, Thomas, H., [1950]1992, *Citizenship and Social Class*, London: Pluto Press.（＝1993、岩崎信彦・中村健吾訳『シティズンシップと社会的階級』、法律文化社）

松田素二、2014、「孫振斗さんが切り開いたいくつもの道」『韓国の原爆被害者を救援する市民の会機関誌　早く救援を！』一四五号、二一－三頁。

McNevin, Anne, 2006, "Political Belonging in a Neoliberal Era: The Struggle of the Sans-Papiers", *Citizenship Studies*, 10(2), 135-151.

Menjívar, Cecilia and Daniel Kanstroom, 2014, *Constructing Immigrant "Illegality", Critiques, Experiences, and Responses*, Cambridge: Cambridge University Press.

道場親信、2005、『占領と平和――〈戦後〉という経験』青土社。

道場親信、2011、「ポスト・ベトナム戦争期におけるアジア連帯運動――「内なるアジア」と「アジアの中の日本」の間で」和田春樹ほか編『東アジア近現代通史8　ベトナム戦争の時代1960-1975年』岩波書店、九七-一二七頁。

三上剛史、2003、『道徳回帰とモダニティ――デュルケームからハーバーマス-ルーマンへ』恒星社厚生閣。

源了圓、2013、『義理と人情』中央公論新社。

宮島喬、2016、『現代ヨーロッパと移民問題の原点――1970、80年代、開かれたシティズンシップの生成と試練』明石書店。

宮島喬・船橋晴俊・友枝敏雄・遠藤薫編、2013、『グローバリゼーションと社会学――モダニティ・グローバリティ・社会的公正』ミネルヴァ書房。

宮本常一、[1969]1973、「日本を思う」『宮本常一著作集15　日本を思う』未来社。

宮崎繁樹、1970、『出入国管理――現代の「鎖国」』三省堂。

Mizukami, Tetsuo, 2010, "A New Epoch of Immigration for Japan: Directional Shift in Civic Organizational Support for Newcomer Settlement", in Henk Vinken *et al.*, eds., *Civic Engagement in Contemporary Japan*, New York Springer, 101-116.

水野直樹、2000、「「第三国人」の起源と流布についての考察」『在日朝鮮人史研究』三〇号、五-二六頁。

水溜真由美、2012a、「日本のウーマン・リブとアジア　侵略=差別と闘うアジア婦人会議とアジアの女たちの会を中心に」小沢弘明・三宅芳夫編『移動と革命』論創社、一三五-一四七頁。

水溜真由美、2012b、「アジアの女たちの会とその周辺　国際連帯の観点から」『シリーズ戦後日本社会の歴史3　社会を問う人びと』岩波書店、二五八-二八五頁。

モーリス=鈴木、テッサ、1998、『辺境から眺める――アイヌが経験する近代』大川正彦訳、みすず書房。

モーリス=スズキ、テッサ、2005a、「冷戦と戦後入管体制の形成」『前夜』三号、六一-七六頁。

モーリス=スズキ、テッサ、2005b、「占領軍への有害な行動――敗戦後日本における移民管理と在日朝鮮人」辛島理人訳、岩崎稔・大川正彦・中野敏雄・李孝徳編著『継続する植民地主義――ジェンダー/民族/人種/階級』青弓社、五八-九四頁。

モーリス=スズキ、テッサ、[2003]2010、「マイノリティと国民国家の未来」キャロル・グラックほか著『日本の歴史25　日本はどこへ行くのか』講談社。

Morris-Suzuki, Tessa, 2010, *Borderline Japan: Foreigners and Frontier Controls in the Postwar Era*, Cambridge: Cambridge University Press.

森田芳夫、[1955]1975、『在日朝鮮人の処遇と現状』湖北社。

文京洙、[1995]2005、「在日朝鮮人にとっての『戦後』」中村政則他編『戦後日本　占領と戦後改革5　過去の清算』岩波書店、一五九－一九六頁。

文京洙、2013、「戦後在日朝鮮人の生活と日本社会」安田常雄編・大串潤児他編集協力『シリーズ　戦後日本社会の歴史4　社会の境界を生きる人びと――戦後日本の縁』岩波書店、七二－一〇〇頁。

文京洙、2015、「在日朝鮮人からみる日韓関係――〈国民〉を超えて」磯崎典世・李鐘久編『日韓関係史　1965－2015　Ⅲ社会・文化』東京大学出版会、六一－八三頁。

村井章介、2014、『日本歴史私の最新講義〈12〉境界史の構想』敬文舎。

牟田和恵、1996、『戦略としての家族』新曜社。

中桐伸五・高山俊雄編、1992、『すべての外国人に医療保障を――外国人労働者と緊急医療』海風書房。

中島竜美、1972、「孫さんにとって日本とは何か」『思想の科学』一二六号、五三－五八頁。

中島竜美、1975、「ヒロシマの加害責任を問う――孫振斗『手帳裁判』の意味するもの」『朝日ジャーナル』一九七五年八月一五日号。

中島竜美編著、1998、『被爆者補償の原点　朝鮮人被爆者孫振斗裁判の記録』在韓被爆者問題市民会議。

中門淳子、1976、「2／13　孫さんとの面会記」『〈孫さんに治療と在留を！〉京都市民の会会報』七号、五頁。

七・四通信社、1977、『韓国・朝鮮人の人権を守るために七・四通信Ｎｏ・１－15』。

Ngai, Mae, M. 2005, *Impossible Subjects: Illegal Aliens and the Making of Modern America*, New Jersey: Princeton University Press.

ＮＧＯ神戸外国人救援ネット編、2005、『阪神淡路大震災から10年――外国人と共にくらすまちをめざして――ＮＧＯ神戸外国人救援ネット10周年記念誌』。

ＮＧＯ神戸外国人救援ネット編、2015、『震災から20年　救援ネットのあゆみ――外国人と共にくらすまちをめざして――ＮＧＯ神戸外国人救援ネット20周年記念誌』。

Nicholls, Walter, J., 2013, "Making Undocumented Immigrants into a Legitimate Political Subject: Theoretical Observations from the United States and France", *Theory, Culture & Society*, 30(3): 82–107.

Nicholls, Walter, J., 2014, "Voice and Power in the Immigrant Rights Movement," Cecilia Menjívar and Daniel Kanstroom eds., *Constructing Immigrant "Illegality": Critiques, Experiences, and Responses*, Cambridge: Cambridge University Press.

Nyers, Peter, 2003, "Abject Cosmopolitanism: Politics of Protection in the Anti-Deportation Movement", *Third World Quarterly*, 24(6): 1069–1093.

入管実務研究会、2007、『入管実務マニュアル 改訂第2版』現代人文社。

落合英秋、1974、『アジア人労働力輸入』現代評論社。

落合恵美子、1997、『21世紀家族へ（新版）』有斐閣。

小田実、[1966]1968、「平和への具体的提言——日米市民会議での公演」小田実編『市民運動とは何か』徳間書店、三五 - 六一頁。

小田実、1972、「「キツネウドン大王」たちの歴史」『朝日ジャーナル』一四巻一一号、三六 - 三九頁。

小田実編著、1976、『アジアを考える——アジア人会議の全記録』潮出版社。

小笠原公子・小ヶ谷千穂・丹野清人・稲葉奈々子・樋口直人、2001、「外国人居住者の権利と参加——外国人支援組織の可能性」NIRA・シティズンシップ研究会編『多文化社会の選択——「シティズンシップ」の視点から』日本経済評論社、一七一 - 一八七頁。

小ヶ谷千穂・稲葉奈々子・小笠原公子・丹野清人・樋口直人、2001、「移住労働者のエンパワーメントに向けて」『茨城大学地域総合研究所年報』三四号、三三 - 五七頁。

小熊英二、1995、『単一民族神話の起源』新曜社。

小熊英二、1998、『〈日本人〉の境界』新曜社。

小熊英二、2009、『1968下 叛乱の終焉とその遺産』新曜社。

大畑裕嗣、2015、「日本の日韓会談反対運動とその内在的批判 社会党、総評、共産党を中心に」『日韓関係史1965-2015 Ⅲ社会・文化』東京大学出版会、八五 - 一一〇頁。

大村英昭・宝月誠、1979、『逸脱の社会学——烙印の構図とアノミー』新曜社。

大沼保昭、1993、『〔新版〕単一民族社会の神話を超えて——在日韓国・朝鮮人と出入国管理体制』東信堂。

大沼保昭、2004、『在日韓国・朝鮮人の国籍と人権』東信堂。

岡野裕子、1971、「現実としての孫さん」孫さんを救援する広島市民の会『孫さん』二号、一 - 二頁。

小野誠之、1991、「大村収容所——一九八九年一一月」『朝鮮人』二七号、二九 - 三五頁。

Ong, Aihwa, 2006, *Neoliberalism as Exception*, Durham: Duke University Press.（＝2013、加藤敦典ほか訳『《アジア》、例外としての新自由主義』作品社。

朴慶植、1989、『解放後 在日朝鮮人運動史』三一書房。

朴沙羅、2013、「『お前は誰だ』——占領期における『朝鮮人』と『不法入国』の定義をめぐって」『社会学評論』六四巻二号、二七五 - 二九三頁。

朴寿南、1973、『朝鮮・ヒロシマ・半日本人　わたしの旅の記録』三省堂。

朴正功、1969、『朝鮮問題叢書・1　大村収容所』京都大学出版会。

Roberts, Glenda, S., 2003, "NGO Support for Migrant Labor in Japan", in Mike Douglass and Glenda S. Roberts eds., *Japan and Global Migration: Foreign Workers and the Advent of a Multicultural Society*, pbk., Honolulu: University of Hawai'i Press, 275–300.

盧恩明、2010、「ベ平連の反「入管体制」運動――その論理と運動の展開」『政治研究』五七号、五九‐九三頁。

Rygiel, Kim, 2011, "Bordering Solidarities: Migrant Activism and the Politics of Movement and Camps at Calais," *Citizenship Studies*, 15(1): 1–19.

坂中英徳、1990、「インタビュー1　入管法改正のねらい」『世界』五三六号、五二‐五四頁。

Sassen, Saskia, 1988, *The Mobility of Labor and Capital*, Cambridge University Press.（＝1992、森田桐郎ほか訳、『労働と資本の国際移動――世界都市と移民労働者』岩波書店）

Sassen, Saskia, 1998, *Globalization and Its Discontents*, New York: The New Press.

佐藤裕、2005、『差別論』明石書店。

Schmitt, Carl, 1932, *Der Begriff des Politischen*, München: Duncker & Humblot.（＝1970、田中浩・原田武雄訳『政治的なものの概念』未來社）

Schmitt, Carl, 1950, *Der Nomos der Erde im Völkerrecht des Jus Publicum Europaeum*, Berlin: Duncker & Humblot（＝二〇〇七、新田邦夫訳『大地のノモス――ヨーロッパ公法という国際法における』慈学社）

シャヘド・サーム・関口知恵、二〇〇二、『新版　在留特別許可――アジア系外国人とのオーバーステイ国際結婚』明石書店。

Shamir, Ronen., 2005, "Without Borders? Notes on Globalization as a Mobility Regime", *Sociological Theory*, 23(2): 197–217.

塩沢由典、1968、「金東希の問いかけたもの」『思想の科学』七七号、七〇‐七九頁。

篠崎平治、1955、『在日朝鮮人運動』令文社。

Shipper, Apichai W., 2008, *Fighting for Foreigners: Immigration and Its Impact on Japanese Democracy*, Ithaca: Cornell University Press.

孫さんを救援する市民の会、1971、『資料集』未出版。

杉原達、1998、『越境する民』新幹社。

杉原達、2005、「帝国という経験――指紋押捺を問い直す視座から」倉沢愛子他編『岩波講座アジア・太平洋戦争1　なぜ、いまアジア・太平洋戦争か』岩波書店、四七‐八六頁。

杉田敦、2015、『境界線の政治学　増補版』岩波書店。

鈴木一、1953、「在日朝鮮人問題のＡＢＣ」『親和』二号、一‐四頁。

鈴木一、1955a、「大村収容所仮放免者の保護と日韓親和会の事業　日韓親和会理事鈴木一氏にきく」『親和』一七号、九－一五頁。

鈴木一、1995b、「大村入国者収容所の仮放免者に対する本会保護事業の概要」『親和』二三号、一一－一三頁。

鈴木一、1962、「日韓親和会への情熱」『親和』一〇〇号、二六－二七頁。

鈴木一、1967、「日韓親和会と私」『親和』一五七号、三〇－三四頁。

鈴木一、1978、「日韓親和会二十五年の歩み」『コリア評論』一九四号、三八－四七頁。

鈴木江理子、2009、『日本で働く非正規滞在者――彼らは「好ましくない外国人労働者」なのか？』明石書店。

鈴木玲、2005、「社会運動的労働運動とは何か――先行研究に基づいた概念と形成条件の検討」『大原社会問題研究所雑誌』五六二・五六三号、一－一六頁。

高崎宗司、1996、『検証　日韓会談』岩波書店。

高須裕彦、2005、「アメリカの社会運動ユニオニズム――ロサンゼルスの新しい労働運動に見る」『大原社会問題研究所雑誌』五六二・五六三号、二九－二八頁。

高木郁朗、2000、「コミュニティ・ユニオンの組織と活動」『社会政策学会誌』三号、五三－七〇頁。

高浪徹夫、1974、「朴君を囲む会この三年」朴君を囲む会編『民族差別――日立就職差別糾弾』亜紀書房、一五九－一七九頁。

髙谷幸、2007、「非正規滞在者にたいするまなざし――「外国人労働者」から「不法滞在者」へ」ＡＰＦＳ・渡戸一郎・鈴木江理子編『在留特別許可と日本の移民政策――「移民選別時代」の到来？』明石書店、一四二－一四八頁。

髙谷幸、2014、「コラム１　在日フィリピン人母子世帯の貧困」法政大学大原社会問題研究所・原伸子ほか編『現代社会と子どもの貧困――福祉・労働の視点から』大月書店、一〇六－一〇八頁。

髙谷幸、2015、「近代家族の臨界としての日本型国際結婚」大澤真幸編『岩波講座　現代9　身体と親密圏の変容』岩波書店、二一一－二三七頁。

髙谷幸・稲葉奈々子、2011、「在日フィリピン人女性にとっての貧困――国際結婚女性とシングルマザー」移住連貧困プロジェクト編『日本で暮らす移住者の貧困』現代人文社、二七－三五頁。

竹中労、1971、「孫振斗――焦土のなかの彼我」『現代の眼』一二、一一八－一二七頁。

竹沢泰子、2006、「「外国人」としての日系人」レイン・リョウ・ヒラバヤシ・アケミ・キクムラ＝ヤノ・ジェイムズ・A・ヒラバヤシ編『日系人とグローバリゼーション　北米、南米、日本』人文書院、四六七－四九三頁。

田中宏、2002、「「在日」の権利闘争の50年」『環』一一号、一八一－一〇二頁。

田中宏、2013、『在日外国人　第三版――法の壁、心の溝』岩波書店。

田嶋淳子、1998、『世界都市・東京のアジア系移住者』学文社。

樽本英樹、2007、「国際移民と市民権の社会理論――ナショナルな枠と国際環境の視角から」『社会学評論』五七巻四号、七〇八－七二六頁。

樽本英樹、2012、『国際移民と市民権ガバナンス――日英比較の国際社会学』ミネルヴァ書房。

Thongchai Winichakul, 1994, *Siam Mapped. A History of the Geo-Body of a Nation*, Honolulu: University of Hawaii Press.（＝2003、石井米雄訳、『地図がつくったタイ』明石書店）

冨山一郎、1990、『近代日本社会と「沖縄人」――「日本人」になるということ』日本経済評論社。

外村大、2004、『在日朝鮮人社会の歴史学的研究――形成・構造・変容』緑蔭書房。

外村大、2011、「ポスト植民地主義と在日朝鮮人――帝国崩壊後の民族関係の変遷に着目して」日本移民学会編『移民研究と多文化共生』御茶の水書房、一八六－二〇六頁。

外村大、2012、『朝鮮人強制連行』岩波書店。

鳥井一平、2004、「全統一外国人労働者分会のあゆみと現状」駒井洋編『移民をめぐる自治体の政策と社会運動』明石書店、二七三－三〇一頁。

Torpey, John, 2000, *The Invention of the Passport: Surveillance, Citizenship and the State*, Cambridge: Cambridge University Press.（＝2008、藤川隆男監訳『パスポートの発明――監視・シティズンシップ・国家』法政大学出版局）

Tsuda, Takeyuki and Wayne A. Cornelius, 2004, "Japan: Government Policy, Immigrant Reality", in Cornelius, Wayne, A. *et al*, eds., *Controlling Immigration: Global Perspective, 2nd edition*, California: Stanford University Press, 439-476.

筑波君枝、2004、「ビザのない子どもたち」外国人の子どもたちの「在留資格問題」連絡会編、二〇〇四、『先生！日本で学ばせて！――強制送還される子どもたち』現代人文社、七－一四頁。

津村喬、1970、『われらの内なる差別』三一書房。

鶴見俊輔、[1967]1991、「金東希にとって日本はどういう国か」『鶴見俊輔集9　方法としてのアナキズム』筑摩書房、二〇五－二〇七頁。

鶴見俊輔、[1968]1991、「二十四年目の「八月十五日」」『鶴見俊輔集9　方法としてのアナキズム』筑摩書房、二〇七－二一二頁。

鶴見良行、[1973]2002、「私の関心」『鶴見良行著作集3　アジアとの出会い』みすず書房、五九－六四頁。

内海愛子、1970、「「韓国技術研修生」受け入れ計画」『朝鮮研究』一〇〇号、二－一八、三一頁。

内海愛子、1988、「アジアの人たちとともに」内海愛子・松井やより『アジアから来た出稼ぎ労働者たち』明石書店、九－五七頁。

内海愛子、2000、「「第三国人」と歴史認識——占領下の「外国人」の地位と関連して」内海愛子ほか著『「三国人」発言と在日外国人——石原都知事発言が意味するもの』明石書店、六一–九三頁。

内海愛子・高橋哲哉・徐京植、2000、『石原都知事「三国人」発言の何が問題なのか』影書房。

ベントゥーラ、レイ、1993、『ぼくはいつも隠れていた』草思社。

ワーグナー、エドワード・W、19899、『復刻版　日本における朝鮮少数民族　１９０４年～１９５０年』龍溪書舎。

Walters, William, 2008, "Acts of Demonstration: Mapping the Territory of (Non-)Citizenship", in: E. F. Isin and G. M. Nielson eds. *Acts of Citizenship*, London: Zed Books, 182–206.

Walters, William, 2011, "Foucault and Frontiers: Notes on the Birth of the Humanitarian Border," in Ulrich Bröckling *et al* eds., *Governmentality: Current Issues and Future Challenges*, NY: Routledge, 138–164.

渡辺彰悟、2010、「カルデロン事件が明らかにしたもの」『国際人権』二一号、八〇–八五頁。

渡辺洋三、1998、『法とは何か 新版』岩波書店。

Willen, Sarah S., 2007, "Toward a Ctitical Phenomenology of 'Illegality': State Power, Criminalization, and Abjectivity among Undocumented Migrant Workers in Tel Aviv, Israel", *International Migration*, 45(3): 8–39.

Willen, Sarah, S., 2010, "Darfur through a Shoah Lens: Sudanese Asylum Seekers, Unruly Biopolitical Dramas, and the Politics of Humanitarian Compassion in Israel", in B. J. Good *et al.* (eds) *A Reader in Medical Anthropology: Theoretical Trajectories, Emergent Realities*, Sussex: Willey-Blackwell, 505–521.

山梨外国人人権ネットワーク・オアシス、2015、『オアシス会報』三四号。

山谷哲夫、[1985]2005、『じゃぱゆきさん』岩波書店。

安田常雄、2013、「戦時から戦後へ——ひとつの〈境界〉論の試み」安田常雄ほか編、2013、『シリーズ戦後日本社会の歴史４　社会の境界を生きる人びと——戦後日本の縁』岩波書店、一–一四頁。

安田常雄ほか編、2013、『シリーズ戦後日本社会の歴史４　社会の境界を生きる人びと——戦後日本の縁』岩波書店。

安田浩一、2012、『ネットと愛国』講談社。

尹健次、2015、『「在日」の精神史１——渡日・解放・分断の記憶』岩波書店。

米山リサ、2005、『広島——記憶のポリティクス』小沢弘明ほか訳、岩波書店。

Young, Jock, 1999, *The Exclusive Society: Social Exclusion, Crime and Difference in Late Modernity*, London: Sage.（＝2007、青木秀男他訳『排除型社会——後期近代における犯罪・雇用・差異』洛北出版）

吉見俊哉、2007、『親米と反米――戦後日本の政治的無意識』岩波書店。

吉見俊哉、2009、『ポスト戦後社会』岩波書店。

吉見俊哉、2012、『アメリカの越え方――和子・俊輔・良行の抵抗と越境』弘文堂。

吉成和男、2004、「在留特別許可一斉行動の経過と展望」駒井博編『移民をめぐる自治体の政策と社会運動』明石書店、一七一－二〇一頁。

吉岡増雄、1974、「外録法違反に大阪地裁＝無罪判決」『朝鮮研究』一三六号、二三－四四頁。

吉澤文寿、2011、「日韓会談における「在日外国人」法的地位交渉――国籍・永住許可・退去強制問題を中心に」『朝鮮史研究会論文集』四九号、一五一－一七六頁。

在日朝鮮人の人権を守る会編、n.a.『在日朝鮮人の在留権をめぐる裁判例集――出入国管理令、外国人登録法に関する裁判闘争の記録』自費出版。

あとがき

「関西出身だったら在日コリアンのこともあるよね。」

二〇〇五年、関西で大学院生をしていた頃、非正規移民について調査したいと考えていた私は、その手がかりをつかもうとインターネットで見つけた移住者支援のNGOにインターンとして参加するため、東京に居を移した。NGOのスタッフについて国会審議の傍聴や議員へのロビーイング、さまざまな支援者・活動家が集まる会合に参加するような毎日が始まった。そうした会合の後、移住者のケースを扱っている弁護士の方に自己紹介をしたときに言われたのが、冒頭の言葉である。そのとき何と返事をしたかは覚えていない。ただ「在日コリアン」は（自分のテーマとは）「違うな……」と思ったのを覚えている。当時、私の関心は、「ニューカマー」のなかの非正規滞在者および彼・彼女らを「犯罪者化」していく政策や社会のまなざしに限定されていた。そしてそれらは「在日コリアン」とはまったく別のテーマだと考えていた。

その後、こうした今日の非正規滞在者をめぐる対応が、占領期の在日朝鮮人にたいする対応に淵源をもっていること、言い換えれば占領期につくられた追放と正規化の構造が、今日の非正規滞在者の生をも規定し続けていることを理解するようになるまでには時間が必要だった。そのきっかけの一つは、第七章でふれた排外主義運動を知ったことだったように思う。本論でも言及したように、これらの運動は非正規滞在家族が暮らしている街で、家族の強制送還を主張してデモを行う一方で、在日コリアンを主要なターゲットとして街頭行動を繰り返すようになっていた。また、こうした街頭行動では、しばしば「不法入国」が在日コリアンらの排除を正当化する根拠として言及されていた。

こうした文言を、排外主義者の戯言として片付けることはできない。実際、二〇一五年に、ヘイトスピーチの解消を目的として制定された「本邦外出身者に対する不当な差別的言動の解消に向けた取組の推進に関する法律」（ヘイトスピーチ解消法）でも、法文上の対象は「適法に居住する」本邦外出身者またはその子孫とされ、非正規移民は、そこから除外された。ヘイトスピーチ対策におけるこの法の意義を強調してもし過ぎることはない。しかし同時に、この法もまた、合法／不法という法的区分によって社会を境界づけようとするものといえる。このとき「不法」というカテゴリー化は、ある人びとを「社会＝われわれ」の安全の「敵」として名指すことで「われわれ」から放擲するとともに、その放擲を（「不法」であるがゆえに）「当然」のものとして正当化する実践である。しかし実際には、ヘイトスピーチの主要なターゲットとされてきたのは、この社会のメンバーとして暮らす人びとである。ヘイトスピーチにさらされる危険がないことが、社会で安全に暮らすための最低条件の一つだとするならば、「適法」かどうかによって例外を設けた法は、むしろ社会のメンバーの一部を安全ではない境遇に追いやることを正当化してしまう危険をもつだろう。

さらに、本書でも検討したように、このように非正規移民を「われわれ」の「敵」とみなす思考とそれにもとづく法制度は、日本においては、植民地支配の無様な終結と冷戦を背景にした占領期に朝鮮人をターゲットにして生み出されたのだった。その点を考慮するならば、この法自体も、この思考の圏域から未だ逃れていないといえよう。

こうした歴史性を実感するようになったもう一つのきっかけは、シンガポールでの在外研究中に、東南アジア各地に残る日本の帝国主義の残影をみたことだった。月並みだが、戦後日本を外からみてはじめて「継続する植民地主義」という捉え方が自分のなかでストンときたように思う。当初、シンガポールでは一九八〇年代以降の日本への移動をアジアの移民研究の文脈で考えたいと考えていたのだが、「新しい」移住の流れを知るためにも、その流れをも規定している歴史性をふまえなければならないと思うようになった。こうして帰国後、非正規移民の追放と抵抗について、アジア太平洋戦争後から現在まで一貫して捉える方法を模索するようになった。ただし力量不足で、こうした抵抗の実践のすべてを取り上げることはできなかった。なかでも九〇年代末から二〇〇〇年代前半にかけて実施された中国帰国者の家族の支援運動は広がりをもち、戦後日本の境界を明るみに出す重要なケースでもあるが、十分考察できなかった。今後の課題としたい。

＊

本書の一部は、下記のとおりすでに発表した論文を大幅に加筆・修正したものである。転載を許可してくださった関係者の方にお礼申し上げたい。

第二章　高谷幸、2014、「追放と包摂の社会学――1950年代朝鮮人の在留特別許可をめぐって」大阪経済法科大学アジア太平洋研究センター年報、一一号、二一-九頁。

第四章二節　高谷幸、2007、「『つながり』を生きる――非正規移民支援活動を手がかりとして」『フォーラム現代社会学』六号、八〇-九二頁の一部。

第五章　高谷幸、2009、「脱国民化された対抗的公共圏の基盤――非正規滞在移住労働者支援労働組合の試みから」『社会学評論』六〇巻一号、一二四-一四〇頁。

第六章　高谷幸、2010、「脱出のプロセスのなかで――日本人の子どもを養育する非正規滞在女性にとっての在留特別許可」近藤敦・塩原良和・鈴木江理子編『非正規滞在者と在留特別許可――移住者たちの過去・現在・未来』日本評論社、一一一-一二七頁。

また「はじめに」および第四章の一部と第五章は、二〇一〇年に京都大学大学院人間・環境学研究科に提出した博士論文の一部でもある。

これまでの研究でさまざまな方にお世話になった。大学院修士・博士課程の指導教員だった大澤真幸先生には、不肖な学生の研究を呆れずに（？）見守っていただいたように思う。先生からは、何よりも社会学に向きあう姿勢を学んだ。また博士論文の審査では、佐伯啓思先生に主査を引き受けていただいた。専門も思想的・政治的立場も異なるにもかかわらず労をとってくださった先生の懐の深さに感謝している。副査を引き受けてくださった大黒弘慈先生、吉田純先生、町村敬志先生にもお礼を申し上げたい。町村先生には、日本学術振興会特別研究員（ＰＤ）の受け入れ教員としても大変お世話になった。自分でゼミを受け持つようになって、先生のゼミでの指導をしばしば思い出している。本書は、博士論文を書き直そうと思って始めたプロジェクトだったが、最終的には別のテーマにたどり着いてしまった。自分としては、問題関心はつながっていると感じているものの、博士論文で論じられなかった論点の一部を本書で加えることができたとするならば、先生方からいただいたコメントや励ましのおかげである。

稲葉奈々子さん、樋口直人さんには、研究を続けつつＮＧＯでスタッフとして働き始めた頃からずっとさまざまなアドバイスや有形無形のご支援をいただいてきた。お二人の研究スタイルに今も多くのことを学んでいる。古屋哲さんには本書の草稿を読んで貴重なアドバイスをいただいた。鄭幸子さん、山本圭さんには、執筆段階で度々励ましやアドバイスをいただいた。また本書の一部は日本社会学会大会、大阪大学社会学研究会でも発表を行ったが、その際に有益なコメントをくださった方々にも感謝したい。

研究の過程では、京都大学ＧＣＯＥプロジェクト、日本学術振興会特別研究員奨励費、岡山大学若手研究者スタートアップ研究支援事業、異分野融合研究育成支援事業および文学部プロジェクト研究の助成を受けた。二〇一一年から五年間お世話になった岡山大学文学部の元同僚の皆様、二〇一六年一〇月からの新しい職場である大阪大学大学院人間科学研究科の社会環境学講座の同僚の方々には自由な研究環境を与えていただいている。

さらに移住者支援の運動、孫振斗さん支援、在日コリアン運動にかかわってこられた方には、本書で直接お名前に言及できなかった方も含めて貴重なお話しを聞かせていただいたり資料を提供していただいた。特に活動を具体的に取り上げた全統一労働組合、RINK・外国人労働者とその家族の人権を守る関西ネットワーク、山梨外国人人権ネットワーク・オアシス、「孫振斗さんに治療と在留を!」市民の会で活動されていた皆さん、さらに、私を最初にインターンとして受け入れてくださった移住労働者と連帯する全国ネットワーク(現NPO法人移住者と連帯する全国ネットワーク)に連なる方々にも感謝したい。資料収集や提供については、朝日新聞社、日本経済新聞社、立教大学共生社会研究センター、広島大学文書館、NPO法人東大阪国際共生ネットワーク、猪飼野セッパラム文庫の藤井幸之助さん、寺口淳子さん、飛田雄一さん、平岡敬さん、山本晴太さんからご協力をいただいた。NGOのインターンやスタッフをしているときは、運動のネットワークで紹介していただいた金澤正善さん、菅野真知子さん、宇田川宏さん、大河内秀人さんに住まいや生活面でサポートしていただいた。皆さんの寛大な支援がなければ私の無謀な計画はすすめられなかっただろう。それまでも社会学を学んでいたにもかかわらず、こうしたNGOのかかわりやそこでのつながりを通してようやっと「社会」というものの温かさや強さ、窮屈さ、脆さなどを少しずつ理解するようになったように思う。

最後に、何よりも、話を聞かせていただいたり、時間をともにしたすべての移住者の方に。困難な境遇のなかでも精一杯生きてこられた皆さんの生の軌跡を共有してくださったことは、私にとって何ものにも代えがたい経験でした。本当にありがとうございました。ウォン・ウティナンさん、そして困難な生を送る移住者がこの地で尊厳と希望をもって生きられることを願っています。

本書は科研費研究成果公開促進費（課題番号16HP5180）の助成を受けている。ナカニシヤ出版の酒井敏行さんには編集作業で大変お世話になった。初めて書物に論文を書いたときから、いつか酒井さんのもとで本を出版できればと考えていた。今回その願いが叶って非常に嬉しく思っている。

二〇一六年一二月

「誰でもおったらええやん‼」（二〇一六年一一月大阪市で開催された「ミナミ・ダイバーシティ・パレード」で掲げられた言葉）を嚙み締めながら

髙谷　幸

事項索引

人名索引

高谷　幸（たかや・さち）
東京大学大学院人文社会系研究科准教授
1979年奈良県生まれ。神戸大学法学部卒業。京都大学大学院人間・環境学研究科修了。博士（人間・環境学）。専門は社会学・移民研究。編著『移民政策とは何か——日本の現実から考える』（人文書院、2019年）。

追放と抵抗のポリティクス
戦後日本の境界と非正規移民

2017 年 2 月 28 日　初版第 1 刷発行
2021 年 7 月 30 日　初版第 2 刷発行
（定価はカヴァーに表示してあります）

著　者　高谷　幸
発行者　中西　良
発行所　株式会社ナカニシヤ出版
〒 606-8161 京都市左京区一乗寺木ノ本町 15 番地
TEL 075-723-0111　FAX 075-723-0095
http://www.nakanishiya.co.jp/

装幀＝白沢正
印刷・製本＝創栄図書印刷

ISBN978-4-7795-1155-4　　C3036

同化と他者化
戦後沖縄の本土就職者たち
岸　政彦

復帰前、「祖国」へのあこがれと希望を胸に、本土へ渡った膨大な数の沖縄の若者たち。しかしそれは壮大な「沖縄への帰還」の旅でもあった。詳細な聞き取りをもとに、「沖縄的アイデンティティ」のあり方を探る。

三六〇〇円＋税

社会的なもののために
市野川容孝・宇城輝人　編

平等と連帯を志向する「社会的なもの」の理念とは何であったのか、そして何でありうるのか。なぜ日本では「社会的なもの」が痩せ細ってしまったのか。「社会的なもの」の再生に向けてその潜勢力を歴史的に問い直し、徹底的に討議する。

二八〇〇円＋税

資本主義の新たな精神
ボルタンスキー＆シャペロ／三浦直希　他訳

かつてあれほどまでに高まった資本主義に対する批判は、なぜその力を失ってしまったのか。資本主義が批判を吸収していくメカニズムを明らかにし、資本主義が引き起こす破壊に立ち向かうための批判の再生を構想する。

全二冊　各五五〇〇円＋税

最強の社会調査入門
これから質的調査をはじめる人のために
前田拓也・秋谷直矩・朴沙羅・木下衆　編

「聞いてみる」「やってみる」「行ってみる」「読んでみる」ことからはじまる社会調査の極意を、失敗体験も含めて、新進気鋭の一六人の社会学者がお教えします。面白くてマネしたくなる、まさに最強の社会調査入門！

二三〇〇円＋税